Hell
Soll ich promovieren?

Soll ich promovieren?

Voraussetzungen, Chancen, Strategien

von

Silke Hell

Verlag Franz Vahlen München

Silke Hell ist Diplom-Psychologin, Wissenschaftscoach und akademische Personalentwicklerin für Promovierende an der Universität Konstanz. Zudem lehrt und berät sie an verschiedenen Hochschulen und ist als Trainerin und Autorin im Bereich Karriereentwicklung tätig.

ISBN 978 3 8006 5163 4

© 2017 Verlag Franz Vahlen GmbH
Wilhelmstr. 9, 80801 München
Satz: Fotosatz Buck
Zweikirchener Str. 7, 84036 Kumhausen
Druck und Bindung: Nomos Verlagsgesellschaft mbH & Co. KG
In den Lissen 12, 76547 Sinzheim
Umschlaggestaltung: Ralph Zimmermann – Bureau Parapluie
Bildnachweis: © sorinus – depositphotos.com
Gedruckt auf säurefreiem, alterungsbeständigem Papier
(hergestellt aus chlorfrei gebleichtem Zellstoff)

Inhalt

Abbildungsverzeichnis

Einleitung

Vielleicht sind Sie gerade von der Betreuerin Ihrer Masterarbeit darauf angesprochen worden, ob Sie bei ihr promovieren möchten und Sie sind hin und hergerissen zwischen Freude über diese Auszeichnung, Neugier auf ein spannendes neues Kapitel in Ihrem Leben aber auch Unsicherheit, ob eine Promotion das Richtige für Sie ist.

Vielleicht hatten Sie auch schon lange den Wunsch, zu forschen und wissenschaftlich zu arbeiten und machen sich Gedanken über die Promotionsform, die am besten für Sie passt.

Vielleicht sind Sie zu dem Schluss gekommen, dass eine Promotion in Ihrem Fachbereich ganz einfach dazugehört, um Karriere machen zu können, und sind auf der Suche nach der geeigneten Promotionsstelle oder -Position.

Wahrscheinlich haben Sie sich schon mit Fragen auseinandergesetzt wie:

- Möchte ich und sollte ich promovieren?
- Kann ich das überhaupt? Traue ich mir eine Promotion zu?
- Worüber, bei wem und in welchem Umfeld möchte ich meine Dissertation verfassen?
- Wie finde ich die richtige Promotionsposition und wie überzeuge ich meinen Wunsch-Betreuer von meiner Eignung?
- Wie finanziere ich meine Promotion?
- Und was kommt danach – lohnt sich eine Promotion für mich?
- Hilft mir der Doktortitel bei meinen Berufswunsch, führt er zu mehr Berufserfolg oder – was vielleicht noch wichtiger ist – zu mehr Berufszufriedenheit?
- Kann eine Promotion mir dagegen womöglich schaden?

Wichtig ist vor allem eins: Schlittern Sie nicht uninformiert und unbedacht in ein Promotionsverhältnis hinein, weil es sich eben ergeben hat und es gerade so nett an der Uni ist. Das kann zwar gut gehen (nicht wenige Promotionen kommen so zustande), aber das Risiko ist groß. In den inzwischen fast zwanzig Jahren, in denen ich Promovierende berate und coache und auch in die Förderung des wissenschaftlichen Nachwuchses involviert bin, habe ich zu viele Promotionen aus Gründen scheitern sehen, die bei besserem Nachdenken, besserer Recherche und besserer Auswahl vermeidbar gewesen wären.

„Ziel einer jeden Dissertation sollte sein, der Menschheit etwas grundlegend Neues mitzuteilen. Wenn von vornherein bei dem Doktoranden kein ernsthaftes Interesse daran besteht, eine wissenschaftliche Fragestellung über einen längeren Zeitraum hinweg vertieft zu betrachten, etwas wirklich Neues herauszufinden und sich durch Publikationen und Vorträge in der wissenschaftlichen Gemeinschaft zu etablieren, ist die Gefahr des Scheiterns groß." Professor Oliver Günther, Dekan an der Humboldt-Universität zu Berlin. Günther (2009), S. 484.

Die Promotion sollte keine Verlegenheitslösung sein, genau so wenig, wie sie sich als Zeitvertreib bei drohender Arbeitslosigkeit eignet. Wenn Sie aber eine wissenschaftliche Laufbahn zumindest in Betracht ziehen, für eine Promotion aufgrund der bisherigen akademischen Leistungen offensichtlich qualifiziert sind und nun den Wunsch verspüren, eine offene Frage über einen längeren Zeitraum hinweg wissenschaftlich zu untersuchen, dann sollten Sie das auch tun.

Auf der anderen Seite gibt es viele geeignete Personen, die das Interesse und das Zeug zu einer erfolgreichen Promotion haben, sich aber aufgrund von Zweifeln, zu geringem Selbstvertrauen oder einfach mangelnden Informationen eine Promotion nicht zutrauen. Das ist ein Jammer für sie selbst und für die Wissenschaft.

Dieser Ratgeber soll Sie einerseits ermutigen, aktiv zu werden und andererseits Ihnen die Entscheidung erleichtern, ob und wie Sie promovieren wollen. In den folgenden Kapiteln erhalten Sie einen umfassenden Überblick über die verschiedenen Promotionsformen und Rahmenbedingungen einer Promotion in Deutschland und – anhand der Ergebnisse zahlreicher groß angelegter Verbleibstudien – über mögliche Karriereoptionen und –Chancen nach der Promotion.

Das Buch beleuchtet wichtige Aspekte wie die Suche nach dem „richtigen" Thema und einer geeigneten (Erst-)Betreuerin oder eines Betreuers und gibt Ihnen Tipps, wie Sie sich aussagekräftig um Promotionspositionen, Stellen und Stipendien bewerben können. Letztendlich profitieren von einer gelungenen Auswahl und einer guten Passung von Promovierenden, Themenstellung und Betreuungspersonen alle Beteiligten ganz entscheidend.

Und – ich stelle Ihnen eine ganze Reihe kritischer Fragen zu Ihren Wünschen, Motiven und persönlichen Voraussetzungen für eine Promotion, die zur Selbstreflexion anregen sollen und deren ehrliche Beantwortung Sie Ihrer Entscheidung näher bringen werden.

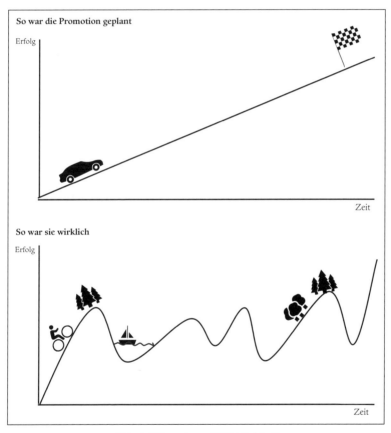

Abb. 1: Wunsch und Wirklichkeit

1 Soll ich promovieren?

To PhD or not to PhD, that is the question:
Whether 'tis nobler in the mind to suffer
An academic future's pangs and struggles
Or to take arms against a sea of troubles
To get a real job and then earn double
Or should I push myself and catch depression
While calculating linear regressions
Besides preparing teaching sessions
Or be inspired through scientific stimulation?

Eine Promotion eröffnet Ihnen ein spannendes, aber auch komplexes und herausforderndes wissenschaftliches Arbeitsfeld. Zu mehreren Gelegenheiten habe ich schon von Professoren die etwas nostalgisch-verklärte Aussage gehört, die Promotionszeit sei die schönste und spannendste Zeit ihres Lebens gewesen und man sollte sie unbedingt genießen. (Dies führte zuweilen zu entgeisterten Blicken ihrer Promovierenden, die sich gerade durch schwierige Phasen kämpften.)

Vermutlich bedeutet das Verfassen einer Dissertation aber auch das bisher umfangreichste und anspruchsvollste Projekt Ihres Werdegangs. Die Herausforderung, dieses Projekt erfolgreich zu bewältigen, übt auf Viele einen großen Reiz aus. Eine Doktorarbeit stellt eine ganze Reihe persönliche Anforderungen an Sie, denn sie erfordert ein hohes Maß an Eigenverantwortung, Motivation, Engagement, Ausdauer und geht oft mit einer hohen Arbeitsintensität einher. Außerdem gibt es bei jeder Promotion Phasen, in denen es mal nicht so gut läuft. Sie werden mit Rückschlägen und Widerständen zurechtkommen und Motivationslücken überwinden müssen, um zum erstrebten Ziel zu kommen. Dies gelingt nicht ohne eine ganze Menge an Frustrationstoleranz und Durchhaltevermögen.

Die Entscheidung für eine Promotion sollte daher immer individuell und sehr sorgfältig getroffen werden. Das Für und

Wider gestaltet sich für jede und jeden Promotionsinteressenten sehr unterschiedlich. Zum einen unterscheiden sich die Promotionswege in den unterschiedlichen Fachkulturen und Promotionsformen erheblich. Zum anderen hat der Doktortitel für verschiedene Karriereoptionen eine ganz unterschiedliche Bedeutung. Wer in die Wissenschaft will, braucht den Doktortitel. Auch auf anderen Karrierewegen kann die Promotion Ihnen nutzen, eine Karrieregarantie ist sie jedoch nicht.

Kurz gesagt: Ob eine Promotion für Sie das Richtige ist, ist abhängig von Ihrer Motivation, Ihrer Freude an Thema und Forschung, Ihrem Durchhaltevermögen (manche nennen es Leidensfähigkeit), Ihrer Einstellung zu Arbeit und Freizeit, der Qualität der Betreuung, von den finanziellen und institutionellen Rahmenbedingungen und von Ihren Karrierewünschen.

Um eine fundierte Entscheidung für oder wider die Promotion treffen zu können, sollten Sie sich also über verschiedene Aspekte und Rahmenbedingungen der Promotion intensiv Gedanken machen und die eigene Motivation und die persönlichen Voraussetzungen gründlich hinterfragen.

Dabei geht es grundsätzlich um die Frage: Was will ich mit der Promotion erreichen? Geht es mir vor allem um das Prestige und die Anerkennung, die ich mir von dem „Dr." auf dem Klingelschild erhoffe? Das wäre recht mühsam erkauft. Möchte ich promovieren, um danach bessere Karrierechancen zu haben? Je nach Fachbereich und Berufswunsch kann das schon sinnvoll sein.

Oder aber treiben mich die Begeisterung und das Interesse an meinem Forschungsgebiet an? Das ist Ihnen zu wünschen, denn dies ist mit Sicherheit die wichtigste und beste Voraussetzung für eine erfolgreiche Promotion. Mehr als neunzig Prozent der Promovierenden und erfolgreich Promovierten geben als wichtigstes Motiv für Ihren Promotionsentschluss das Interesse an Wissenschaft und Forschung an (siehe Abb. 2). Oder fällt mir womöglich nur gerade nichts Besseres ein?

Die folgende Checkliste soll Ihnen helfen, sich intensiv mit all diesen Fragen und Aspekten auseinanderzusetzen, um richtig zu entscheiden und falschen Erwartungen vorzubeugen. Sie gliedert sich in die Teile:

A: Warum möchte ich promovieren? Die Motive für die Promotion

B: Bin ich dafür geeignet, zu promovieren? Die Voraussetzungen für die Promotion

C: Wie möchte ich promovieren? Das Forschungsumfeld und die Forschungsbedingungen

1.1 Checkliste

Teil A.: Die Motive für die Promotion

Intrinsische Motivation

- Ich habe ein Thema oder ein Themengebiet, das ich spannend finde.
  - Wenn ja: Ich möchte mich die nächsten drei bis fünf Jahre intensiv damit auseinandersetzen.
- Ich interessiere mich prinzipiell für mein Fachgebiet.
- Ich habe Freude an der wissenschaftlichen Arbeitsweise und Methodik.
- Ich arbeite gerne mit den für mein Forschungsgebiet einschlägigen Methoden.
- Ich möchte meine eigenen Fähigkeiten weiterentwickeln.
- Ich möchte meinen persönlichen Neigungen nachgehen.

Extrinsische Motivation

- Ich möchte meine beruflichen Chancen erhöhen.
  - Wenn ja:
    - Ich möchte eine Universitätslaufbahn einschlagen.
    - Wenn ja: Sind Sie von Forschung und Lehre begeistert und bereit, dafür auch Phasen der beruflichen Unsicherheit auszuhalten?
      Die meisten (ca. 80 Prozent) der promovierten Akademiker verlassen die Universität nach der Promotion und wenden sich anderen Beschäftigungen zu. Auch bei jenen, die sich nach der Promotion z. B. durch eine Habilitation für eine Professur qualifizieren, liegt die Erfolgswahrscheinlichkeit auf eine Universitäts-Berufung über alle Fächer hinweg im Mittel knapp unter 50 Prozent (siehe Kapitel 10: Karriere mit Doktortitel).
    - Ich habe auch einen Plan B.

– Ich habe eine Fragestellung mit hoher wissenschaftlicher Relevanz.

– Ich habe einen Betreuer[1], der mich intensiv betreut und meine wissenschaftliche Karriere fördern will.

Untersuchungen zeigen, dass eng betreute Promovierte häufiger eine wissenschaftliche Karriere einschlagen.

– Oder/und sind Sie Chemiker, Rechtswissenschaftler, Mediziner oder Ingenieurwissenschaftler?

Dann haben Sie mit Doktortitel auch außerhalb der akademischen Laufbahn deutlich bessere Karrierechancen. (Siehe Kapitel 10: Karriere mit Doktortitel)

– Oder sind Sie Naturwissenschaftler anderer Ausrichtung oder Wirtschaftswissenschaftler?

– Oder möchten Sie im Wissenschaftsmanagement tätig werden?

Auch in diesen Fächern und Branchen ist eine Promotion meist karriereförderlich.

Auch in anderen Branchen und Fachbereichen kann eine Promotion durchaus karriereförderlich wirken, dabei kommt es jedoch mehr auf den Einzelfall an (siehe Kapitel 10: Karriere mit Doktortitel). Recherchieren Sie gründlich, bevor Sie nur oder vor allem aus diesem Grund promovieren möchten. Eine Promotion ist keine Karrieregarantie!

• Ich rechne mit einem höheren Einkommen als ohne Promotion.

Promovierte verdienen im Mittel mehr als nicht-promovierte Akademiker, dies gilt jedoch nicht unbedingt für die Geisteswissenschaften (siehe Kapitel 10: Karriere mit Doktortitel).

• Ich möchte meine Reputation erhöhen.

  ○ Wenn ja:

– Sind Sie Wirtschaftswissenschaftler oder Rechtswissenschaftler?

– Oder sind Sie Mediziner, Chemiker oder im Bereich Life Science angesiedelt?

– Und/oder streben Sie eine Führungsfunktion an?

---

[1] Es sind stets Personen männlichen und weiblichen Geschlechts gleichermaßen gemeint; aus Gründen der einfacheren Lesbarkeit wird im Folgenden nur die männliche Form verwendet. Aus dem gleichen Grund vermeide ich die etwas altmodischen Begriffe Doktormutter oder Doktorvater zugunsten des neutraleren Begriffs Betreuer bzw. (Erst-)Betreuer.

– Und/oder wollen Sie beratend oder repräsentativ tätig werden? *In diesen Fällen wird Ihnen der Doktortitel vermutlich nützlich sein (siehe Kapitel 10: Karriere mit Doktortitel).*

Auch in anderen Bereichen erhöht ein Doktortitel natürlich die Reputation. Dies wirkt sich jedoch nicht unbedingt unmittelbar auf den beruflichen Erfolg aus.

- In meinem Fach ist die Promotion weitgehend üblich.
  - Wenn ja
    - Brauchen Sie die Promotion als Ausweis Ihrer Kompetenz oder für spätere Forschungstätigkeiten? *Wer beispielsweise als Naturwissenschaftler forschungsferne Berufe wie etwa Marketing, Unternehmenskommunikation etc. anstrebt, hat auch ohne Promotion gute Chancen.*

Weitere Motive

- Ich bekam eine Stelle, mit der die Promotion verbunden ist.
- Ich wurde von meinem (künftigen) Betreuer dazu ermutigt.

Das sind sicherlich gute Voraussetzungen für eine Promotion, offensichtlich hält Ihr zukünftiger Betreuer Sie anhand Ihrer bisherigen Leistungen für geeignet. Als Grund reicht das jedoch nicht. Warum möchten Sie promovieren?

Noch weitere, (etwas zweifelhafte) Motive

- In meiner Familie ist die Promotion üblich.
- Ich habe derzeit keine bessere Alternative.

Sprich: Meine Bewerbungen sind bisher erfolglos geblieben, also versuche ich es quasi zur Überbrückung mit einer Promotion. Klar, es ist nicht ausgeschlossen, dass das trotzdem funktioniert …

Zu den Motiven für die Promotion

Die persönliche Motivation ist vielleicht die wichtigste Voraussetzung für eine erfolgreiche Promotion. Bei der Auswertung Ihrer Motive ist es sicherlich interessant, zu vergleichen, welche Motive Promovierende dazu gebracht haben, eine Promotion anzufangen und ob sich diese Wünsche und Hoffnungen, die sich an die Promotion knüpfen, für erfolgreich Promovierte im Nachhinein auch erfüllt und bewahrheitet haben. Dazu gibt es einige sehr interessante Befragungen, die zu recht einheitlichen Ergebnissen kommen (vgl. Berning & Falk, 2006a;

Briedis 2007; Briedis & Minks 2004; Universität Konstanz, 2016). Auf zwei Studien möchte ich näher eingehen.

In einer groß angelegten Befragung von Promovierenden der Universitäten in Bayern aus dem Jahr 2006 sollten diese angeben, welche Motive für ihren Entschluss zu promovieren relevant waren. Dabei zeigt sich unabhängig von der Fachzugehörigkeit ganz eindeutig, dass die intrinsischen Motive, „Interesse an Wissenschaft und Forschung" und „den eigenen Fähigkeiten und Neigungen nachzugehen", bei neunzig Prozent der Promovierenden für den Entschluss zu promovieren wichtig oder sehr wichtig waren (vgl. Abb. 2). Die höchsten Werte erzielen hier die Promovierenden der Geistes-, Sozial-, Natur- und Ingenieurwissenschaften. Erst danach werden extrinsische Motive genannt. Die Verbesserung der beruflichen Chancen oder die Erwartung eines hohen Einkommens zählen seltener zu den wichtigsten Motiven für die Aufnahme einer Promotion. Hierbei unterscheiden sich jedoch die Fachbereiche recht deutlich. Eine extrinsische Motivation ist am häufigsten bei Doktoranden der Rechts- und Wirtschaftswissenschaften anzutreffen. In Anbetracht der möglichen Berufs- und Einkommenschancen von promovierten Juristen und Wirtschaftswissenschaftlern erstaunt es nicht, dass ihre Entscheidung zu promovieren stärker von extrinsischen Motiven bestimmt wird. Aber auch die Natur- und Ingenieurswissenschaftler wollen – nach den beruflichen Qualifizierungsanforderungen erwartungsgemäß – ihre beruflichen Chancen verbessern.

Nur jeder vierte Doktorand beginnt die Promotion vor allem deshalb, weil ihm oder ihr eine Promotionsstelle angeboten wurde oder, wie etwa jeder achte angibt, weil er oder sie von einem Hochschullehrer zur Promotion ermutigt wurde. Ein Viertel der Promovierenden begann die Promotion, weil dies im jeweiligen Fach üblich ist und zu den beruflichen Qualifikationsanforderungen gehört. Auch dies betrifft erwartungsgemäß vor allem die Naturwissenschaftler (insbesondere Biologen und Chemiker). Aus einem Mangel an besseren Alternativen zum Zeitpunkt der Entscheidung hat nur jeder sechste Doktorand die Promotion aufgenommen.

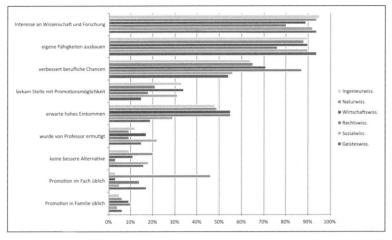

Quelle: Berning, E., Falk, S. (2006) S. 38

Abb. 2: Motive für den Entschluss zu promovieren

Die nachträgliche Bewertung des Nutzens der Promotion

Was sich Promovierende zu Beginn ihrer Promotion erhofft hatten, scheint auch einzutreffen. Bei einer Befragung von Promovierten zehn Jahre nach ihrem Studienabschluss nannten zwei Drittel – passend zu den Ergebnissen der Studie zu den Promotionsmotiven – die Möglichkeit zur persönlichen Weiterbildung und die Gelegenheit zur Arbeit an einem interessanten Thema als wichtigsten Nutzen ihrer Promotion. Sehr positiv bewertet wurde auch die Realisierung von fachlichen und beruflichen Interessen, während knapp ein Drittel – überwiegend Juristen und Wirtschaftswissenschaftler – einen hohen Nutzen darin sehen, durch die Promotion an Selbstbestätigung gewonnen zu haben. Der wirtschaftliche und berufliche Nutzen der Promotion wurde ebenfalls von Promovierten aus den Fachbereichen relativ hoch eingeschätzt, für die es schon zu Beginn der Promotion zu erwarten war. Eine Erhöhung der Berufschancen durch die Promotion erlebten v. a. promovierte Naturwissenschaftler, (Human-)Mediziner und Juristen. Jeder Fünfte sieht die Möglichkeit zur Aufnahme einer akademischen Karriere als Nutzen der Promotion. Die Vermeidung von Arbeitslosigkeit als positiven Effekt der Aufnahme einer Promotion hatte kaum erwähnenswerte Bedeutung. Gar keinen Nutzen konnten nur sechs Prozent der Befragten aus der Promotion ziehen. Daraus kann das doch sehr positive Fazit abgeleitet werden, dass sich die Promotion für die überwiegende Mehrheit der Befragten in verschiedener Hinsicht gelohnt hat.

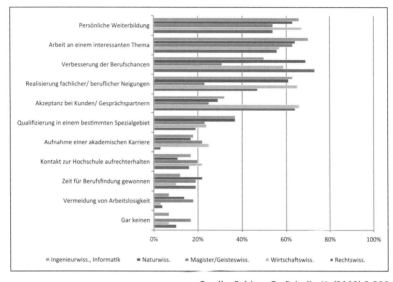

Quelle: Fabian, G., Briedis, K. (2009) S. 280

Abb. 3: Der Nutzen der Promotion

Teil B: Die Voraussetzungen für die Promotion

Nicht jeder, der gerne einen Doktortitel hätte, ist auch geeignet für eine Promotion. Eine Dissertation zu verfassen ist ein anspruchsvolles, komplexes und langwieriges Vorhaben, das Sie vermutlich oft begeistern und dann wieder frustrieren wird.

Ohne gute intellektuelle Fähigkeiten und Fachkompetenz wird eine Promotion kaum gelingen. Dennoch ist die fachliche Qualifikation eine zwar notwendige aber bei weitem nicht hinreichende Bedingung für Ihren Erfolg. Ebenso wichtig – und manche behaupten sogar noch wichtiger – sind die überfachlichen Kompetenzen, die auch „Soft Skills" oder Schlüsselqualifikationen genannt werden.

Die fachlichen Voraussetzungen

- Ich habe einen (auf mein Studienfach bezogen) überdurchschnittlichen Studienabschluss.

  Dies ist in der Regel (und mit gutem Grund) Voraussetzung für die Annahme als Doktorandin oder Doktorand.

- Ich beherrsche die für mein Forschungsgebiet einschlägigen Methoden.

  Danach wird Ihre (Erst-)Betreuerin oder Betreuer vermutlich fragen.

- Ich habe bereits umfangreiche Erfahrungen im Umgang mit wissenschaftlichem Arbeiten sammeln können (z. B. als wissenschaftliche/studentische Hilfskraft; Praktikant).

  Falls nicht – vielleicht können Sie dies noch tun?

- Ich kann selbst verfasste wissenschaftliche Texte auf hohem Niveau vorweisen.

  Idealerweise erste Publikationen, sonst Abschluss- oder Hausarbeiten.

- Ich bin sicher in der für mein Promotionsfach üblichen (Fremd-)Sprache.

  In den meisten Fällen (außer in einigen Sprach- und Literaturwissenschaften) wird dies (in Deutschland) Englisch oder Deutsch sein. In den Naturwissenschaften und Teilen der Wirtschafts- und Sozialwissenschaften hat sich Englisch als Wissenschaftssprache weitgehend etabliert. Erkundigen Sie sich, ob erwartet wird, dass Sie auf Englisch publizieren und/oder Ihre Dissertation verfassen sollen und polieren Sie gegebenenfalls Ihre Sprachkenntnisse auf.

Die persönlichen Voraussetzungen

Promovieren bedeutet, selbstständig und eigenverantwortlich ein Forschungsprojekt über mehrere Jahre hinweg zu planen, zu strukturieren und durchzuführen. Dazu gehört eine große Portion Begeisterungsfähigkeit, Neugier aber auch Gewissenhaftigkeit und Selbstkontrolle. Fast jeder und jedem begegnen dabei neben Erfolgen auch ab und zu Hindernisse wie Misserfolge oder Motivationsmängel. Gerade dann ist es wichtig, sich selbst zu motivieren und beherzt diese Hindernisse anzugehen und zu überwinden. Haben Sie den Biss, den Sturkopf und die Resilienz, sich auch bei Rückschlägen immer wieder aufzurappeln und weiterzumachen?

Intellektuelle Fähigkeiten

- Intellektuelle Herausforderungen reizen mich.
- Ich kann mich für wissenschaftliche Themen begeistern.
- Ich bin prinzipiell ein neugieriger Mensch.
- Ich arbeite systematisch und strategisch bei der Analyse und Lösung auch komplizierterer Aufgaben und Probleme.
- Es fällt mir leicht, neuartige, kreative Lösungsansätze für Aufgaben oder Probleme zu finden.
- Ich habe den Mut, auch ungewöhnliche Lösungswege in Erwägung zu ziehen.
- Ich habe die Bereitschaft, mich in Themengebiete tief einzuarbeiten und nicht nur oberflächlich zu verstehen.

Warum dies alles wichtig ist, liegt auf der Hand.

(Überfachliche) Methodenkompetenz und Management

- Es fällt mir leicht, auch langfristige Ziele zu verfolgen und meine Arbeiten dementsprechend zu strukturieren und priorisieren.
- Ich habe Erfahrung darin, meine Arbeit zeiteffizient zu planen und zu organisieren.

Wenn Sie dies nicht tun, tut es niemand.

- Ich habe Erfahrung oder traue mir zu, andere Personen anzuleiten und Ihnen Wissen zu vermitteln.

Das wird vermutlich Teil Ihrer Aufgaben sein.

Wissenschaftliche Kommunikation

- Fachwissenschaftliches Schreiben (z. B. meiner Abschlussarbeit) fällt mir leicht.

Eine Dissertation besteht aus einer Menge Text …

- Ich kann mein Forschungsprojekt oder andere wissenschaftliche Projekte (z. B. meine Abschlussarbeit) verständlich und präzise erläutern und darstellen.
- Es fällt mir leicht, Vorträge vor Publikum zu halten und anderen meine Ideen zu vermitteln.

Auch das wird häufig von Ihnen erwartet. Gutes Präsentieren lässt sich jedoch einfach üben.

Tipp: Prüfen Sie sich

Konnten Sie Ihre bisherigen wissenschaftlichen Arbeiten (Abschlussarbeiten, Hausarbeiten) in angemessener und begrenzter Zeit bewältigen oder traten immer wieder Schreibblockaden auf?

Wie wurden Ihre bisherigen Arbeiten bewertet?

Haben Sie eigene Referate oder andere Vorträge an Ihrer Hochschule gehalten? Wie war das Feedback dazu?

Haben Sie vielleicht sogar schon einmal außerhalb der eigenen Universität vor einem unbekannten und fachkundigen Publikum vorgetragen?

Sozialkompetenz

- Ich arbeite gerne und erfolgreich im Team.
- Ich bin bereit und fähig, auftretende Auseinandersetzung aufzunehmen, konstruktiv zu bewältigen und sie zu einer tragfähigen Lösung zu führen.
- Es fällt mir leicht, konstruktives Feedback zu geben und gewinnbringend anzunehmen.
- Es fällt mir leicht, mit Menschen aus anderen Kulturen zusammenzuarbeiten.

Eine Dissertation entsteht in den seltensten Fällen im stillen Kämmerlein. Je nach Promotionsform und Fachbereich werden mehr oder weniger hohe Ansprüche an Ihre Fähigkeit konstruktiv zusammenzuarbeiten gestellt.

Selbstkompetenz, Leistungsmotivation und Interesse

- Ich bin ehrgeizig und habe eine hohe Leistungsmotivation.
- Ich setze mir eigene, hohe Ziele.
- Ich verfüge über ein hohes Maß an Selbstständigkeit.
- Es fällt mir leicht, eigenständig und ohne klare Vorgaben zu arbeiten.
- Ich bleibe auch bei lästigen Arbeiten stets am Ball.
- Ich neige nicht dazu, Aufgaben, die mir nicht so viel Freude bereiten, vor mir herzuschieben.
- Es gelingt mir, mich auch für die Erledigung weniger interessanter Arbeiten zu motivieren.
- Ich bin bereit, ein hohes Arbeitspensum zu bewältigen.

- Ich kann mich auch nach Rückschlägen wieder selbst motivieren.
- Ich habe die Bereitschaft und Fähigkeit, mich zeitweise auch stärkeren psychischen oder physischen Beanspruchungen auszusetzen und diese auszuhalten.
- Ich habe die Selbstmanagementkompetenz und das Durchhaltevermögen, ein mindestens dreijähriges Forschungsprojekt auch über Durststrecken hinweg selbstverantwortlich durchzuführen.
- Ich bin physisch belastbar und psychisch gesund.
- Ich weiß, dass in der mehrjährigen Promotionsphase private, berufliche oder gesundheitliche Veränderungen eintreten können, die ggf. besonderes Engagement oder Durchhaltevermögen verlangen.

Beschäftigen Sie sich mit Kapitel 8.2: Die Anforderungen, in dem Sie einen umfassenden Überblick über die (überfachlichen) Kompetenzen und Qualifikationen bekommen, die eine Promotion erfordert.

Worauf kommt es an – ein psychologischer Expertenrat aus Professorensicht

Der berühmte Intelligenzforscher und ehemalige Präsident der American Psychological Association Robert J. Sternberg gab auf die Frage, auf was es ankommt, um Erfolge in Wissenschaft und Forschung zu erzielen, folgende Antwort:

„Sie müssen nicht nur Leidenschaft für Ihre Forschungsarbeit mitbringen, sondern auch Rückschläge aushalten können. Sie werden Phasen erleben, in denen Ihre Artikel und/oder Ihre Forschungsanträge abgelehnt werden, Sie Ihre Daten neu erheben müssen und Ihre Lehrevaluationen zu wünschen lassen werden. Wenn Sie nicht an sich selbst glauben, kann es leicht passieren, dass Sie sich für einen Versager halten und aufgeben." Sternberg, R. J. (1997)

Er selbst lernte diese Lektion auf die harte Tour. Seinen Erzählungen zufolge versagte er schon in der Grundschule oft in Test-Situationen und erzielte in seinem ersten Psychologieseminar an der Universität so schlechte Leistungen, dass sein Professor ihn drängte, sein Studienfach zu wechseln. Stattdessen promovierte er in Psychologie und wurde Pionier in der Erforschung alternativer Methoden der Intelligenzmessung. In seinem Buch „Successful Intelligence: How Practical and Creative Intelligence Determine Success in Life" beschrieb er, wie seine frühen akademischen Kämpfe ihn dazu veranlassten, härter zu arbeiten.

Als ebenso wichtig benennt er die Fähigkeit, sich selbst zu regulieren, sich klar zu machen, was man erreichen will und die Disziplin aufzubringen, trotz Ablenkungen und anderer Versuchungen sein Ziel zu erreichen.

Was vielen Promovierenden immer wieder passiert, ist, dass sie sich völlig in Nebentätigkeiten verstricken, um sich später zu beschweren, sie hätten zu viel andere Pflichten gehabt, um ihre eigentliche Arbeit zu erledigen. Letztendlich ist es aber Ihre eigene Verantwortung, selbst zu entscheiden, was wichtig ist und Ihre Arbeit dementsprechend zu priorisieren.

Der Sozial- und Motivationspsychologe Peter M. Gollwitzer, der mehrere Modelle zur Handlungskontrolle und Zielerreichung entwickelt hat, betont ergänzend die Wichtigkeit genau definierter Handlungspläne bei der Erreichung seiner Ziele.

Mit konkreten „Wenn…dann"- Plänen können Sie Arbeitsschritte formulieren, die Sie gehen müssen, um das Ziel zu erreichen und mit unvermeidlichen Hindernissen umzugehen: „Wenn X passiert, werde ich Y tun." (Gollwitzer, 1999)

Einig sind sich so gut wie alle Experten über die Bedeutung von Eigenverantwortung und Selbständigkeit als zentrale Eigenschaften erfolgreicher Promovierender. Sie sind in Ihrer Promotion quasi Unternehmer in eigener Sache. Auch wenn in der Regel die Fortschritte Ihrer Forschungsarbeit und der Rahmen für die nächsten Arbeitsschritte mehr oder weniger regelmäßig mit dem Betreuer besprochen werden, wird dennoch erwartet, dass Sie in beträchtlichem Umfang Überlegungen und Vorschläge für das weitere Vorgehen selber einbringen und größere Passagen im Fortgang der Arbeit selbstständig erarbeiten können, ohne wegen jedes einzelnen Schrittes die betreuende Person um Rat zu fragen.

Ihr persönliches Umfeld

(Punkte, die eine Promotion zumindest erleichtern)

* Ich lebe in stabilen familiären und sozialen Verhältnissen.
* Ich weiß, dass mein Partner bzw. meine Familie mein Promotionsvorhaben befürwortet.
* Ich weiß, dass ich neben meinen beruflichen und familiären Verpflichtungen regelmäßig (täglich bzw. wöchentlich) genügend Freiraum zur Erstellung der Dissertation haben werde.

Eine Promotion verschlingt mehr Zeit, als Sie vielleicht denken.

Teil C: Das Forschungsumfeld und die Forschungsbedingungen

Ganz entscheidende Voraussetzungen für eine gelungene Promotion sind neben der eigenen Motivation und persönlichen Eignung auch die Promotionsbedingungen und das Forschungsumfeld. Daher sollten Sie einer angebotenen Doktorandenstelle oder einer anderen Promotionsposition gründlich auf den Zahn fühlen, bevor Sie sich entscheiden. Sprechen Sie ausführlich mit Ihrem künftigen (Erst-)Betreuer und hören Sie sich ruhig auch bei Ihren künftigen Kollegen um. Dies gilt vor allem dann, wenn Sie das Institut oder die Arbeitsgruppe nicht aus dem Studium kennen (mehr dazu siehe die folgenden Kapitel zu den Themen: *Promotionsformen, Grundsätzliches zur Wahl des Betreuers* und *Darüber sollten Sie sprechen*).

* Ich finde/habe die für mein Projekt und mich geeignete/n Betreuungsperson/en,
  ○ mit der/denen ich fachlich und menschlich gut zusammenarbeiten kann.
  ○ deren Betreuungsstil zu meinen Bedürfnissen und meiner Arbeitsweise passt.
  ○ die auf meinem Themengebiet wissenschaftlich ausgewiesen ist/sind.
  ○ die es mir ermöglicht/ermöglichen, gute Kontakte in die „Scientific Community" zu knüpfen.

  Mehr zum Thema Wahl des Betreuers finden Sie in Kapitel 7: Grundsätzliches zur Wahl des Betreuers.
* Ich habe eine Finanzierung für die Dauer der Promotion bzw. habe realistische Finanzierungsoptionen.

  Mehr zum Thema Finanzierung finden Sie in Kapitel 3.2: Die verschiedenen Promotionsformen.

- Ich finde/habe das Forschungsumfeld (Arbeitsgruppe, strukturierte Einrichtung, Netzwerke), das mir Möglichkeiten zum wissenschaftlichen Austausch und zur Weiterbildung bietet.

Eindeutig erweisen sich die Antworten auf einige dieser Fragen oftmals erst nach Antritt der Stelle oder Promotionsmöglichkeit. Trotzdem sollten Sie versuchen, schon im Vorfeld so viele Informationen wie möglich zu sammeln und mit Ihren Erwartungen abzugleichen. In Kapitel 11.5: *Darüber sollten Sie sprechen* finden Sie zusätzlich einen Gesprächsleitfaden für das erste Betreuungsgespräch, in dem Sie diese Themen ebenfalls ansprechen können.

Geraten Sie also nicht uninformiert und unreflektiert in ein Promotionsverhältnis, das vielleicht nicht zu Ihren Bedürfnissen passt. Alle diesbezüglichen Studien sind sich einig, dass in allen Kontexten Promovierende, die sich durch ihre Hauptbetreuungsperson motiviert fühlen und für ihre Bedürfnisse konstruktive Rückmeldung erhalten, besonders zufrieden und erfolgreich sind (vgl. WiNbus- und ProFile-Befragungen, 2011 in BuWin, 2013).

Beschäftigen Sie sich mit den verschiedenen Promotionsformen und Promotionsbedingungen, die Ihnen offen stehen und prüfen Sie selbst Ihre eigenen Bedürfnisse nach Betreuung und Arbeitsweise. Die folgenden Kapitel, die sich ausführlicher mit Promotionsformen, Themen- und Betreuersuche und Finanzierung befassen, sollen Ihnen dabei helfen.

Zudem kann Ihnen bei der ersten Orientierung zur Entscheidung für die Promotion ein vom Psychologischen Institut der Universität Heidelberg entwickelter Online-Promotionstest helfen.

– www.academics.de/test-promotion

Erfahrungsbericht

„Promovieren oder nicht? Diese Frage hat sich mir, ehrlich gesagt, nie wirklich gestellt. Für mich war schon während meiner Schulzeit klar, dass ich langfristig forschend (an Universitäten) tätig sein will. Und da die Promotion in den meisten Ländern dafür immer noch die notwendige Bedingung ist, war für mich klar, nach dem Studium promovieren zu wollen. Eher stellte sich die Frage: In welchem Fach? Und wo? Und worüber?

Doch der Reihe nach. Als Kind und Jugendlicher konnte ich von Büchern nie genug bekommen, so dass meine Eltern quasi wöchentlich mit mir in der Buchhandlung aufkreuzten, um neuen Lesestoff zu beschaffen. Anscheinend blieb das den Buchhändlern nicht ganz unbemerkt, so dass ich eines Tages angesprochen wurde, ob ich nicht Lust hätte für den Buchladen als „Testleser" zu arbeiten. Das entpuppte sich für mich als Traumjob: Ich konnte jederzeit im Buchladen kostenlos stapelweise neue, oft noch nicht erschienene (Jugend-)Romane abholen. Meine einzige Aufgabe: Lesen, wozu ich Lust hatte und einen kurzen Bericht darüber schreiben, damit die Buchhändler eine weitere, „jugendliche" Perspektive auf die neuen Bücher bekamen. Ein Traumjob für eine Leseratte also. Und ich würde behaupten, dass ich auf gewisse Weise bis heute nichts anderes mache, als genau dieser Neugierde immer noch nachzugehen.

Ich erinnere mich dabei noch genau, dass ich eines Tages in der Buchhandlung plötzlich das Regal mit philosophischen und wissenschaftlichen Texten entdeckte. Nachdem ich in einigen Bänden rumgeblättert hatte, war ich extrem überrascht: Ich verstand zwar viele der Textpassagen nicht, aber die Sprache und Gedankentiefe, die Systematik und die behandelten Textgegenstände eröffneten mir eine komplett neue Welt und zogen mich quasi magisch an. Ich wollte mehr davon! In der Folge verbrachte ich immer mehr Zeit mit den Texten aus diesem Regal – anstatt mit (Jugend-)Romanen, die mir immer naiver und als Repetitionen ähnlicher Motive vorkamen. Seitdem stand für mich fest: Genau das will ich langfristig weitermachen. Ich will, ja ich muss verstehen. Als ich diesen Satz Hannah Arendts später entdeckte, schien er mir genau das auszudrücken, was ich empfunden hatte und bis heute empfinde.

Der Entscheidung für eine wissenschaftliche Orientierung (und damit zur Promotion) stand also sehr früh fest. […]

Schon während des Studiums habe ich dabei durch Tätigkeiten als HiWi an einem Lehrstuhl und durch ein Praktikum am Max-Planck-Institut in Köln direkte Forschungseinblicke erhalten können, wodurch sich mein Entschluss zur Wissenschaft nur verfestigt hat. Offener wurde hingegen die Frage, in welchem Fach ich denn würde promovieren wollen. Mich reizten sowohl die Politikwissenschaft als auch die Philosophie und die Germanistik. Durch meine HiWi-Tätigkeiten und durch einige extra-curriculare Seminare (z. B. ein Forschungsseminar in der Germanistik) hatte ich direkten Kontakt mit zahlreichen Wissenschaftler*innen und mittlerweile Promotionsstellen in drei Fächern und an drei verschiedenen Universitäten angeboten bekommen. In gewisser Weise stand ich also erneut vor derselben Frage, die mich schon als Abiturient beschäftigt hatte: In welche Richtung wollte ich mich weiterentwickeln? [...]

Nach einigem Hin und Her entschloss ich mich schließlich an die Uni Konstanz zu wechseln und dort in einer Emmy-Noether-Nachwuchsgruppe in der Politikwissenschaft zu Fragen der Bildungspolitik zu promovieren. Ich denke verschiedene Gründe haben am Ende den Ausschlag gegeben: Zum einen wieder die Neugier auf Neues, auf ein neues Umfeld, neue Ideen, neue Ansätze. Mich reizte dabei vor allem, dass ich immer wieder gehört hatte, Konstanz habe (nicht zuletzt als Exzellenzuni) einen der besten politikwissenschaftlichen Fachbereiche in Deutschland. Zum anderen war die angebotene Stelle aber sowohl inhaltlich als auch vom direkten Forschungsumfeld sowie von der Ausstattung extrem interessant. Außerdem reizte mich, dass sowohl der Fachbereich generell als auch mein zukünftiger Doktorvater im Konkreten sehr gute Kontakte an verschiedene Ivy League Universitäten in den USA hatte und somit zumindest die Möglichkeit, dort einen Forschungsaufenthalt zu verbringen, greifbarer wurde. Auch bei dieser Entscheidung kann ich rückwirkend sagen, dass sie sich für mich als genau richtig herausgestellt hat und ich sie nie bereut habe. [...]

Aber für mich ist der „Job" Wissenschaft bis heute einfach einmalig: Ich kann mir kein anderes Tätigkeitsfeld vorstellen, in dem man so autonom, so kreativ, so Neugier-befriedigend einer spannenden, ständig neuen und vielseitigen, herausfordernden aber auch unglaublich befriedigenden Tätigkeit nachgehen kann, während man gleichzeitig relativ gute Job-Konditionen vorfindet. Klar: die berufliche Situation vieler Wissenschaftler*innen, besonders in der

Post-Doc-Phase, ist extrem schlecht, ja prekär (Kurzzeitverträge, mittelprächtige Bezahlung, zu wenig eigentliche Forschungszeit, etc.), aber im Vergleich zu anderen „Kreativjobs" (oft in der Selbstständigkeit) sind die Konditionen (zumindest an Unis im deutschsprachigen Raum) immer noch extrem gut. Umgekehrt gibt es wohl kaum „sichere" Jobs, die ein ähnliches Maß an Flexibilität (in jeder Hinsicht) und ein ähnlich geniales Berufsklima liefern.

Mein Rat an Promotionsaspiranten wäre also vermutlich ganz einfach: Denkt einfach an eure letzten Haus- oder sonstige selbstständige Forschungsarbeiten zurück. Wenn euch die längere Beschäftigung mit einem Thema Spaß gemacht hat, ihr vielleicht sogar stundenlang an einem Problem geknobelt habt und euch nicht losreißen konntet, weil ihr es unbedingt lösen musstet – dann wird euch vermutlich auch eine Promotion Freude bereiten. Wem eine solche Beschäftigung dagegen schwer fällt und wer sich regelmäßig durch wissenschaftliche Texte quälen musste, wer – mit Hannah Arendt – nie das Gefühl hatte verstehen zu „müssen" – dem/der würde ich von der Promotion abraten.

Wer sich unsicher ist, dem würde ich das raten, wofür ich mich immer entschieden habe: Immer den Weg auszuwählen, der einen intuitiv mehr anzieht, auch wenn man sich darunter weniger vorstellen kann.

Mit Robert Frost – und damit doch zurück zur Literatur:

„Two roads diverged into a yellow wood, and sorry I could not travel both and be one traveller. Long I stood and looked down one as far as I could. […] Then took the other, as just as fair […]. And both that morning equally lay. […] Two roads diverged into a yellow wood, and I – I took the one less travelled by – and that has made all the difference. "

Dr. Julian L. Garritzmann, PostDoc, Universität Konstanz und Universität Zürich

Neben allen den guten oder weniger guten Gründen zu promovieren, mit denen Sie sich nun gründlich beschäftigt haben, gibt es durchaus auch:

1.2 Ungenügende Gründe zu promovieren

Mein Professor ist so nett und hat mich gefragt, ob ich bei ihm promovieren möchte

Ihr Professor hat schon Ihre Abschlussarbeit betreut und war dabei so fürsorglich und sympathisch und nun hat er Sie gefragt, ob Sie nicht bei ihm promovieren möchten? Das sind schon einmal sehr gute Voraussetzungen für eine Promotion – aber sie reichen bei weitem nicht aus! So wichtig gegenseitige Sympathie ist, sie darf nicht alleiniger Maßstab der Entscheidung sein. Entscheidend ist zu allererst die Frage, ob Sie überhaupt promovieren möchten – würden Sie das auch bei jemand anderem tun? Ist Ihre Entscheidung nach den oben diskutierten Kriterien durchdacht und begründet?

Ich weiß nicht, was ich sonst machen soll

Außerdem ist es an der Uni so nett, nicht wahr? Was liegt da näher, als einfach noch ein bisschen da zu bleiben und eine Promotion dranzuhängen?

Falls Ihnen dieser Grund bekannt vorkommt, horchen Sie noch einmal gründlich in sich hinein. Scheuen Sie vielleicht die Mühe des Bewerbens in der Wirtschaft? Sehen Sie die Promotion als Chance, den Bewerbungsprozess hinauszuzögern und gleichzeitig das eigene Qualifikationsprofil zu erweitern? Eine Promotion erweitert zweifellos das eigene Qualifikationsprofil – sie ist aber noch weit mehr. Sie ist ein langwieriges, intellektuell höchst anspruchsvolles und streckenweise mit Sicherheit immer wieder auch frustrierendes Projekt, das mit der richtigen Motivation und Begeisterung höchst erfüllend sein kann, ohne diese jedoch schwer durchzuhalten ist. Lassen Sie sich von erfahrenen Promovierenden den Weg zur Promotion und den real existierenden Doktorandenalltag so detailliert wie möglich schildern. Ist es dagegen nicht viel einfacher, Anzeigen zu sichten, sich mit möglichen Berufsfeldern auseinanderzusetzen und gute Bewerbungen zu schreiben?

In meiner Familie ist eine Promotion üblich

Auch wenn Sie längst erwachsen sind, wirken tatsächliche oder angenommene Erwartungen der Familie und des sozialen Umfelds häufig stärker, als man sich selbst bewusst macht.

Ob Mutter, Vater oder Geschwister – bei Studierenden, die aus einem akademischen Elternhaus kommen, ist die Neigung, eine Promotion anzustreben, viel stärker als bei Studierenden aus bildungsferneren Schichten. Interessanterweise ist Betroffenen dieser Grund für den Promotionswunsch oft gar nicht bewusst und sie meinen, sich aus anderen Gründen zu entscheiden. Falls Sie das Gefühl haben, Sie „müssten eigentlich" promovieren, fragen Sie sich einmal ehrlich warum. Es ist natürlich absolut kein Hinderungsgrund für eine Promotion, promovierte Akademiker in der Familie zu haben – ganz im Gegenteil. Ein ausreichender Grund ist es aber ganz sicher nicht.

Trotz der Belastungen und Risiken einer Promotion sollte man sich jedoch immer wieder klar machen, dass man an einer Universität oder in der Forschung meistens viel mehr Freiheiten zum selbstbestimmten und interessegeleiteten Arbeiten hat als in den meisten anderen Positionen und Berufen. Dazu gehört eine relativ freie Einteilung der Arbeitszeit, die Auseinandersetzung mit spannenden Fragestellungen, abwechslungsreiche Tätigkeiten und die Möglichkeit, viele interessante Menschen und Orte auf dieser Welt kennen zu lernen. Darüber hinaus bieten sich viele Möglichkeiten, eigene Ideen und Vorstellungen in die Tat umzusetzen.

2 Wer promoviert?

Der Doktortitel genießt in Deutschland ein hohes Ansehen. In keinem anderen europäischen Land schließen so viele Absolventen die Promotion ab wie in Deutschland. Laut Angaben des Statistischen Bundesamts von 2016 gibt es derzeit fast 200.000 Promovierende und rund 27.000 Forscherinnen und Forscher erhalten jährlich den Doktortitel. Das sind ca. 2,5 Prozent eines Altersjahrgangs und ca. 14 Prozent aller Hochschulabsolventinnen und -absolventen eines Jahrgangs. In diese Zahl sind die Mediziner, die für ihre Promotion in der Regel eine im Vergleich zu anderen Promovierenden weit kürzere, studienbegleitende Arbeit einreichen, nicht eingerechnet. Übertroffen wird Deutschland bei der absoluten Zahl der Promotionen nur von den USA, deren Hochschulsystem aber insgesamt ungleich größer ist. Das klärt noch nicht die Frage, wer promoviert und warum. Jeder entscheidet sich aus individuellen Motiven zur Promotion, dennoch gibt es Unterschiede in der Promotionsneigung von Akademikern verschiedener Fachbereiche.

Wer in der Universität Karriere machen will, kommt um den Doktortitel nicht herum, egal aus welchem Fachbereich er stammt. Aber auch in manchen anderen Berufsfeldern sind die zwei Buchstaben vor dem Namen sehr gern gesehen. Für Naturwissenschaftler gehört der Titel häufig zur Einstellungsvoraussetzung. Eine Promotion gilt hier als Beweis für Forschungserfahrung, -Interesse und die Fähigkeit, selbstständig wissenschaftlich zu arbeiten und wird bei Bewerbern, die eine Führungsposition in einer Forschungs- und Entwicklungsabteilung anstreben, in der Regel vorausgesetzt. (Jene Naturwissenschaftler aber, die in einem Unternehmen oder einer Organisation eine eher betriebswirtschaftliche Tätigkeit (Vertrieb, Einkauf, Qualitätssicherung, Beratung etc.) anstreben oder eine verwaltende Position suchen, benötigen in der Regel keine Promotion). So entscheidet sich ein großer Teil der Chemiestudenten im Anschluss an den Master oder das Diplom für eine Promotion. Bei den Biologen sind es mehr als die Hälfte. Daher finden sich besonders hohe Anteile an Promovierten in den naturwissenschaftlichen Fachrichtungen (siehe Abb. 4). Auch bei Juristen und Ingenieuren wirkt sich der Titel positiv auf die Karriere aus. Großkanzleien und Unternehmensberatungen besetzen mit Promovierten gern Posten, denen repräsentative Aufgaben zugeordnet sind. In den Vorstandsetagen großer Wirtschaftsunternehmen ist die Doktordichte hoch: So hat rund die Hälfte der Dax-Vorstände einen Titel. Bei Geisteswissenschaftlern hingegen hat die Promotion deutlich weniger Einfluss auf Einkommen und Karriere (in Kapitel 10: *Karriere mit Doktortitel* finden Sie mehr Informationen zu den Berufschancen mit Doktortitel). In den geistes- und kulturwissenschaftlichen Fächern liegt die Promotionsquote daher sehr viel geringer. Besonders selten promovieren Absolventen der Lehramtsstudiengänge, der Pädagogik oder der Architektur.

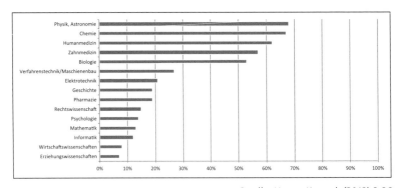

Quelle: Hauss, K. et al. (2012) S. 26

Abb. 4: Promotionsintensität in den 15 Studienbereichen mit den meisten Promotionen im Jahr 2010

In absoluten Zahlen ausgedrückt stammt die größte Gruppe der Promovierenden aus der Fächergruppe Mathematik und Naturwissenschaften. Ingenieurwissenschaftler, Sprach- und Kulturwissenschaftler sowie die Rechts-, Wirtschafts- und Sozialwissenschaftler bilden das Mittelfeld, während die Humanmedizin/Gesundheitswissenschaften, Agrar-, Forst- und Ernährungswissenschaften, Kunst, Kunstwissenschaft und die Veterinärmedizin die niedrigsten absoluten Promovierenden-Zahlen aufweisen.

Die meisten Promovierenden erlangen nach drei bis fünf Jahren ihre Promotion, jene, die in strukturierten Programmen promovieren, sind tendenziell etwas schneller als Individualpromovierende (mehr zu den Promotionsformen in Kapitel 3.2). Ingenieurwissenschaften verzeichnen in der Regel die längsten Promotionszeiten und Naturwissenschaften die kürzesten.

Die Fächergruppen Humanmedizin/Gesundheitswissenschaften und Veterinärmedizin stellen einen Sonderfall dar. In diesen Fächern gilt die Promotion quasi als Regelabschluss, wird meist bereits studienbegleitend begonnen, selten abgebrochen und in wesentlich kürzerer Zeit fertiggestellt als in anderen Fächergruppen. Viele Studien zu den Determinanten und Erträgen von Promotionen verzichten aufgrund dieser Sonderstellung der medizinischen Fächer darauf, diese in Analysen einzubeziehen.

Warum brechen manche Promovierende ihre Promotion ab?

Leider lassen die meisten Studien erahnen, dass nicht jeder sein Dissertationsvorhaben zu Ende führt und vorzeitig abbricht. Genaue Abbruchquoten sind schlecht erfassbar, da Promotionsabbrüche häufig nicht explizit gemeldet werden, sondern manche angefangene Dissertation einfach in der Schublade unberührt langsam verstaubt.

Die Daten des Statistischen Bundesamtes von 2016 weisen eine durchschnittliche Erfolgsquote von knapp zwei Dritteln und damit eine entsprechende Abbruchquote von etwa einem Drittel aus. Nach Absolventen-Befragungen des Deutschen Zentrums für Hochschulforschung liegt die Abbruchquote

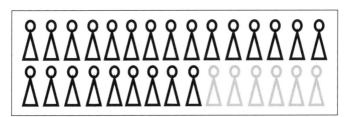

Abb. 5: Drop-out-Rate

jedoch nur bei 17 Prozent. Dabei ist die Wahrscheinlichkeit, eine Promotion erfolgreich abzuschließen für Naturwissenschaftler, Mathematiker und Mediziner besonders hoch (siehe Abb. 6).

Die häufigste Begründung für einen Abbruch ist Befragungen zufolge eine zu hohe Arbeitsbelastung neben der eigentlichen Promotion. Das trifft vor allem auf Berufstätige zu, die nebenbei promovieren wollten. Manchmal erweist sich aber auch die Arbeitsbelastung auf einer Promotionsstelle durch Lehre, Betreuung von Studierenden oder andere Tätigkeiten als zu gravierend, um die Dissertation fertig zu stellen. Darum ist es wichtig, die eigenen Zeitreserven genau zu prüfen und im Falle einer Anstellung als wissenschaftlicher Mitarbeiter die Arbeitsbedingungen und Erwartungen mit dem künftigen Promotionsbetreuer zu besprechen.

In manchen Fällen erleben Promotionsabbrecher die Betreuung als nicht ausreichend oder stoßen auf konkrete Probleme bei ihrem Forschungsprojekt. In den Naturwissenschaften können dies zum Beispiel Laborexperimente sein, die nicht funktionieren, Geisteswissenschaftler schaffen es zuweilen nicht, ihr Themengebiet auf eine bearbeitbare Menge einzugrenzen. Schaffen Promovierende und Betreuer es nicht, diese Probleme zu lösen, kann dies sehr frustrierend sein.

Eine mangelnde Finanzierung spielt bei Abbrüchen ebenfalls eine Rolle. Wer beispielsweise drei Jahre Förderung durch ein Stipendium erhält, ist anschließend häufig nicht fertig und hat gegebenenfalls Probleme bei der Abschlussfinanzierung.

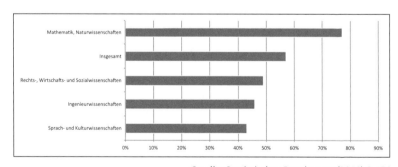

Quelle: Statistisches Bundesamt (2016) S. 156

Abb. 6: Erfolgsquote der Promotion

Ganz klar erweist sich aber, dass Promovierende, die sich
schon vor der Promotion nicht ganz sicher bezüglich ihres Vorhabens sind, eine sehr viel höhere Wahrscheinlichkeit haben,
die Promotion abzubrechen. Wer eine Promotion nicht aus
Forschungsinteresse beginnt, sondern eher, um Arbeitslosigkeit zu vermeiden, hat ein mehr als doppelt so hohes Risiko,
die Promotion niemals fertig zu stellen.

3 Wesen und Formen der Promotion

Annahme
Promotion
Monografie Betreurln
Lehre
Promotionsvereinbarung
Kumulativ
Themenfindung Rigorosum
Stipendium Disputation
Haushaltsstelle
Rigrosum Projektstelle
Promotionsstudiengang
Promotionsprogramm
Dissertation
Veröffentlichung

Wenn Sie verschiedene Doktorandinnen und Doktoranden fragen, was es bedeutet, zu promovieren, wie ihre Promotion aussieht, wie ihr Alltag sich gestaltet, wovon sie leben und wie oft sie ihren Betreuer oder ihre Betreuerin sehen, werden Sie sehr unterschiedliche Antworten erhalten. Während die einen über ihre Arbeit im Labor berichten, wo sie in enger Zusammenarbeit mit Forschungskollegen und Promotionsbetreuern an ihrem Promotionsprojekt forschen, erzählen andere vielleicht davon, wie sie zuhause über ihrer Dissertation brüten und seit Wochen schon versuchen, ihren Betreuer zu erreichen. Manche verbringen jeden Tag an der Uni in ihrem Büro oder im Seminarraum, wo sie Seminare für Studierende abhalten, Ihren Betreuer bei allen möglichen Arbeiten unterstützen und nur dann, wenn Zeit ist, an ihrer eigenen Forschung arbeiten. Wieder andere besuchen selbst Seminare und Vorträge in ihrem strukturierten Promotionsprogramm und tauschen sich häufig in Kolloquien über ihre Forschung aus, wenn sie nicht mit ihrer Dissertation beschäftigt sind. Manche Promovierende sind immer wieder für längere oder kürzere Zeitperioden auf auswärtigen Forschungsaufenthalten im In- und Ausland während andere ihren Promotionsort nicht verlassen.

Bevor Sie sich entscheiden können, ob und wie Sie promovieren möchten, ist es wichtig, Grundlegendes über die Promotion zu erfahren und sich dann einen Überblick über die verschiedenen Promotionsformen zu machen. Zum einen unterscheiden sich Promotionen sehr stark in den verschiedenen Fachbereichen. Geisteswissenschaftler beispielsweise beschäftigen sich nicht nur mit anderen Themenstellungen als Naturwissenschaftler, Wirtschaftswissenschaftler, Sozialwissenschaftler oder Juristen. Auch die methodische Herangehensweise und der wissenschaftliche Alltag sind extrem unterschiedlich geprägt. Sogar innerhalb der Fächergruppen und sogar der einzelnen Fächer bis hin zu den einzelnen Arbeitsgruppen oder Lehrstühlen bestehen Unterschiede in der Art und Weise wie die Promotion abläuft.

Neben den fachspezifischen Unterschieden gibt es strukturelle Unterschiede zwischen den verschiedenen Promotionsformen. So gibt es immer noch sehr verbreitet die klassische Individualpromotion. Die gebräuchliche Bezeichnung „Doktormutter/-vater" verdeutlicht hier die auch oft als Meister-Schülerverhältnis bezeichnete dialogische Beziehung von Betreuer und Doktorand. Der klassische Weg der Finanzierung und Einbindung in die Arbeitsgruppe bzw. den Lehrstuhl ist die Tätigkeit als Wissenschaftlicher Mitarbeiter. Viele Promovierende finanzieren sich jedoch auch durch Stipendien und eine geringere Anzahl promoviert berufsbegleitend.

Daneben nimmt die Anzahl der strukturierten Promotionsprogramme nach amerikanischem Vorbild zu, die Promovierende durch ein strukturiertes Curriculum und meist einer eigenen Finanzierung auf ihrem Weg zur Promotion unterstützen. Bevor wir nun im Einzelnen zu den verschiedenen Promotionsformen kommen, beginnen wir mit den Gemeinsamkeiten:

3.1 Was ist eine Promotion?

Die Promotion ist eine mehrjährige akademische Qualifikationsphase, die dazu dient, Ihre Fähigkeit unter Beweis zu stellen selbstständig und vertiefend wissenschaftlich arbeiten zu können. Dafür erstellen Sie eine eigenständige wissen-

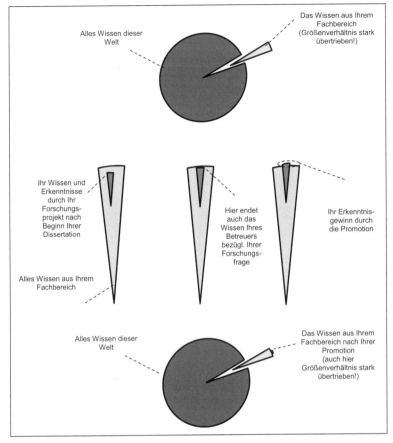

Abb. 7: Was ist eine Promotion?

schaftliche Arbeit, die Dissertation oder Doktorarbeit, und legen entsprechende Prüfungen ab.

Wenn Sie das Promotionsverfahren erfolgreich abgeschlossen haben, erhalten Sie den Doktortitel in Ihrem Fach als akademischen Grad, den Sie fortan als „Ehrentitel" und als Nachweis Ihrer wissenschaftlichen Befähigung im Namen führen dürfen. Wie lange all dies dauert, hängt von der Promotionsform, dem Fach, aber auch den Rahmenbedingungen ab, die sehr unterschiedlich sein können. In den meisten Fächern können Sie mit einer Dauer von drei bis fünf Jahren rechnen, bis die Promotion abgeschlossen ist. Neben Ihrer Arbeitsleistung, der Finanzierung und der Promotionsstruktur spielen dabei auch die Intensität und Qualität der Betreuung eine große Rolle: Eine gute Betreuung kann viel dazu beitragen, das Promotionsvorhaben in hoher Qualität und angemessener Zeit zu realisieren.

Um eine Promotion beginnen zu können, müssen Sie im ersten Schritt ein geeignetes Promotionsthema und einen (oder mehrere) Promotionsbetreuer finden. Dafür gibt es viele verschiedene Möglichkeiten und Wege, auf die wir in den nächsten Kapiteln genauer eingehen werden.

3.1.1 Die Promotionsphase

Die Promotionsphase beginnt mit der offiziellen Annahme als Doktorandin oder Doktorand durch die promotionsführende Fakultät oder Fachbereich. Sie werden zur Promotion angenommen, wenn Sie die Voraussetzungen zur Promotion erfüllt haben und die Betreuung Ihrer Dissertation seitens einer promotionsberechtigten Betreuungsperson (in der Regel eine Professorin oder ein Professor) verbindlich bestätigt ist.

*„Als Promovierende gelten Personen, die von einer zur Promotion berechtigten Einrichtung eine **schriftliche Bestätigung über die Annahme** als Doktorandin oder Doktorand in dieser Einrichtung erhalten haben. Der Zeitpunkt der Bestätigung gilt als Promotionsbeginn"* Hochschulstatistikgesetz (HstatG)

Kern der Promotionsleistung ist die Erstellung einer Dissertation als eine eigenständige wissenschaftliche (Forschungs-) Leistung. Obwohl immer häufiger auch der Begriff Promotionsstudium verwendet wird, ist eine Promotion nicht mit einem Studium vergleichbar, sondern geht weit darüber hinaus. Sie erbringen eine selbstständige, selbstverantwortliche Forschungsleistung, die zu einem wissenschaftlichen Erkenntnisgewinn führen soll. Dabei werden Sie von mindestens einer Promotionsbetreuerin oder Betreuer betreut.

Nach Fertigstellung der Dissertation wird das Promotionsverfahren eröffnet. Die Dissertation wird von Gutachterinnen und Gutachtern bewertet. Erst nach der positiven Begutachtung und der Annahme der Dissertation werden Sie zur mündlichen Prüfung im Rahmen des Promotionsverfahrens zugelassen. Diese erfolgt entweder als tatsächliche Prüfung (Rigorosum) oder als Verteidigung (Disputation) Ihrer Arbeit.

Das Promotionsverfahren ist nach der Gesamtbewertung abgeschlossen:

„Der erfolgreiche Abschluss der Promotion liegt vor, wenn die **offizielle Feststellung des Gesamtergebnisses** *durch den Prüfungsausschuss/ das Prüfungsamt erfolgt ist und nicht erst, wenn die möglicherweise erst später stattfindende Übergabe der Promotionsurkunde erfolgt ist."* Hochschulstatistikgesetz (HstatG)

In der Regel ist ein Doktorand in Deutschland allerdings erst dann berechtigt, die Bezeichnung *Dr.* vor dem Namen zu führen, sobald die Dissertation publiziert ist.

Kurzdefinition der wichtigsten Begriffe

Annahme als Doktorandin oder Doktorand: Wer die Zulassungsvoraussetzungen zur Promotion erfüllt, kann bei der zuständigen Fakultät/dem Fachbereich unter Angabe des für die Dissertation geplanten Themas die Annahme als Doktorandin oder Doktorand schriftlich beantragen. Mit der Annahme als Doktorand wird die grundsätzliche Bereitschaft der Fakultät dokumentiert, eine Dissertation über das beabsichtigte Thema als wissenschaftliche Arbeit zu bewerten und die Doktorandin oder den Doktoranden bei der Erstellung der Arbeit zu betreuen und zu unterstützen.

Einschreibung/Immatrikulation: Promovierende können sich in manchen Universitäten einschreiben und dadurch den Studierendenstatus erhalten. Für Promovierende, die zu einem Promotionsstudiengang zugelassen sind, ist diese Immatrikulation verpflichtend.

Betreuerin oder Betreuer/Betreuungsperson/Doktorvater oder Doktormutter: Die (meist professorale) (Erst-)Betreuungsperson einer Doktorarbeit wird umgangssprachlich auch häufig als Doktorvater oder Doktormutter bezeichnet. Die Betreuungsperson ist Ansprechpartnerin, Betreuerin und Mentorin einer Promotion und meist gleichzeitig Erstgutachterin der Doktorarbeit.

Fachbereich/Fakultät: Hochschulen sind in verschiedene Fachbereiche (oft auch Fakultäten genannt) aufgeteilt. In der Regel werden Fachbereiche/Fakultäten entlang den Grenzen der verschiedenen Studienbereiche eingeteilt, (z. B. Wirtschaftswissenschaftliche Fakultät). Zunehmend werden in Fachbereichen auch mehrere Studienbereiche oder Fächergruppen zusammengefasst (z. B. Geistes- und Sozialwissenschaften).

Zweitbetreuerin oder Zweitbetreuer/Zweitgutachterin oder Zweitgutachter: Der Zweitgutachter wird meist vom Erstgutachter vorgeschlagen. Der Zweitgutachter stammt meist aus dem gleichen Forschungsbereich, ist an derselben Fakultät oder demselben Forschungsinstitut tätig. Die genauen Bestimmungen zur Wahl des Zweitgutachters lassen sich der Promotionsordnung der jeweiligen Hochschule oder Forschungseinrichtung entnehmen.

Promotion: Forschungsorientierte Vertiefung oder Ergänzung eines abgeschlossenen Hochschulstudiums mit dem Ziel, einen selbständigen Beitrag zur Forschung zu leisten (die Dissertation) und auf diese Weise eine erhöhte Fähigkeit zur wissenschaftlichen Argumentation zu erwerben. Grundsätzlich besteht die Promotion aus der eigenständigen Ausarbeitung der Dissertation und einer mündlichen Prüfung.

Dissertation/Doktorarbeit: Die schriftliche Forschungsarbeit, mit der die Doktorwürde erreicht wird. Je nach Fach gelten unterschiedliche Regelungen für die Form dieser schriftlichen Arbeit. Vor allem in den Geistes- und Sozialwissenschaften aber auch in der Rechtswissenschaft ist in der Regel die wissenschaftliche Monografie – die Dissertation als 200–300-seitiges Buch die übliche Form. In den Natur-, Technik- und Ingenieurwissenschaften ist es dagegen weiter verbreitet, eine sogenannte „kumulative Dissertation" in Form von mehreren in Fachzeitschriften veröffentlichten Artikeln zu verfassen. Meist durchlaufen diese Artikel dann ein so genanntes „peer review-Verfahren" in welchem die Arbeiten von meist anonym bleibenden

Fachwissenschaftlern begutachtet werden. Die Anzahl der für die Promotion benötigten Artikel, die Autorenreihenfolge (Erstautorenschaft oder Mitautorenschaft) sowie der zur Eröffnung des Promotionsverfahrens notwendige Publikationsstatus („eingereicht", „unter Begutachtung", „zur Publikation angenommen") werden in den jeweiligen Promotionsordnungen festgelegt.

Promotionsvereinbarung/Betreuungsvereinbarung: Schriftliche Vereinbarung zwischen Doktorand und Betreuungsperson/en über Thema, Art der Betreuung und die Betreuungsbedingungen. In manchen Bundesländern (z. B. Baden-Württemberg) ist die Promotionsvereinbarung Voraussetzung für die Annahme.

Disputation/Rigorosum/Doktorprüfung: Abschließende Prüfung nach Abschluss der Promotion entweder als Disputation (wissenschaftliches Streitgespräch über die Dissertation) oder als Rigorosum (erweiterte Prüfung über Thesen und/oder Spezialgebiete) oder als Mischform. Die zulässige Prüfungsform wird in den fachspezifischen Regelungen der jeweiligen Promotionsordnung bestimmt.

Veröffentlichung/Publikation: Die Veröffentlichung der Dissertation ist der „krönende Abschluss" der Promotion. Sie ist zwar nicht Bestandteil der Prüfungsleistungen, aber des Prüfungsverfahrens. Erst nach erfolgter Publikation wird die Promotionsurkunde ausgehändigt und darf der Doktortitel geführt werden.

Doktortitel: Der Titel bzw. Doktorgrad variiert von Fach zu Fach und für manche Fächer auch von Universität zu Universität. In Deutschland wird dem abgekürzten „Dr." ein weiteres Buchstabenkürzel angefügt, z. B. Dr. phil. (vor allem in den Geistes- und teilweise in den Sozialwissenschaften), Dr. med. (in der Medizin) oder Dr. rer. nat. (in den Naturwissenschaften). An manchen deutschen Hochschulen kann auch der äquivalente angloamerikanische Titel „Ph.D." erworben werden. Es gibt zahlreiche Doktorgrade, die hier nicht alle aufgeführt werden sollen, ersichtlich werden sie in den jeweiligen Promotionsordnungen.

Bewertung der Promotion: Meist werden Dissertationen wie folgt benotet:

- summa cum laude (lat. mit höchstem Lob): eine hervorragende Leistung, die in Zahlen als Note: 0,5 ausgedrückt wird
- magna cum laude (lat. mit großem Lob): eine besonders anzuerkennende Leistung (die dennoch in der Mehrzahl der Fälle vergeben wird), Note: 1,0
- cum laude (lat. mit Lob): eine den Durchschnitt übertreffende Leistung, Note: 2,0
- rite (lat. ausreichend): eine den durchschnittlichen Anforderungen noch entsprechende Leistung, Note: 3,0
- insuffizienter (lat. ungenügend): eine nicht mehr brauchbare Leistung, Note: 4,0

Promotionsordnung: Prüfungsordnung für die Promotion. Universitätsspezifisches Regelwerk über die Bestimmungen zur Promotion.

Wichtigste Inhalte sind: Promotionsrecht, Zulassungsvoraussetzungen, Zulassung, Dissertation, Eröffnung des Promotionsverfahrens, Promotionskommission, Begutachtung der Dissertation, Annahme der Dissertation, Mündliche Prüfung oder Verteidigung, Festlegung der Gesamtnote, Veröffentlichung der Dissertation, Verleihung des Doktorgrades.

3.1.2 Dauer der Promotion

Wie lange die Promotionsphase von der Annahme bis zum wohlverdienten Titel dauert, unterscheidet sich mit den Promotionsbedingungen, der Strukturierung der Promotion und typischerweise auch von Fachbereich zu Fachbereich. Offiziell wird ein Richtwert von drei Jahren angegeben und auch angestrebt. Auf diese Dauer sind zugleich viele Forschungsprojekte und die meisten Stipendienprogramme ausgelegt. Verzögerungen aufgrund von hohen Arbeitsbelastungen durch Zusatzaufgaben oder eine länger dauernde Phase der Festlegung und Eingrenzung des Themas führen jedoch häufig dazu, dass die Promotionsphase länger dauert.

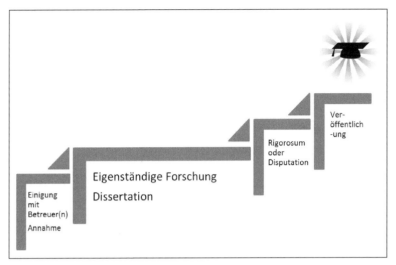

Abb. 8: Promotionsphase bzw. Ablauf der Promotion

Laut einer Umfrage des Hochschul-Informations-Systems (HIS) wird die kürzeste Promotionsdauer in strukturierten Promotionsprogrammen wie Graduiertenschulen oder Graduiertenkollegs sowie bei Promovierenden mit einem Individualstipendium (z. B. Stipendiaten der Begabtenförderwerke) erreicht. Hier liegt die durchschnittliche Promotionsdauer aber auch bei vier Jahren. Wer seine Promotion als Wissenschaftlicher Mitarbeiter am Lehrstuhl oder in der Arbeitsgruppe verfasst und im Rahmen dieser Anstellung in der Regel zusätzlich in weitere Aufgaben eingebunden ist, braucht der Umfrage zufolge 4,5 bis 4,6 Jahre. Die längste Zeit brauchen Promovierende, die völlig frei oder extern finanziert promovieren: Diese müssen im Schnitt bis zum Erhalt ihres Doktortitels 4,8 Jahre warten. Unter Promovierenden der verschiedenen Fachbereiche arbeiten Geisteswissenschaftler der Umfrage zufolge mit 5,1 Jahren am längsten, gefolgt von Ingenieuren mit 5,0 Jahren und Wirtschafts- und Sozialwissenschaftlern mit 4,6 Jahren. Am schnellsten promovieren Naturwissenschaftler, Mathematiker und Psychologen: Sie erhalten ihren Doktortitel im Schnitt bereits nach 4,3 Jahren. Nicht enthalten in dieser Aufstellung sind die Humanmediziner, deren „Dr. med." mit einem deutlich geringeren Projektumfang in kürzerer Zeit typischerweise schon während des Studiums erworben wird.

Fast jeder Doktorand unterschätzt die Zeit, die er bis zum Abschluss der Promotion brauchen wird. Unabhängig von den untersuchten Gruppen ist die von den Promovierenden benannte voraussichtliche Promotionsdauer stets kürzer als die von den Promovierten genannte tatsächliche Dauer. Die Differenz liegt bei gut einem halben Jahr.

Dies ist vielleicht nicht ganz so dramatisch zu sehen, wie es im ersten Augenblick vielleicht scheint. Zum einen setzt sich der Trend zu kürzeren und strukturierteren Promotionen in immer mehr Universitäten und außeruniversitären Forschungseinrichtungen fort. Zum anderen ist bei der ermittelten Promotionsdauer auch die mehr oder weniger lange Wartezeit enthalten, die nach Abgabe der Dissertation bis zur Begutachtung, der Prüfung und der Veröffentlichung der Dissertation anfällt. Diese Zeit kann man aber durchaus schon für den Übergang in die nächste Karrierephase nutzen.

3.1.3 Formale Voraussetzungen

Prinzipiell steht eine Promotion jeder Person offen, die einen Masterabschluss einer Universität oder einer Fachhochschule, ein Diplom, ein Staatsexamen oder einen Magister hat. Die meisten Promotionsordnungen verlangen zusätzlich, dass die Abschlussnoten (gemessen am Fach) überdurchschnittlich sein sollen. In Ausnahmefällen, die von den jeweiligen Fachbereichen und Fakultäten bestimmt werden, reicht für besonders qualifizierte Studierende auch schon ein Bachelortitel für den Beginn einer Promotion aus. Diese „Promotion auf der Überholspur" nennt sich Fast Track.

Jede Universität hat eigene, oft auch von Fach zu Fach verschiedene Promotionsordnungen, die diese Zugangsvoraussetzungen und weitere Aspekte rund um das Promotionsverfahren auf spezifische Art und Weise regeln. Daher ist es wichtig, dass Sie sich mit der jeweilig auf Sie zutreffenden Promotionsordnung auseinandersetzen. Sie finden diese auf den Homepages jeder Universität.

Falls Sie aus dem Ausland kommen, sollten Sie prüfen, ob und wie Ihre Studienabschlüsse in Deutschland und von den jeweiligen Universitäten anerkannt werden. Dafür gibt es an jeder

Universität Ansprechpartner. Weitere Informationen finden Sie auf den Seiten der Kultusministerkonferenz:

– www.anabin.de.

3.2 Die verschiedenen Promotionsformen

Wie eingangs beschrieben, unterscheiden sich Promotionen in Deutschland je nach Promotionsstruktur, Fachbereich, Finanzierungsart und Anbindung teilweise sehr stark voneinander. Obwohl natürlich jedes Promotionsverhältnis individuell gesehen werden muss, möchte ich Ihnen die häufigsten Promotionsformen kurz vorstellen:

3.2.1 Die Individualpromotion

Die Individualpromotion ist nicht an ein Ausbildungsprogramm gebunden. Die Betreuung der Promotion erfolgt nach individueller Absprache hauptsächlich durch den oder die ErstbetreuerIn (Doktorvater oder Doktormutter). Der/die angehende Doktorand oder Doktorandin bewirbt sich selbstständig bei der zukünftigen Betreuungsperson oder wird von dieser angesprochen, einigt sich mit dem Betreuer oder der Betreuerin auf ein Forschungsthema und arbeitet daran selbstverantwortlich. Dies geschieht je nach Fachrichtung allein oder im Team der Arbeitsgruppe. Eventuell – vor allem in den großen

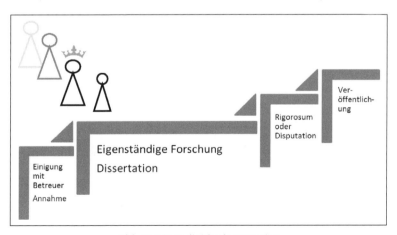

Abb. 9: Die Individualpromotion

Arbeitsgruppen aus den Naturwissenschaften – übernehmen in der Forschungsphase fortgeschrittene Post-Doktoranden die Funktion des Hauptansprechpartners. Bewertungsmaßgeblich bleibt jedoch in der Regel der Erstbetreuer.

In der Regel wird im Laufe der Promotion (manchmal auch von Beginn an) eine Zweitbetreuerin oder ein Zweitbetreuer oder sogar in seltenen Fällen weitere Betreuungspersonen hinzugezogen. Diese treten vor der Bewertung der abgeschlossenen Dissertation häufig aber kaum in Erscheinung. Neuere Promotionsordnungen stärken jedoch die Bedeutung der Mitbetreuer.

3.2.1.1 Die Finanzierung einer Individualpromotion

Für die Finanzierung einer Individualpromotion gibt es folgende Möglichkeiten:

Promotion als wissenschaftlicher Mitarbeiter

Die meisten Promovierenden (laut den Erhebungen des Statistischen Bundesamtes mehr als 80 Prozent) finanzieren ihre Promotion durch ein Beschäftigungsverhältnis. Von diesen sind mehr als drei Viertel an Hochschulen beschäftigt. Mit weitem Abstand folgen als Arbeitgeber die außeruniversitären Forschungseinrichtungen mit 7 Prozent der Beschäftigten und die Wirtschaft mit 6 Prozent.

Die Tätigkeit als wissenschaftlicher Mitarbeiter an einem Institut oder Lehrstuhl bzw. Arbeitsgruppe bietet dabei viele Vorteile: Sie werden unmittelbar in Forschungsprojekte des Instituts bzw. der Universität eingebunden und können sich intensiv mit den Professoren und anderen Experten Ihres Fachgebiets austauschen. Dieser Umstand ist gerade für diejenigen, die später in der Wissenschaft Fuß fassen wollen ideal, um Netzwerke auszubauen sowie Erfahrungen in Forschung und Lehre zu sammeln. Die Verträge sind nach dem Wissenschaftszeitvertragsgesetz (WissZeitVG) allerdings zumindest an Universitäten fast immer befristet auf zwei oder drei Jahre und können – mit sehr viel Glück – bis zur Promotion nur auf maximal sechs Jahre verlängert werden. Im Vergleich zu Stellen auf dem nicht wissenschaftlichen Arbeitsmarkt erweisen sich Promotionsstellen, da es sich um Qualifikationsstellen handelt, in Relation zum Arbeitsaufwand als meist recht schlecht bezahlt. Zudem haben viele Arbeitsinhalte nur bedingt mit Ihrem eigentlichen Forschungsthema zu tun, weshalb Ihnen neben der Arbeit manchmal nur wenig Zeit bleibt, um sich an Ihre Dissertation zu setzen. Hier ist somit wiederum gutes Zeit- und Selbstmanagement gefragt.

Unter den Stellen als Wissenschaftliche Mitarbeiter lassen sich Haushaltsstellen und Projektstellen in Drittmittelprojekten unterscheiden. Diese Qualifizierungsstellen sind teilweise mit einer gewissen Lehrverpflichtung, mit der Mitarbeit in der Arbeitsgruppe bzw. bei Projektaufgaben und mit der Beteiligung an der universitären Selbstverwaltung verbunden. Umfang und Art der zu übernehmenden Aufgaben variiert ebenso wie der Stellenumfang je nach Beschäftigungsmodell. Meist handelt es sich um halbe bis dreiviertel-Stellen, die nach dem Tarifrecht für den öffentlichen Dienst und meist nach der Entgeltgruppe 13 bezahlt werden. Das entspricht je nach Bundesland im ersten Berufsjahr hochgerechnet auf eine Hundertprozentstelle (Sie bekommen jedoch nur eine Teilzeitfinanzierung!) einem Bruttojahresgehalt von 40.000 Euro bis 41.500 Euro. Auf die halbe Stelle gerechnet bleiben im Monat etwas mehr als 1.100 Euro netto übrig. Da Sie für die Bezahlung entsprechende Arbeitsleistungen erbringen müssen, bleibt Ihnen für die Arbeit an Ihrer Dissertation nur ein Teil Ihrer Zeit übrig. Das ist ein ganz wichtiger Unterschied zur Situation von Stipendiaten, die sich meist die gesamte Zeit (oder doch zumindest den allergrößten Teil davon) der Arbeit an ihrer Dissertation widmen können. In den meisten Fällen wird erwartet, dass Sie Vollzeit arbeiten, um die Zeit, die Ihnen neben den Aufgaben für den Lehrstuhl oder das Projekt bleibt, für die Erstellung der eigenen Dissertation zu nutzen. Wenn Sie eine bezahlte Stelle haben, müssen Sie also davon ausgehen, dass Sie für die bezahlte Arbeit plus für Ihre Dissertation in der Regel deutlich mehr als 40 Stunden in der Woche arbeiten, was natürlich ganz besonders für (die wenigen) Inhaber einer „vollen Stelle" gilt. Inhaber einer bezahlten Stelle brauchen in der Regel länger für ihre Doktorarbeit als Stipendiaten (die allerdings aufgrund kurzer Stipendienlaufzeiten oft auch deutlich mehr als 40 Stunden pro Woche an ihrer Dissertation tätig sind).

Fast die Hälfte aller Stellen für wissenschaftliche Mitarbeiter wird nicht aus den regulären Haushalten, sondern aus gesondert eingeworbenen Mitteln, den sogenannten Drittmitteln, finanziert. Drittmittel sind dabei Gelder, die zumeist von den großen forschungsfördernden Institutionen wie der Deutschen Forschungsgemeinschaft (DFG) oder der Volkswagenstiftung, aber auch von anderen staatlichen wie privaten Institutionen und Unternehmen für bestimmte Projekte zur Verfügung gestellt werden. Die Verteilung dieser Projektstellen unterscheidet sich jedoch von Disziplin zu Disziplin, besonders häufig finden Sie Projektstellen ausgeschrieben in den Naturwissenschaften, oft in den Sozial- und Wirtschaftswissenschaften und seltener in den Geisteswissenschaften.

Je nachdem, wie weit das Thema des Drittmittelprojektes dann vom Thema der eigenen Dissertation abweicht, können zusätzliche Arbeiten für das Forschungsprojekt anfallen, die nicht direkt zur eigenen Promotion beitragen. Abhängig von der Art der Stelle, ob es sich um eine allgemeine Haushaltsstelle mit Lehraufgaben und Assistenztätigkeiten handelt oder um eine Stelle in einem bereits fest umrissenen Forschungsprojekt, unterscheiden sich die Aufgaben verschiedener Promotionsstellen gewaltig.

Haushaltsstellen

Bei einer Haushaltsstelle teilt sich Ihre Arbeitstätigkeit häufig ein in Lehr- oder Betreuungstätigkeiten für Studierende, Zuarbeit für Ihren Professor und die eigene Dissertation – dies alles aber bezogen auf eine Vollzeittätigkeit, auch wenn Sie vielleicht nur mit 50 Stellenprozenten eingestellt sind. Die zu erbringenden Dienstleistungen sind je nach Fach und Institut unterschiedlich. Generell betreffen sie fast immer die Ausbildung von Studierenden aber auch die Betreuung und Wartung von Geräten in den Labors, die Einarbeitung in für alle genutzte (Computer-)Programme oder Verwaltungsarbeiten am Lehrstuhl. Häufig wird erwartet, dass Sie – je nach Stundenumfang der Stelle – zwischen zwei und vier Semesterwochenstunden lehren. Sie betreuen Studierende auch in Klausuren, Praktika und Tutorien, nehmen Prüfungen ab oder sitzen als Beisitzer dabei, korrigieren Klausuren und Hausarbeiten, organisieren Tagungen, unterstützen Ihren vorgesetzten Professor in Forschung und Lehre und erledigen administrative Aufgaben – kurz, Sie verrichten einen großen Teil der Arbeiten und Dienstleistungen, die in Forschung, Lehre und der universitären Selbstverwaltung an einem Lehrstuhl bzw. in einem Fachbereich anfallen. Neben diesen Aufgaben arbeiten Sie natürlich an Ihrer Dissertation. Teilweise ist die Arbeit hieran regulärer Bestandteil der zugewiesenen Arbeitsaufgaben, d. h., ein Teil der Arbeitszeit ist explizit im Arbeitsvertrag für die eigene Forschung und damit die Arbeit an der Dissertation ausgewiesen, teilweise ist dies nicht weiter erwähnt und damit – gerade im üblichen Fall von Teilzeitstellen – für die unbezahlte Zeit vorgesehen. Daher ist es für Sie günstiger, wenn entsprechende Passagen zum Arbeitszeitkontingent Ihrer Dissertationsleistung im Arbeitsvertrag enthalten sind.

Projektstellen

Bei Projektstellen macht es für Ihre Arbeitsbelastung einen gravierenden Unterschied, ob Ihr Promotionsvorhaben Teil Ihrer Arbeit für das betreffende Forschungsprojekt ist oder nicht. Im Idealfall werden Sie dafür bezahlt, Ihr eigenes Forschungsprojekt voranzubringen, was eine verlockende Finanzierungsvariante darstellt. Demgegenüber steht jedoch der (eventuelle) Nachteil, dass Sie thematisch an das Forschungsprojekt gebunden sind. Im schlechtesten Fall kommen Sie zu Ihrer eigenen Dissertation erst quasi in Ihrer Freizeit.

Wenn an dem gewünschten Lehrstuhl oder der Fakultät keine Drittmittelstellen ausgeschrieben sind, besteht eventuell die Möglichkeit, dass Ihr Wunschbetreuer einen Antrag auf Drittmittelförderung für Ihr Promotionsprojekt stellt. Angehende Promovierende können an einem solchen Antrag mitarbeiten und so dessen Einreichung unterstützen. Signalisieren Sie bei Ihrem Wunschbetreuer Interesse und Bereitschaft zu der Mitwirkung an einem solchen Antrag. Vielleicht ergibt sich sogar die Möglichkeit, dass Sie schon mit ihrer Studienabschlussarbeit selbst die Grundlagen für einen Projektantrag legen, wenn der Betreuer Ihrer Master-Arbeit auch Ihr Wunschbetreuer für die Doktorarbeit ist und er Ihnen bereits frühzeitig diese längerfristige Perspektive eröffnet und bereit ist, einen solchen Antrag einzureichen.

Vor- und Nachteile von Stellen als Wissenschaftlicher Mitarbeiter

Der große Vorteil einer Stelle als Wissenschaftlicher Mitarbeiter an einer Hochschule ist die unmittelbare Teilhabe am Wissenschaftsbetrieb. Sie sind unmittelbar in die wissenschaftliche und universitäre Praxis eingebunden und lernen die Arbeitsabläufe an einem Lehrstuhl sowie den Betrieb an einer Universität aus nächster Nähe kennen. Sie machen eigene Lehrerfahrungen und können von der oft engen Zusammenarbeit mit dem vorgesetzten Professor der üblicherweise gleichzeitig die Promotion betreut, auch für die eigene wissenschaftliche Arbeit profitieren. Das gleiche gilt für den häufig engen Austausch mit Kollegen, Post-Docs und den anderen Professoren. Etwas mehr als die Hälfte der wissenschaftlichen Mitarbeiter, die in gemeinsamen Forschungsprojekten promovieren, geben an, sich mit ihrem Hauptbetreuer mindestens einmal in der Woche auszutauschen. Bei frei Promovierenden ist das dagegen nur bei jedem Achten der Fall (siehe Abb. 11).

Häufig ist dagegen das Verhältnis von Aufwand und Bezahlung nicht ganz einfach: Eine volle Stelle mit dissertationsfremden Aufgaben lässt kaum Zeit für die eigene Arbeit. Eine halbe Stelle reicht in manchen Städten kaum zum Leben. Ein Teil der wissenschaftlichen Mitarbeiter arbeitet wesentlich mehr als die vorgesehene Arbeitszeit, vor allem auf den Teilzeitstellen, und ist häufig mit Tätigkeiten überlastet, die mit der Promotion gar nichts zu tun haben. Dass es zudem schwer ist, gerade gegenüber dem Vorgesetzten, der ja gleichzeitig als Betreuer über die Promotion und die weitere akademische Zukunft entscheidet, über die Arbeitsbedingungen zu verhandeln, liegt auf der Hand. Dies kann zu einer besonders stark erlebten, sehr einseitigen Abhängigkeit von dem Vorgesetzten und Betreuer führen. Darum ist es bei diesem Modell ganz besonders wichtig, „zu prüfen, wer sich lange bindet" (mehr dazu finden Sie in Kapitel 7: *Grundsätzliches zur Wahl des Betreuers*).

Stellenanzeigen dafür finden Sie auf den Webseiten der Universitäten oder Forschungseinrichtungen. Wissenschaftliche Stellenangebote finden Sie auch auf Stellenbörsen wie - www. academics.de oder über Mailinglisten der Fachgesellschaft Ihres gewünschten Fachbereichs (mehr Informationen dazu finden Sie in Kapitel 8.1.2: *Die Suche nach passenden Stellenanzeigen und Ausschreibungen*).

Finanzierung über ein Individualstipendium

Statt durch eine Mitarbeiterstelle kann eine Promotion auch durch ein Individualstipendium von staatlichen oder privaten Einrichtungen und von Stiftungen finanziert werden. Den größten Anteil an der Vergabe von Individualstipendien haben die Begabtenförderungswerke, die vom Bundesministerium für Bildung und Forschung (BMBF) unterstützt werden. Deren Bewerbungskriterien variieren, jedoch setzen alle neben überdurchschnittlichen Studien- und Prüfungsleistungen auch gesellschaftliches Engagement voraus. Auch die Bundesländer fördern besonders vielversprechende Promovierende an Universitäten mit Stipendien nach dem Landesgraduiertenförderungsgesetz (LGFG). Die Verteilung dieser Stipendien liegt meist in den Händen der Universitäten, die diese nach eigenen Kriterien vergeben. Hinzu kommt eine Reihe von Stipendien kleinerer Stiftungen und Einrichtungen, die teilweise fach-, themen- oder auch personenspezifische Stipendien vergeben.

Die Höhe von Vollstipendien, die die Lebenshaltungskosten abdecken sollen, ist unterschiedlich, liegt im Mittel aber etwa bei 1.300 Euro im Monat. Daneben gibt es Fördermöglichkeiten vom einfachen Druckkostenzuschuss bis zur Förderung von Reisen und Auslandsaufenthalten. Die Förderdauer von Vollstipendien liegt häufig bei zwei Jahren mit der (für erfolgreiche Promotionen häufig vorgesehenen) Möglichkeit zur Verlängerung um zweimal sechs Monate. Die Auflagen für eine Weiterförderung über die zwei Jahre hinaus sind allerdings recht unterschiedlich. In der Regel sind jedoch Fortschrittsberichte, die auf ein erfolgreiches Abschließen der Dissertation erwarten lassen, Bestandteil davon.

Vor- und Nachteile von Individualstipendien

Ebenso wie die Finanzierung Ihrer Promotion durch eine Stelle als wissenschaftlicher Mitarbeiter haben auch Individualstipendien Vor- und Nachteile. Ein wichtiger Vorteil ist sicherlich, dass Sie, da Sie Ihre eigene Finanzierung quasi mitbringen und selbst eingeworben haben, in einer geringeren thematischen und arbeitsrechtlichen Abhängigkeit von Ihrem

Betreuer stehen. Manchmal ist eine freie Themenwahl erst mit einer Finanzierung durch ein Stipendium möglich, da viele Professoren die Themenwahl ihrer wissenschaftlichen Mitarbeiter stärker beeinflussen. Mit einem Stipendium haben Sie normalerweise – zumindest rechtlich – keine Lehr- und Assistenzaufgaben, sondern können sich voll auf Ihre Dissertation konzentrieren. Dies bezahlen Sie jedoch eventuell mit einer geringeren Anbindung an den Lehrstuhl und die Arbeitsgruppe.

Eine unzureichende oder fehlende feste Verankerung an den Lehrstuhl erweist sich nicht selten als eines der größten Probleme für Stipendiaten. Die auf einem Arbeitsplatz selbstverständliche Integration in den wissenschaftlichen Alltag und die hochschuleigene Infrastruktur muss eventuell erst aktiv von Ihnen organisiert werden.

Laut dem Bundesbericht Wissenschaftlicher Nachwuchs (2013) sehen nur 13 Prozent der Promovierenden, die weder als wissenschaftliche Mitarbeiter angestellt sind noch in ein strukturiertes Programm eingebunden sind, ihren Hauptbetreuer mindestens einmal in der Woche. Unter ihnen gibt es auch auffällig viele (29 Prozent), die nur einmal im Semester oder seltener Kontakt zum Erstbetreuer haben (siehe Abb. 11).

Sprechen Sie mit Ihrem Betreuer darüber, wie Sie eingebunden werden können und übernehmen Sie gegebenenfalls ruhig die eine oder andere Lehrstuhlaufgabe. Stipendiaten haben keinen Anspruch auf einen Büroarbeitsplatz aber auf Nachfrage kann doch oft mit etwas gutem Willen noch ein ungenutzter Computer-Arbeitsplatz bereitgestellt werden. Die Stipendiaten, die alleine am heimischen Schreibtisch oder in der Bibliothek ihre Arbeiten verfassen, haben es oftmals sehr viel schwerer, sich zu motivieren. Gleichzeitig sinken durch fehlende Einbindung die Chancen, eine wissenschaftliche Laufbahn an der Universität fortzusetzen.

Zudem gehen Sie mit einem Stipendium ein größeres finanzielles Risiko ein. Zum einen ist vielfach eine Bewerbung für ein Individualstipendium erst möglich, wenn Sie schon als Doktorand angenommen wurden, ein Exposé ausgearbeitet haben und Gutachten von Ihrem Betreuer und einem zweiten Hochschullehrer vorlegen können. Sie müssen also die Arbeit an der Promotion schon begonnen haben. Die Erstellung des

Exposés, für das bestimmt einige Monate Arbeitszeit zu veranschlagen sind, ist schließlich bereits der erste Teil der Arbeit an einer Dissertation und muss ebenfalls irgendwie finanziert werden. Manche aber nicht alle Universitäten bieten dafür spezielle Anschubstipendien an. Nach Antragstellung bis zur (vielleicht!) erfolgreichen Bewilligung (oder aber Ablehnung) eines Stipendiums kann es mitunter sehr lange dauern. Daher ist es zum einen sinnvoll, sich parallel bei mehreren Stipendienprogrammen zu bewerben und sich gleichzeitig auch nach anderen Finanzierungsmöglichkeiten umzusehen.

Promovierende, denen es gelungen ist, ein Stipendium einzuwerben, müssen eine eigenfinanzierte Kranken- und Pflegeversicherung abschließen; sie zahlen nicht in die Arbeitslosen- und Rentenversicherung ein und erwerben so auch keine Ansprüche, sie erhalten keine Lohnfortzahlung im Krankheitsfall und keinen bezahlten Urlaub. Die soziale und finanzielle Absicherung durch ein Stipendium lässt also zu wünschen übrig. Dagegen steht die größere Freiheit durch die eigene Promotionsfinanzierung und – besonders bei renommierten und hoch kompetitiven Stipendien wie beispielsweise die der Studienstiftung des deutschen Volkes – eine Auszeichnung Ihres akademischen Erfolgs, die sich in Ihrem Lebenslauf sehr gut macht (mehr zum Thema Stipendien finden Sie in Kapitel 9: *Finanzierung einer Promotion durch ein Individualstipendium*).

Mischfinanzierung, Stellen als Wissenschaftliche Hilfskraft (HiWi) oder Eigenfinanzierung

Häufig läuft die Finanzierung der Promotion auf eine Mischfinanzierung hinaus. Ihr Betreuer kann Ihnen vielleicht eine Anschubfinanzierung aus restlichen Projektmitteln, Stellenprozenten oder HiWi-Mitteln anbieten und Sie bitten, sich für Ihre weitere Finanzierung um ein Stipendium zu bewerben. Manchmal ergibt es sich auch entgegengesetzt, Sie werben für den Promotionsbeginn ein Stipendium ein und finanzieren sich damit so lange, bis beispielsweise ein von Ihrem Betreuer neu beantragtes Forschungsprojekt bewilligt wurde, und Sie darüber eine Stelle bekommen.

Daneben gibt es noch manche, die eine nicht mit der Promotion in Zusammenhang stehende Berufstätigkeit mit einer Promotion verbinden. Rechtlich ist dies durchaus möglich und in wenigen Fächern wie beispielsweise Jura häufig der Fall. Dennoch ist der zeitliche und organisatorische Aufwand einer Promotion keinesfalls zu unterschätzen. Für eine Promotion neben Ihrer regulären Erwerbstätigkeit, die nichts mit Ihrer Forschung zu tun hat und dementsprechend keine Synergieeffekte bietet, brauchen Sie einen langen Atem und sehr viel Kraft und Ausdauer, um die nächsten Jahre auf Ihre Abende und Wochenenden zu verzichten.

3.2.2 Strukturierte Promotionsprogramme

Die klassische Individualpromotion ist in den vergangenen Jahren hochschulpolitisch immer wieder in Kritik geraten. Bemängelt wurden und werden etwa eine fehlende Strukturierung, eine zu starkes Abhängigkeitsverhältnis zwischen Doktorvater oder -Mutter und Doktoranden, zu lange Promotionszeiten, intransparente Auswahlverfahren und unsichere Finanzierungsmodelle. Im Zuge des sogenannten Bologna-Prozesses und der später folgenden sogenannten Exzellenzinitiative wurde daher der Versuch unternommen, nach angelsächsischem Vorbild eine strukturierte Doktorandenausbildung zu etablieren. Dazu wurden – ergänzend zu der noch immer vorherrschenden Individualpromotion – ab 1990 an einigen Universitäten zeitlich befristete Graduiertenkollegs eingerichtet, die sich auf ein bestimmtes Thema fokussieren. Später entstanden durch das Forschungsförderprogramm Exzellenzinitiative auch breiter und längerfristig aufgestellte Graduiertenschulen. Inzwischen (2017) gibt es mehr als 200 Graduiertenkollegs der DFG und fast 50 Graduiertenschulen der Exzellenzinitiative.

Zusätzlich richteten viele Universitäten zur Strukturierung von Individualpromotionen fachspezifische Promotionsstudiengänge ein. Diese begleiten die Promotion mit festgelegten Seminaren und Lehrveranstaltungen, durch die forschungsrelevantes Wissen vermittelt und ECTS-Punkte erzielt werden. Anders als Graduiertenschulen und -kollegs werden Promotionsstudiengänge meist nicht durch programmeigene Stipendien (oder andere Finanzierungsmodelle) unterstützt.

Mittlerweile gibt es eine Vielzahl an strukturierten Promotionsprogrammen mit teilweise unterschiedlichen oder nicht eindeutigen Bezeichnungen und variierenden Konzepten, Finanzierungsformen und Strukturierungsgraden wie Graduiertenkollegs, Graduiertenschulen, Promotionskollegs, Research Schools, Doktorandenkollegs, Promotionsstudiengängen und andere drittmittelfinanzierte oder hochschuleigene Promotionsprogramme.

Viele Hochschulen und Forschungsinstitute verwenden zudem unterschiedliche Bezeichnungen für ähnliche Programme oder die gleichen Begriffe für unterschiedlich gestaltete Programme (wie z. b. die Bezeichnung „Graduiertenschule" einmal für durch Exzellenzmittel finanzierte, stark strukturierte Programme im Gegensatz zu „Graduiertenschulen" im Sinn von universitätseigenen Rahmenprogrammen, die eher den unten beschriebenen Promotionsstudiengängen ähneln).

Im allgemeinen handelt es sich bei alle diesen variierenden Formen um befristete, systematisch angelegtes Studien- und Forschungsprogramme, in denen Promovierende, betreut von meist mehreren Hochschullehrerinnen, themenzentriert in einen umfassenden Forschungszusammenhang eingebunden sind. Ziel dieser strukturierten Promotionsprogramme und -Einrichtungen ist zum einen, die wissenschaftliche Forschung inhaltlich zu bündeln, zum anderen aber auch, die Arbeit der Promovierenden mehr oder weniger organisatorisch zu strukturieren, die Promotionsphase transparent zu gestalten und einen fristgerechten Abschluss der Promotion zu ermöglichen. Meist beinhaltet ein strukturiertes Promotionsprogramm regelmäßige Lehrveranstaltungen, Seminare, Kolloquien und Workshops. Die thematische und fachliche Konzentration dieser Programme sorgt idealerweise dafür, dass sich eine Gruppe von Doktorandinnen und Doktoranden bildet, die gemeinsam an einem Thema arbeitet und deren Mitglieder sich daher auch wissenschaftlich näher sind als das sonst der Fall ist. Einige Programme bieten darüber hinaus eine spezielle interdisziplinäre Ausbildung und eine internationale Vernetzung.

Inzwischen weist der neuste Bundesbericht Wissenschaftlicher Nachwuchs (BuWiN 2017) darauf hin, dass schätzungsweise ein knappes Viertel der Promovierenden einem strukturierten Promotionsprogramm zuzuordnen ist. Aufgrund der Vielfalt der strukturierten Programme und den zahlreichen Mischformen, die zwischen der sogenannten Individual- und der strukturierten Promotion bestehen, kann dieser Schätzwert jedoch nicht adäquat Auskunft darüber geben, ob und welche Elemente strukturierter Promotionsformate bei diesen Promotionen tatsächlich vorliegen.

Um die Vielfalt der Promotionsprogramme auf den Punkt zu bringen, sehen wir uns deren wichtigsten Merkmale an.

Strukturierte Promotionsprogramme weisen in der Regel folgende Gemeinsamkeiten auf:

- Die Einbindung der Promovierenden in eine Gemeinschaft von anderen Promovierenden mit ähnlichen Themenschwerpunkten
- Die Vorgabe eines bestimmten thematischen Forschungsrahmens
- Die Verteilung der Betreuung (in unterschiedlichen Gewichtungen) auf mehrere Personen (mindestens zwei, häufig auch drei), die die Dissertationen im Team beraten und bewerten
- Eine Begrenzung der Promotionsdauer auf in der Regel drei Jahre
- Die Strukturierung der Ausbildung durch ein promotionsbegleitendes Studienprogramm (teilweise curricular organisiert)
- Angebote zum Erwerb von forschungsbezogenen und überfachlichen Kompetenzen
- Die Etablierung von Betreuungsstrukturen, wie z. B. die Einrichtung regelmäßiger Doktorandenkollegs oder so genannter Doktorandenkomitees
- Die Auswahl der qualifiziertesten Bewerber erfolgt idealerweise durch ein wettbewerbliches und transparentes Auswahlverfahren
- Eine internationale Ausrichtung – in unterschiedlicher Intensität – mit einem hohen Anteil ausländischer Promovenden, einem oft englischsprachigen Lehrprogramm
- Sowie häufig Kooperationen mit ausländischen Wissenschaftlern und Institutionen

Die wichtigsten Unterschiede zwischen Individualpromotion und strukturierten Promotionsprogrammen:

	(klassische) Individualpromotion	Strukturiertes Promotionsprogramm
Finanzierung	Meist Stelle als wissenschaftlicher Mitarbeiter oder Stipendium	Finanzierung häufig durch Promotionsprogramm
Auswahlverfahren	(Häufig) informelle Auswahl durch Promotionsbetreuer	Ausschreibung durch Programm und (prinzipiell) formales Auswahlverfahren
Betreuung	Primär Erstbetreuer	Mehrere Betreuungspersonen bzw. Betreuungskomitee
Ausbildungsinhalte	Bestimmt durch Erstbetreuer	Höhere Formalisierung: festes Ausbildungsprogramm neben der Dissertation

Im Folgenden möchte ich Ihnen exemplarisch drei Programme vorstellen: Die im Rahmen der Exzellenzinitiative staatlich geförderte Graduiertenschulen, die durch die Deutsche Forschungsgemeinschaft finanzierten Graduiertenkollegs und eine Variante von durch die Universitäten geschaffenen promotionsbegleitenden Promotionsstudiengängen.

3.2.2.1 Graduiertenkollegs (der DFG)

Ein Graduiertenkolleg ist ein von der Deutschen Forschungsgemeinschaft (DFG) geförderter Forschungszusammenschluss von Wissenschaftlern, der Promovierende innerhalb eines themenzentrierten Forschungsprogramms ausbildet. Ziel ist sowohl die Bündelung wissenschaftlicher Forschung als auch die organisatorische Strukturierung der Doktorandenausbildung. Betreut werden die Promovierenden in der Regel von mehreren Personen in einem Promotionskomitee. Diese erstellen für die Promovierenden einen individuellen Promotionsplan, der unter anderem festlegt, wann welche Forschungsergebnisse vorgestellt werden sollen, welche Publikationen erwartet werden und welche Konferenzen besucht werden können. Die

Promovierenden werden intensiv auf eine wissenschaftliche Karriere vorbereitet und durch regelmäßige Lehrveranstaltungen, Kolloquien, Seminare oder Workshops unterstützt. Graduiertenkollegs bieten meist eine Finanzierungsmöglichkeit durch Stipendien oder Stellen an. Darüber hinaus besteht die Möglichkeit, mit eigener Finanzierung an den Kollegs zu promovieren. Die Laufzeit der Promotion an einem Graduiertenkolleg beträgt in der Regel drei Jahre und ist damit ein vergleichsweise schneller und intensiver Weg zum Doktortitel. Im Vergleich zu Graduiertenschulen sind die Gruppen an den Kollegs mit zehn bis zwanzig Promovierenden relativ überschaubar. Dies erleichtert meist eine enge Zusammenarbeit. Ein wichtiges Prinzip von Graduiertenkollegs – ähnlich wie bei Graduiertenschulen – ist die internationale und meist interdisziplinäre Ausrichtung. Daher sollten Bewerber neben guten Kenntnissen der englischen Sprache Interesse an interkultureller und interdisziplinärer Arbeit haben und natürlich eine Affinität für das spezielle Forschungsgebiet der Kollegs mitbringen.

Die Bewerbung erfolgt üblicherweise mit Angabe des Forschungsvorhabens bei dem jeweiligen Graduiertenkolleg. Dabei sind die thematische Nähe Ihres Forschungsvorhabens zum Fach und die Beteiligung des entsprechenden Fachs am Graduiertenkolleg in der Regel Bedingung.

Eine Liste der laufenden (auch internationalen) Graduiertenkollegs verschiedener Fachrichtungen mit Suchfunktion für Wissenschaftsbereiche und einzelne Bundesländer finden Sie auf den Seiten der Deutschen Forschungsgemeinschaft unter folgendem Link:

– www.dfg.de/gefoerderte_projekte/programme_und_projekte

3.2.2.2 Graduiertenschulen (v. a. der Exzellenzinitiative)

Um den Wissenschaftsstandort Deutschland zu stärken, hat die Bundesregierung mit der sogenannten Exzellenzinitiative zusätzlich zu den Graduiertenkollegs als breitere Zusammenschlüsse Graduiertenschulen geschaffen. Graduiertenschulen der Exzellenzinitiative (ganz ähnlich auch z. B. Graduiertenschulen der Max-Planck-Gesellschaft) sind direkt in Universitäten integrierte meist interdisziplinäre Institutionen, die der

Ausbildung einer größeren Anzahl an Doktoranden dienen. Graduiertenschulen sind sowohl von ihrer Mitgliederzahl als auch der bearbeiteten Forschungsthemen breiter angelegt. Wie in Graduiertenkollegs werden Promovierende in der Regel von mehreren Personen in einem Betreuungskomitee betreut und durch regelmäßige Lehrveranstaltungen, Kolloquien, Seminare oder Workshops unterstützt und auf eine wissenschaftliche Karriere vorbereitet. Während in Graduiertenkollegs jedoch in kleineren Gruppen zu spezielleren Fragestellungen geforscht wird, sind die Themenbereiche und Forschergruppen in Graduiertenschulen sehr viel breiter, interdisziplinärer und internationaler aufgestellt. Oft kommt auch ein großer Teil der Promovierenden aus dem Ausland. Durch die Exzellenzinitiative geförderte Graduiertenschulen bieten wie die Graduiertenkollegs häufig eine Finanzierungsmöglichkeit durch Stipendien oder auch Stellen an. Die Bewerbung erfolgt unter Angabe des gewünschten Forschungsvorhabens bei der Graduiertenschule. Wie bei Graduiertenkollegs sind die thematische Nähe Ihres Forschungswunsches zur Ausrichtung der Graduiertenschule und die Beteiligung des entsprechenden Fachs an der Graduiertenschule in der Regel Bedingung. Die Auswahlverfahren

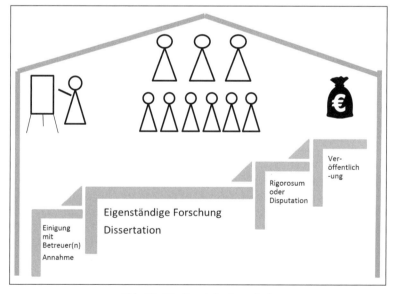

Abb. 10: Die Graduiertenschule

sind häufig strukturierter und aufwändiger als bei anderen Promotionsformen und enthalten zuweilen neben Interviews und Vorträgen Gruppendiskussionen oder weitere Verfahren (mehr dazu siehe Kapitel 8: *Kontaktaufnahme und Bewerbung)*.

Eine Liste der laufenden exzellenzgeförderten Graduiertenschulen verschiedener Fachrichtungen mit Suchfunktion für Wissenschaftsbereiche und einzelne Bundesländer finden Sie ebenfalls auf den Seiten der Deutschen Forschungsgemeinschaft unter dem Link:

– www.dfg.de/gefoerderte_projekte/programme_und_projekte

Daneben haben, wie bereits erwähnt, einige Fakultäten oder Fachbereiche der Universitäten in Deutschland ihre internen Promotionsstudiengänge oder -Programme ebenfalls unter dem Namen Graduiertenschule (oder Graduiertenakademie) gebündelt. Diese Graduiertenschulen variieren von Universität zu Universität und unterscheiden sich häufig von den oben beschriebenen exzellenzgeförderten Graduiertenschulen.

3.2.2.3 Fachgebundene Promotionsstudiengänge

Promotionsstudiengänge können an verschiedenen Universitäten unterschiedlich aufgebaut sein. Typischerweise haben sie aber einen geringeren Strukturierungsgrad über die Promotion, sondern flankieren eher die eigentliche Forschungsarbeit im Rahmen der Dissertation mit einem forschungsorientierten und systematisch strukturierten Lehrprogramm, das der Unterstützung der Promovierenden dient und intensive Betreuung und bestmögliche Förderung gewährleisten soll. Die Promovierenden erhalten einen meist verpflichtenden Stundenplan, bestehend aus Seminaren, Kursen und Diskussionsrunden. In vielen Promotionsstudiengängen erhalten die Promovenden für jeden erfolgreich belegten Kurs CreditPoints nach europäischem ECTS-Standard. Für den Abschluss der Promotion muss neben dem Verfassen der Dissertation eine bestimmte Anzahl solcher CreditPoints erreicht sein. Zu den Anforderungen vieler Promotionsstudiengänge gehören auch der Besuch von Forschungskolloquien, in denen eigene wissenschaftliche Beiträge vorgestellt und diskutiert werden, Konferenzbesuche sowie Publikationsanforderungen. Im Gegensatz zu anderen strukturierten Promotionsprogrammen bilden

Promotionsstudiengänge jedoch meist keinen gemeinsamen Forschungsverbund, sondern unterstützen nur die Promovierendenqualifizierung. Eine Finanzierung der Promotion ist durch ein Promotionsstudium meist nicht gegeben und muss wie bei der Individualpromotion durch eine Anstellung oder ein Stipendium selbst organisiert werden.

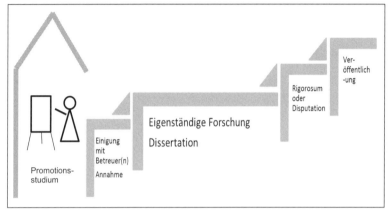

Abb. 11: Der Promotionsstudiengang

Vor- und Nachteile von Strukturierten Promotionsprogrammen

Viele Vorteile von strukturierten Programmen wie Graduiertenschulen und Graduiertenkollegs liegen auf der Hand. Sie strukturieren die Promotion, fördern den sowohl fachlich als auch interdisziplinären wissenschaftlichen Austausch mit Kollegen und Professoren aus dem In- und Ausland, bieten den Promovierenden gute Rahmenbedingungen für Forschungs- und Tagungsreisen oder die Organisation eigener Tagungen und sorgen für regelmäßige Kolloquien und weiterführende thematische und methodische Seminare sowie Workshops und Vorträge. Vor allem der meist enge Austausch mit den Betreuungspersonen – knapp die Hälfte der Promovierenden in strukturierten Programmen gibt an, sich mit ihrem Hauptbetreuer mindestens einmal in der Woche zu besprechen (siehe Abb. 11) – und die häufig programmintegrierte finanzielle Absicherung, die in der Regel eine Konzentration auf die Dissertation ermöglicht, ist nicht zu unterschätzen.

Andererseits wird manchmal kritisiert, dass strukturiert Promovierenden der akademische Praxisbezug fehlt, den eine durch Angestelltenverhältnis geprägte Mit- (und Zu-)Arbeit in Lehre und akademischer Verwaltung mit sich bringt. Gerade fehlende Erfahrungen in der Lehre können unter Umständen die Chancen auf eine akademische Karriere schmälern.

Die teils sehr umfassenden Begleit- und Studienprogramme bergen zuweilen die Gefahr, dass das Eigentliche – die Arbeit an der Dissertation – darunter leidet, weil z. b. Pflichtveranstaltungen besucht und auch dort noch Leistungen erbracht werden müssen. Zudem wirkt die Atmosphäre einer strukturierenden Graduierteneinrichtung nur so lange motivierend und produktiv, wie dort ein kollegialer und konstruktiver Austausch gepflegt wird und die Betreuenden engagiert und kooperativ miteinander umgehen. Darum ist es auch hier sinnvoll, zu versuchen, einen Einblick in die Arbeitsrealität des Programms zu bekommen, indem Sie mit beteiligten Professoren und Promovierenden sprechen.

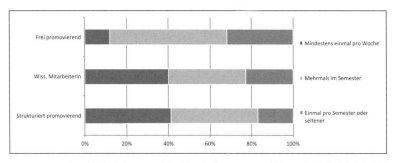

Quelle: WiNbus- und ProFile-Befragungen 2011, aus BuWin 2013 S. 233

Abb. 12: Häufigkeit des Austausches mit dem Betreuer nach Promotionsformen

Zufriedenheit

Erfreulicherweise sind die meisten Promovierenden – unabhängig von Fach und Geschlecht – mit ihrer Betreuung zufrieden. Wer in ein strukturiertes Promotionsprogramm integriert ist, hat, wenn man den Befragungsergebnissen aus dem Bundesbericht Wissenschaftlicher Nachwuchs (2013) glauben kann, eine besonders hohe Wahrscheinlichkeit, sich gut betreut zu fühlen.

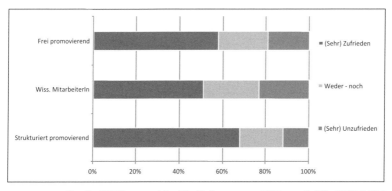

Quelle: WiNbus- und ProFile-Befragungen 2011, aus BuWin 2013 S. 233

Abb. 13: Betreuungszufriedenheit in verschiedenen Promotionsformen

3.2.3 Weitere Arten und Formen der Promotion

3.2.3.1 Industriepromotionen

Forschung findet nicht nur an Universitäten und anderen Forschungseinrichtungen statt, auch in der Industrie wird geforscht. Gerade größere Industrieunternehmen schreiben daher auch Promotionsmöglichkeiten aus. Die Promovierenden sind dabei häufig in dem Unternehmen angestellt, in deren „Auftrag" sie ihr Forschungsprojekt durchführen. Durchgeführt werden solche Promotionen im Unternehmen, dabei aber (extern) durch Professoren betreut. Dieses Modell ist insbesondere in praxisnahen Wissenschaftsbereichen wie den Ingenieurswissenschaften und im Maschinenbau typisch, kommt aber auch nicht selten in den Wirtschaftswissenschaften, Naturwissenschaftlichen oder Sozialwissenschaften vor.

Häufig sind die Promovierenden zunächst mit einem oder mit verschiedenen Auftragsforschungs-Projekten für das Unternehmen befasst. Zu den Aufgaben gehören meist auch Kundenkontakte sowie das Einwerben von neuen Aufträgen und das Schreiben von Forschungsanträgen. Im Laufe der Zeit wird dann typischerweise in Absprache mit der betreuenden Person aus einem der behandelten Arbeitsfelder heraus das eigene Dissertationsprojekt entwickelt und in den letzten ein bis zwei Jahren wird der Schwerpunkt stärker auf den Abschluss der eigenen Forschungsarbeit gelegt. Wer anschließend in Wirtschaft und Industrie Fuß fassen will, ist mit einer Industriepromotion gut bedient. Häufig bildet die Promotion die Grundlage für eine anschließende Weiterbeschäftigung. Auf folgenden (englischsprachigen Seiten) können Sie nach interessierten Unternehmen suchen.

- www.research-in-germany.org/en/research-landscape/research-areas.html

3.2.3.2 Cotutelle/Binationale Promotion

Seit einigen Jahren gibt es nach dem Beispiel der französischen co-tutelles de thèse die Möglichkeit, gleichzeitig an einer deutschen und einer ausländischen Hochschule zu promovieren. Mit erfolgreichem Abschluss führt dies zum Erwerb eines (einzigen) Doktorgrads, der von den beiden beteiligten Hochschulen gemeinsam verliehen wird. Attraktiv ist eine binationale Promotion vor allem für alle, die ihre wissenschaftliche Anbindung an beide beteiligten Länder sicherstellen möchten, die noch offen lassen möchten, in welchem Land sie später arbeiten wollen, die gern im binationalen Bereich tätig sein möchten oder deren Forschungsschwerpunkt stark mit dem anderen Land verbunden ist. Wer in zwei Ländern promoviert, gewinnt einen tieferen Einblick in beide Wissenschafts- und Hochschulsysteme und erhält dadurch auch neue Blickwinkel für eigene Forschungen. Zudem fördert eine solche Promotion die interkulturelle Kompetenz und ein gutes Organisationsvermögen. Wichtig für den Erfolg der Promotion ist eine gute Kooperation der beiden Hauptbetreuer. Sind diese sich in wichtigen Fragen zur Promotion nicht einig, findet sich der Doktorand leicht zwischen zwei Stühlen wieder. Die spezifischen Bedingungen einer binational betreuten Promotion werden in einem individuellen Kooperationsvertrag geregelt, der von dem jeweiligen Promovierenden, den beiden Betreuern, den Fakultäten sowie den Hochschulrektoren unterschrieben wird. Der Vertrag legt u. a. fest, in welcher Sprache die Dissertation verfasst wird, an welcher Hochschule Einschreibe- und etwaige Studiengebühren zu zahlen sind, welche Form die mündliche Prüfung hat, wie sich die Promotionskommission zusammensetzt und wie die Promotionsurkunde aussehen wird. Jedes binationale Promotionsprojekt wird individuell ausgehandelt und ist so gesehen ein Einzelfall. Grundsätzlich müssen sich die Promovierenden an beiden Hochschulen einschreiben (und somit auch die jeweiligen Aufnahmekriterien erfüllen) und sollten sich an der ausländischen Partnerhochschule mindestens für die Dauer eines Semesters aufhalten. Da eine binationale Promotion einen größeren Organisations- und Zeitaufwand bei der Planung als auch der Durchführung bedeutet, sollte ein Cotutelle-Verfahren möglichst bereits zu Beginn der Promotion organisiert werden.

Wer binational promovieren möchte, sollte sich als Erstes an seine Betreuer wenden und sich von seiner Fakultät oder seinem Fachbereich beraten lassen. Musterverträge können bei der Hochschulrektorenkonferenz (HRK) heruntergeladen und an das jeweilige Dissertationsprojekt angepasst werden.

Weitere informative Links:

– www.dfh-ufa.org/forschung/promotioncotutelle-de-these

– www.hrk.de/themen/internationales/arbeitsfelder/ mobilitaet-und-anerkennung/cotutelle-de-these

3.2.3.3 Promotion in außerwissenschaftlichen Forschungseinrichtungen

Neben einer Promotion an einer klassischen Hochschule, besteht auch die Möglichkeit die Promotion an einer der vielen außeruniversitären Forschungseinrichtungen zu absolvieren. Einrichtungen wie beispielsweise die Max-Planck-Gesellschaft (zur Förderung der Wissenschaften e. V.), die Fraunhofer-Gesellschaft (zur Förderung der angewandten Forschung e. V.), die (Hermann von) Helmholtz-Gemeinschaft (Deutscher Forschungszentren e. V.) oder die Leibniz-Gemeinschaft (Wissenschaftsgemeinschaft Gottfried Wilhelm Leibniz e. V.) sowie die Akademien der Wissenschaften, die größtenteils in der Union der deutschen Akademien der Wissenschaften organisiert sind, bieten ebenfalls Forschungsmöglichkeiten in einem besonders spezialisierten Forschungsumfeld.

Die Max-Planck-Gesellschaft ist eine unabhängige, gemeinnützige Forschungsorganisation, die nach dem Physiker Max Planck (1858–1947) benannt ist. Die derzeit 83 Max-Planck-Institute und Einrichtungen betreiben Grundlagenforschung in den Natur- sowie den Geistes- und Sozialwissenschaften. Sie unterhält seit einigen Jahren in Kooperation mit Universitäten „Research Schools", in denen in strukturierten Programmen promoviert werden kann.

Die Helmholtz-Gemeinschaft nimmt sich der Aufgabe an, nachhaltige Forschungsziele des Staates und der Gesellschaft zu verfolgen und die Lebensgrundlagen des Menschen zu erhalten und zu verbessern. Sie bietet eine strukturierte Doktorandenausbildung in eigenen Helmholtz-Graduiertenschulen und Helmholtz-Kollegs.

Die Fraunhofer-Gesellschaft verfügt über 67 Forschungseinheiten und ist die größte Organisation für angewandte Forschung in Europa. Die Fraunhofer-Institute forschen für die Industrie, den Dienstleistungssektor und die öffentliche Verwaltung und entwickeln, realisieren und optimieren Verfahren, Produkte und Anlagen bis zur Einsatz- und Marktreife.

Die Leibniz-Gemeinschaft bietet als Zusammenschluss von 84 wissenschaftlich, rechtlich und wirtschaftlich eigenständigen Forschungsinstituten und Forschungs-Serviceeinrichtungen in ihren Leibniz Graduate Schools vielfältige Promotionsmöglichkeiten.

Neben diesen Forschungsinstitutionen tragen Bundeseinrichtungen sowie zahlreiche Landes- und kommunale Einrichtungen mit Forschungsaufgaben zur Förderung des wissenschaftlichen Nachwuchses bei. Außerwissenschaftliche Forschungseinrichtungen binden ihre Promovierenden in der Regel eng in ihre Forschungsprojekte ein und gewährleisten dadurch einen intensiven Austausch mit dem Projektteam. Laut dem Bundesbericht Wissenschaftlicher Nachwuchs (2013) haben Promovierende an außeruniversitären Forschungseinrichtungen im Vergleich zu Personen aus anderen Beschäftigungskontexten besonders häufig Kontakt zu ihrem Hauptbetreuer. Mehr Informationen finden Sie hier:

– www.research-in-germany.org/de/forschungslandschaft.html

Erkundigen Sie sich ebenfalls auf den Webseiten über die Angebote der folgenden, renommierten Forschungsinstitute:

– www.mpg.de/de
  Max-Planck-Institute

– www.fraunhofer.de
  Fraunhofer Gesellschaft
– www.helmholtz.de
  Helmholtz Forschungszentren
– www.leibniz-gemeinschaft.de
  Leibniz Gesellschaft

3.2.3.4 Unterschiede im Aufbau der Dissertation

Die klassische Dissertation wird nach wie vor in Form eines Buchs, einer Monographie verfasst und von mehreren Gutachtern, darunter meist der oder die Promotionsbetreuer bewertet. Daneben lassen inzwischen immer mehr Promotionsordnungen auch die publikationsbasierte kumulative Dissertation zu.

Kumulative Promotion versus Dissertation als Monographie

Anders als bei der monographischen Dissertation werden bei der kumulativen oder publikationsbasierten Promotion mehrere Publikationen des Doktoranden in peer-reviewed (von Experten bewerteten) Fachzeitschriften zu einzelnen Themen zusammengezogen betrachtet und bewertet. Üblicherweise werden für die eigentliche Dissertation die veröffentlichten Aufsätze dann auch textlich in einem gesammelten Werk zusammengefasst. Einer Erhebung (Hornbostel, S., Teasch, J.) aus dem Jahr 2013 zufolge, nutzt etwa ein Fünftel der Promovierenden in Deutschland die Möglichkeit einer kumulativen Promotion. Üblich ist dies vor allem in Disziplinen mit einem hohen Anteil empirischer Forschung wie in den Naturwissenschaften und technischen Fächern und den Sozial- und Verhaltenswissenschaften.

Ein Vorteil dieser Dissertationsform ist, dass man schon früh mit Publikationen in Fachzeitschriften beginnen kann, was vor allem im Hinblick auf eine Hochschulkarriere hilfreich sein kann. Je nach Publikationserfolg kann eine kumulative Dissertation auch schneller gelingen als die aufwändige Erstellung einer Monographie. Schließlich ist – z. B. im medizinischen und naturwissenschaftlichen Bereich – mit einer schnellen Veröffentlichung möglicherweise auch eine schnelle Umsetzung der Forschungsergebnisse in die Praxis möglich. Ein Nachteil dieser Promotionsform ist jedoch die Unwägbarkeit der Annahme durch die jeweiligen Fachzeitschriften. Schließlich muss es dem Doktoranden mehrfach gelingen, seine Artikel in entsprechenden Fachzeitschriften auch unterzubringen. Für jede Publikation muss ein gewisser Mindeststandard erfüllt sein, der vom jeweiligen Journal festgelegt wird. Voreilig herausgegebene Papers können zu langwierigen Begutachtungsverfahren führen. Dadurch können Monate oder auch mal Jahre ins Land gehen, bevor die dringend benötigte Publikation angenommen worden ist.

Sinnvoll ist eine kumulative Promotion für jene, die beispielsweise anhand aufeinander aufbauender Versuche, Befragungen oder Experimente empirisch forschen und Zwischenergebnisse veröffentlichen können. Dabei ist es natürlich ideal, wenn die Betreuungspersonen oder Forschungsinstitute Kontakte zu Fachzeitschriften haben und herstellen können.

3.2.3.5 Unterschiede der Promotion in verschiedenen Fachbereichen

Natürlich kann man weder die verschiedenen Fächer noch deren individuelle Gepflogenheiten wirklich in Kategorien zusammenfassen. Das Folgende sollten Sie nur als Versuch einer Annäherung für Ihre erste Orientierung verstehen.

Naturwissenschaftliche und technische Fächer

Die klassischen Naturwissenschaften (wie Physik, Chemie, Biologie, Lebenswissenschaften) ebenso wie ein großer Teil der Ingenieurwissenschaften und der Informatik werden häufig als sogenannte Laborwissenschaften bezeichnet. Typischerweise findet die Forschung in diesen Disziplinen gemeinsam

Abb. 14: Naturwissenschaften und Technik

im Team im Labor oder am Computer statt, die Promovierenden sind jeden Tag vor Ort am Arbeitsplatz in Universität oder Forschungsinstitut und forschen in engem Kontakt und Austausch mit den Kollegen und häufig auch dem Betreuer. Ingenieure forschen zudem häufig in Kooperation mit einem Betrieb oder einer Behörde.

Finanzierung

Die Finanzierung erfolgt typischerweise durch eine (Teilzeit-) Stelle als wissenschaftlicher Mitarbeiter oder – seltener – über ein Stipendium. Eine Promovierendenbefragung des Instituts für Forschungsinformation und Qualitätssicherung (iFQ) (siehe Abb. 17) zeigt, dass über die Hälfte der Promovierenden in den Fächern Chemie, Biologie, Physik, Elektrotechnik/Informatik und Ingenieurwissenschaften auf Haushalts- oder Drittmittelstellen als wissenschaftliche Mitarbeiter beschäftigt sind. Vor allem Physiker und Promovierende technischer Fächer sind dabei häufig in der glücklichen Lage, hohe Stellenprozente bis hin zu Vollzeitstellen ihr Eigen zu nennen. Ein Teil der Naturwissenschaftler, die Stipendien beziehen, sind Mitglied strukturierter Promotionsprogramme und nur ein kleiner Teil finanziert sich über ein Individualstipendium. Je nach Stellenprofil fallen neben der Arbeit am eigenen Forschungsprojekt und der Dissertation auch Aufgaben in Lehre, Verwaltung und Zuarbeit für den Professor an.

Themenwahl und Betreuung

Das Thema der Doktorarbeit wird in der Mehrzahl der Fälle von dem oder den Promotionsbetreuer/n vorgeschlagen. Die meisten Naturwissenschaftler aber auch viele Ingenieurwissenschaftler promovieren in einem thematisch schon festgesetzten Forschungsprojekt, manche suchen sich ihr Thema zumindest innerhalb eines vorgegebenen Rahmens selbst aus und nur wenige wählen ihr Thema frei. Laut einer Absolventenbefragung des Hochschul-Informations-Systems (HIS) (Jaksztat, Preßler & Briedis, 2012) haben nur 26 Prozent der Mathematiker und Naturwissenschaftler und 37 Prozent der Ingenieurwissenschaftler ihr Promotionsthema frei gewählt (mehr dazu finden Sie in Kapitel 6: *Grundsätzliches zur Themenfindung*).

„Doktoranden arbeiten auf Themengebieten die der Doktorvater auswählt mit der Ausrüstung, die in der Arbeitsgruppe vorhanden ist. Sie haben teilweise nur wenig Einfluss auf die Themenwahl, die Geschwindigkeit und das Medium in denen der Betreuer der Dissertation die erarbeiteten Ergebnisse publiziert. Ein zielgerichtet und erfolgreich arbeitender Doktorand wird seinem Doktorvater publizierbare Ergebnisse vorlegen und auf deren Publikation drängen." Professor Dr. Ekkehard Hahn, Chemie, Universität Münster, (in A. v. Humboldt Stiftung, 2009 S. 106)

Im Allgemeinen forschen eine Arbeitsgruppe oder Teile einer Arbeitsgruppe eines Fachbereichs oder Instituts an Themen, die einen gewissen Zusammenhang untereinander aufweisen. Natürlich hat jeder Doktorand ein eigenes Dissertationsthema, aber man kann zumindest sicher sein, dass die Kollegen und die Arbeitsgruppenleitung (das muss nicht unbedingt der Professor selbst sein, oft handelt es sich hier um fortgeschrittene Post-Docs) sich in der Thematik auskennen und kompetente Ansprechpartner sind. Dies trifft nicht nur auf Promotionen innerhalb strukturierter Promotionsprogramme zu, sondern gilt meist auch für alle Promotionen in den naturwissenschaftlichen und technischen Fachbereichen.

„Der Beginn einer wissenschaftlichen Karriere erfolgt in der Regel durch Mitarbeit an Forschungsprojekten etablierter Wissenschaftler. Das drückt sich insbesondere durch gemeinsame Publikationen etwa mit „Supervisors" aus." Professor Dr. Peter Gritzmann, Mathematik, TU München, (in A. v. Humboldt Stiftung, 2009 S. 83)

Publikationen und Dissertation

Publiziert wird vor allem in renommierten Fachzeitschriften, in der Informatik spielen auch Konferenzbeiträge eine wichtige Rolle.

„Mit Beginn des Promotionsstudiums sollte eine rege Publikationstätigkeit beginnen. Hier ist es nicht sehr sinnvoll, einfach Publikationen zu zählen. Man kann schwer Veröffentlichungen bei einer erstklassigen Konferenz oder einem erstklassigen Journal gegen Veröffentlichungen in eher niederwertigeren Organen aufrechnen. Eine Veröffentlichung pro Jahr in einem erstrangigen Organ und etwa 3–5 jährlich insgesamt, können von einem Promotionsstudenten in der Informatik erwartet werden." Professor Dr. Franz J. Rammig, Informatik, Universität Paderborn, (in A. v. Humboldt Stiftung, 2009 S. 86)

Die Anzahl der Publikationen, die von einem Doktoranden erwartet werden, ist in den letzten Jahren gestiegen, daher ist es auch naheliegend, dass die Dissertation selbst zunehmend nicht als Monografie, sondern kumulativ, also publikationsbasiert verfasst wird.

„So war früher eine referierte Publikation im Rahmen einer Dissertation die Regel während heute Veröffentlichungen im Laufe des Fortschritts der Arbeit erfolgen, die dann aber naturgemäß nur kleinere Forschungsabschnitte beleuchten." Professor Dr.-Ing. Peter Wriggers, Universität Hannover. (Humboldt Stiftung, 2009 S. 115)

Da die naturwissenschaftliche und technische Forschung stark international ausgerichtet ist, gilt die Wissenschaftssprache Englisch für alle Publikationen einschließlich der Dissertation als Standard. Nur Artikel aus der Medizin oder den Ingenieurwissenschaften, die einen starken Anwendungs- oder Praxisbezug haben, werden – aus guten Gründen – in der jeweiligen Nationalsprache verfasst.

Sozial- und Verhaltenswissenschaften (einschließlich Psychologie und Wirtschaftswissenschaften)

Die Sozial- und Verhaltenswissenschaften, zu denen beispielsweise die Soziologie und die Sozialwissenschaften, die Politikwissenschaft, die Verwaltungswissenschaft, häufig die Psychologie aber auch die Wirtschaftswissenschaften einschließlich der Betriebswirtschaftslehre und der Volkswirtschaftslehre gezählt werden können, kann man weitgehend zu den empirischen Wissenschaften zählen, die den Menschen und sein Verhalten in seiner Lebensumwelt zum Gegenstand haben. Geforscht wird meist durch systematische Beobachtungen und Datenauswertungen in der Feldforschung oder durch expe-

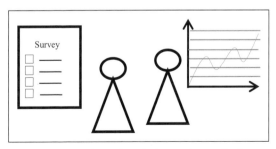

Abb. 15: Sozial- und Verhaltenswissenschaften

rimentelle Versuchsanordnungen. Die Promotion in diesen Feldern ist hinsichtlich ihrer typischen Struktur, der Finanzierungsart und des Arbeitsalltags relativ heterogen. Während die Promovierenden, die in größere Forschungsprojekte eingebunden sind, ähnlich wie in den Naturwissenschaften häufig vor Ort und im Team forschen, durch wissenschaftliche Mitarbeiterstellen oder ein strukturiertes Programm finanziert sind und publikationsbasiert promovieren, forschen viele Sozial- und Verhaltenswissenschaftler ähnlich wie in den Geisteswissenschaften relativ eigenständig und sehen ihren (Haupt-) Betreuer seltener. Wirtschaftswissenschaftler promovieren zudem vergleichsweise häufig in Kooperation mit Betrieben, Behörden und kulturellen Einrichtungen.

Finanzierung und Arbeitsaufgaben

Während, wie in den Naturwissenschaften, etwa die Hälfte der Wirtschaftswissenschaftler und der Psychologen durch Haushalts- oder Projektstellen finanziert sind, trifft dies nur für ein Fünftel der Politik- und Sozialwissenschaftler zu. Bei diesen ist der Anteil an Stipendiaten vergleichsweise hoch. Die neben der Arbeit am Forschungsthema zu erbringenden Leistungen im Bereich Lehre und Lehrstuhlverwaltung hängen stark von der Art der Finanzierung ab. Wissenschaftliche Mitarbeiter sind in der Regel in der Lehre, der Betreuung von Studierenden und der Verwaltung des Lehrstuhls eingesetzt.

Themenwahl und Betreuung

Die Themenwahl hängt, wie bereits erwähnt, stark von der Art der Promotion und der Finanzierung ab. Promovierende auf Projektstellen, deren Dissertation in das jeweilige Projekt eingebunden ist, sind damit thematisch festgelegt. Auch in strukturierten Promotionsprogrammen werden die Themenkomplexe häufig vorgegeben. Etwa zwei Drittel der Promovierenden in den Sozial- und Verhaltenswissenschaften wählen ihr Thema jedoch selbst. Auch die Betreuungsintensität variiert in den verschiedenen Fächern und hängt von der strukturellen Einbindung der Promovierenden ab. Während Psychologen Ihre Betreuer laut Bundesbericht Wissenschaftlicher Nachwuchs (2013) teilweise mehrmals in der Woche, mindestens aber mehrfach im Semester sehen, sind beispielsweise Soziologen häufig stärker auf sich gestellt (siehe Abb. 18).

Wie wird publiziert?

Artikel in anerkannten Fachzeitschriften gewinnen auch in den Sozial- und Lebenswissenschaften eine immer größere Bedeutung. Das meist angewendete Peer-Review-Verfahren gilt dabei als Qualitätskontrolle. Besonders für die Psychologie, aber auch die Wirtschaftswissenschaften sind Fachartikel das wichtigste Publikationsmedium.

„In den Wirtschaftswissenschaften hat sich im letzten Jahrzehnt eine eindeutige Tendenz in der Publikationskultur hin zu wissenschaftlichen Journalen ergeben. Diese können mittlerweile als das Publikationsmedium für wirtschaftswissenschaftliche Forschung angesehen werden." Professor Dr. Wolfgang Leininger, Wirtschaftswissenschaften, Universität Dortmund. (Humboldt Stiftung, 2009 S. 67)

„Im Publikationsverhalten wie in anderen Merkmalen ihrer Arbeitsweise liegt die heutige Psychologie sicher näher an den Natur- und Lebenswissenschaften als an den Geistes- und Kulturwissenschaften. Wegen ihrer weitgehend empirisch-experimentellen Ausrichtung liegt ein größeres Augenmerk auf einer standardisierten Darstellung der verwendeten Methodik, auf der Datenanalyse, der kritischen Diskussion der Gültigkeit von Befunden und der Widerlegbarkeit von Theorien als auf subjektiven Interpretationen, Beschäftigung mit Autoritäten oder historischen Einordnungen. Andererseits dürfte eine erfolgreiche Publikation auch in der heutigen Psychologie noch mehr von Rhetorik und sprachlichem Geschick abhängen als etwa in der Physik." Professor Dr. Klaus Fiedler, Psychologie, Universität Heidelberg. (Humboldt Stiftung, 2009 S. 44)

In der Soziologie haben auch Sammelbandbeiträge, Fachzeitschriftenaufsätze, Monographien und Rezensionen einen großen Stellenwert. Als Wissenschaftssprache hat in den letzten Jahren Englisch an Bedeutung gewonnen. Dies gilt besonders in der Psychologie, aber auch der Wirtschafts- und der Politikwissenschaft.

„Im Vergleich zu anderen Disziplinen der Wirtschafts-und Sozialwissenschaften darf man die Psychologie (gemeinsam mit der Ökonomie) als führend in ihrer internationalen Ausrichtung einstufen." Professor Dr. Klaus Fiedler, Psychologie Universität Heidelberg. (Humboldt Stiftung, 2009 S. 44)

„Es ist damit zu rechnen, dass sich in der nächsten Generation auch die meisten ambitionierteren Fachzeitschriften, die heute noch deutsch-

sprachige Manuskripte veröffentlichen, zu englischsprachigen Publikationsorganen wandeln. Die maliziöse Bemerkung, die dem emeritierten Bonner Politologen Erich Weede zugeschrieben ist, bringt die Nachteile des immer noch weit verbreiteten Wissenschaftsprotektionismus auf den Punkt: „Wer auf Deutsch publiziert, der hat etwas zu verbergen." Professor Dr. Gerald Schneider, Politikwissenschaft, Universität Konstanz. (Humboldt Stiftung, 2009 S. 81)

Häufig wird erwartet, dass Promovierende bereits vor der Dissertation erste Zeitschriftenartikel publizieren. Die Dissertation wird in vielen Fällen als Monographie verfasst, daneben gibt es aber immer mehr Promovierende in den Sozial- und Verhaltenswissenschaften, die kumulativ, also publikationsbasiert promovieren.

Eine schöne Zusammenfassung bietet vielleicht die etwas spöttische, aber dennoch von Promotionsbetreuern immer wieder gehörte Maxime: Die wichtigste Regel für Doktoranden, die mit empirischen Analysen und analytischen Methoden arbeiten, lautet: *„Publizieren Sie in den Ihnen gerade noch erreichbaren hochrangigen amerikanischen Top-Journals!"*

Rechtswissenschaft und Geisteswissenschaften

Auch wenn Teildisziplinen der Geisteswissenschaften (z. B. Linguistik) durchaus empirisch forschen, zählen die Rechtswissenschaft (überwiegend) und große Teile der Geisteswissenschaften eher zu den hermeneutischen Wissenschaften. Geforscht wird meist mit interpretativen oder hermeneutischen Methoden wie die Auslegung und Interpretation von Informationen, um das Ziel und die Sinn- und Bedeutungszusammenhänge dieser Information zu erfassen und zu verstehen. Promovierende der Rechtswissenschaften und der Geisteswissenschaften haben häufig einen anders gearteten Arbeitsalltag als beispielsweise Naturwissenschaftler. Ein gro-

Abb. 16: Rechtswissenschaft und Geisteswissenschaften

ßer Teil von ihnen ist nicht in ein strukturiertes Promotionsprogramm oder ein größeres, gemeinsames Forschungsprojekt eingebunden, sondern arbeitet relativ selbstständig und
eigenverantwortlich an seiner Dissertation. Bei Rechtswis-
senschaftlern kommt dabei die Besonderheit hinzu, dass ein
großer Anteil von ihnen berufsbegleitend promoviert und die
Dissertation extern und seltener an der Universität bearbeitet.
Häufig steht den Promovierenden ein Schreibtischarbeitsplatz
im Institut oder am Fachbereich zur Verfügung, häufiger als in
den anderen Modellen arbeiten sie in diesen Fächern jedoch
auch in Archiven, Bibliotheken oder auch zu Hause. Im Allgemeinen sind damit die Kontaktmöglichkeiten zu den Kollegen
im Vergleich zu den Laborwissenschaften eingeschränkter.
Idealerweise wird jedoch darauf geachtet, dass in regelmäßigen
Abständen Besprechungen und Kolloquien stattfinden.

Finanzierung

Der Lebensunterhalt von Geisteswissenschaftlern wird weitaus
häufiger als in den Natur- oder Ingenieurwissenschaften durch
Stipendien bestritten. Die Finanzierungsmöglichkeit durch
Stellen als wissenschaftlicher Mitarbeiter ist deutlich seltener
gegeben; nur 10 bis 20 Prozent der Geisteswissenschaftler
haben eine solche Stelle (siehe Abb. 16). Manche Promovierende finanzieren ihre Promotion auch durch nebenberufliche
Tätigkeiten, Erspartes, die Unterstützung von Angehörigen
oder durch Arbeitslosengeld. Viele Juristen promovieren berufsbegleitend.

Thema und Betreuung

Dafür sind Geisteswissenschaftler und Rechtswissenschaftler
in ihrer Themenwahl sehr viel seltener eingeschränkt. Laut
einer Absolventenbefragung des Hochschul-Informations-Systems (HIS) (Jaksztat, Preßler & Briedis, 2012) haben etwa
80 Prozent der Rechtswissenschaftler und der Geisteswissenschaftler ihr Promotionsthema frei gewählt (mehr dazu
finden Sie in Kapitel 6: *Grundsätzliches zur Themenfindung*). Dies
bedeutet jedoch auch, dass von angehenden Promovierenden
erwartet wird, dass sie sich sehr eingehend mit der Wahl ihres
Promotionsthemas beschäftigen und sich häufig schon mit
einem ausgearbeiteten Exposé bei ihrem künftigen Betreuer
bewerben.

Geistes- und vor allem Rechtswissenschaftler, die nicht in ein strukturiertes Programm oder eine Stelle eingebunden sind, sehen ihre Betreuer eher selten. Laut Bundesbericht Wissenschaftlicher Nachwuchs (2013) tauschen sich Juristen höchstens einige Male im Semester, oft aber auch deutlich seltener mit ihren Betreuern aus. Zwischen 5 bis 10 Prozent der Geisteswissenschaftler treffen ihre Betreuer zum Gespräch über die Dissertation ein bis mehrmals in der Woche. Der Rest aber tut dies ebenfalls deutlich seltener.

Wie wird publiziert?

Stärker als in den Naturwissenschaften spielen Monographien in der Rechtswissenschaft und insgesamt in den Geisteswissenschaften die bedeutsamste Rolle.

„Im Zentrum der Publikationsleistungen von Historikerinnen und Historikern steht nach wie vor das Buch. Der Trend zum Englischen existiert, er ist aber keineswegs allgemein und in den einzelnen Teildisziplinen sehr unterschiedlich ausgeprägt." Professor Dr. Martin Jehne, Geschichtswissenschaft, Technische Universität Dresden. (Humboldt Stiftung, 2009 S. 59)

Dazu kommen Abhandlungen (Aufsätze zu Grundfragen und speziellen Problemen) und gerade für Promovierende und Post-Docs auch Zeitschriftenartikel.

„Das größte Ansehen erwirbt man in den Rechtswissenschaften durch die Veröffentlichung von Büchern und Abhandlungen." Professor Dr. Dr. h.c. mult. Claus Roxin, Emeritus, Rechtswissenschaft. (Humboldt Stiftung, 2009 S. 64)

Je nach Disziplin sind auch Konferenzbeiträge ein wichtiges Medium:

„Das Fach Literaturwissenschaft bewegt sich [...] zwischen fortgesetzter monographischer Tradition (auch nach der Habilitation) mit hohen Standards und einem intensiven Konferenzbetrieb mit daraus entstehenden, zahlreichen Publikationen." Professor Dr. Jürgen Fohrmann, Literaturwissenschaft, Universität Bonn. (Humboldt Stiftung, 2009 S. 52)

Anders als in den Naturwissenschaften ist die vorherrschende Sprache in vielen Fällen Deutsch. In der Rechtswissenschaft ergibt sich das schon daraus, dass die Beiträge häufig dem nationalen Recht gewidmet sind und schon deshalb im Ausland wenig Interesse finden. In den Sprach- und Literaturwissenschaften aber auch Teilen der Geschichtswissenschaft hängt die Sprache erwartungsgemäß meist vom nationalen Forschungsort ab und konzentriert sich im Wesentlichen auf die europäischen Sprachen Deutsch, Französisch, Italienisch und Englisch. In welcher Sprache auch geschrieben wird, in den Geisteswissenschaften spielt der geschliffene Umgang mit dieser eine besonders gravierende Rolle.

„Es ist daher einfach klar, dass das basic oder gar pidgin english von non-native speakers [...] für die Philosophie nicht taugt." Prof. Dr. Pirmin Stekeler-Weithofer, Philosophie Universität Leipzig. (Humboldt Stiftung, 2009 S. 37)

Die Dissertation wird in den allermeisten Fällen als eine Monografie geschrieben, eine kumulative Dissertation ist selten.

„Nach wie vor gibt es die kumulative Dissertation praktisch nicht." Professor Dr. Ludwig M. Eichinger, Direktor des Institutes für Deutsche Sprache in Mannheim. (Humboldt Stiftung, 2009 S. 56)

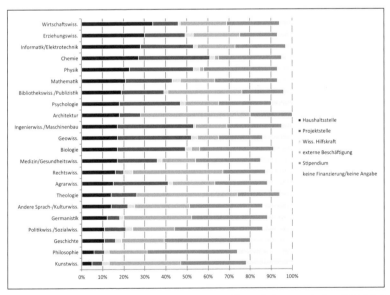

Quelle: Profile Zwischenergebnisse (2014) S. 6

Abb. 17: Finanzierung der Promotion nach Fächern

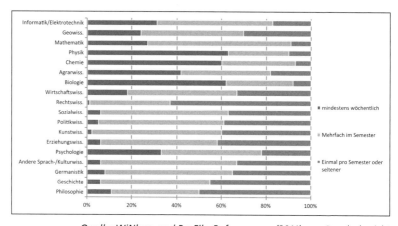

Quelle: WiNbus- und ProFile-Befragungen (2011), aus Bundesbericht
Wissenschaftlicher Nachwuchs (2013) S. 233

Abb. 18: Häufigkeit des Austausches mit dem Betreuer nach Fächern

4 Promotion mit Kind(ern)

„Meine Dissertation ist mein Hobby!" (Eine Doktorandin)
Sie wollen sich auf das Abenteuer Promotion einlassen oder haben dies bereits getan und plötzlich macht ein neues Familienmitglied die Sache noch viel spannender. Oder vielleicht haben Sie auch bereits Kinder und fragen sich, ob eine Promotion damit überhaupt zu vereinbaren ist.

Vielleicht denken Sie neben Ihren Promotionsplänen aber auch ganz allgemein über Familienplanung nach und fragen sich nach dem „richtigen Zeitpunkt" ein Kind zu bekommen. Gibt es Möglichkeiten und Modelle für eine Promotion mit Kind(ern)?

Vorab gesagt: den „richtigen" – sprich mühelosen Zeitpunkt für die Kombination von Familiengründung und wissenschaftlicher oder nichtwissenschaftlicher Karriere gibt es nicht. Darauf zu warten ist demnach sinnlos. Dennoch tun dies vor allem viele Frauen mit wissenschaftlichen Interessen lange. Vielleicht ist die Promotionszeit gemessen an Ihrem weiteren Karriereverlauf dank ihrer zwar hoch anspruchsvollen, aber trotzdem oft flexibleren Arbeitsbedingungen sogar die beste Zeit, ein Kind aufzuziehen.

Eine große Anzahl erfolgreich Promovierender und Promovierter mit einem oder mehreren Kindern beweist, dass die Vereinbarung von Kind und Dissertation durchaus möglich ist. Einer Studie des Hochschul-Informations-Systems (HIS-Studie 2009) zufolge, lag der Anteil der Promovierenden mit Kind insgesamt je nach Promotionskontext (Promovierende in strukturierten Programmen, wissenschaftliche Mitarbeiter, frei Promovierende) bei 14 bis 22 Prozent (vgl. Jaksztat et al., 2012, S. 84–85).

Ein Berater des Deutschen Hochschulverbandes formuliert im wissenschaftlichen Karriereportal Academics: *„[…]Nach unserem Dafürhalten sind heutzutage Karrieren in der Wissenschaft und die Betreuung von Kindern durchaus vereinbar[…]. Insoweit ste-*

hen per se Kinderbetreuungszeiten und eine wissenschaftliche Karriere glücklicherweise nicht mehr im Widerspruch. "

Am leichtesten gelingt Ihnen eine Promotion mit Kind(ern) an einer Universität oder außeruniversitären Forschungseinrichtung, die sich Familienfreundlichkeit auf ihre Fahnen geschrieben hat und Sie mit familienfördernden Maßnahmen wie guter Kinderbetreuung, flexiblen Arbeitsbedingungen, Beratungsangeboten oder finanziellen Hilfen unterstützt. Dies haben auch die Politik und die Institutionen des Wissenschaftssystems erkannt. Das Bundesministerium für Bildung und Forschung (BMBF) und die Deutsche Forschungsgemeinschaft (DFG) haben gezielt Förderprogramme bzw. -Instrumente entwickelt. Viele Hochschulen und außerhochschulische Forschungseinrichtungen haben sehr hilfreiche Unterstützungsangebote entwickeln lassen, um sich mit Recht als „familiengerecht" zertifizieren zu lassen. Achten Sie also bei der Auswahl Ihrer Wunschuniversität auf die angebotenen Maßnahmen zur Vereinbarkeit von Wissenschaft und Familie, vergleichen Sie und fragen Sie gezielt nach.

Ganz klar ist natürlich: Egal ob Sie alleinerziehend sind oder Ihr Kind gemeinsam mit Partnerin bzw. Partner erziehen, die Vereinbarkeit von Promotion und Familie funktioniert nur mit einer konsequenten, straffen Zeitplanung und konkreten Regeln, an die sich alle Mitglieder Ihrer Familie halten. Sowohl die Schreib- und Arbeitszeiten für die Dissertation als auch die Zeit für die eigene Erholung und die Aktivitäten mit der Familie müssen realistisch eingeteilt und geplant werden.

Wichtig:

Es ist illusorisch zu glauben, Sie könnten konzentriert an Ihrer Doktorarbeit schreiben, während Ihr Baby oder Kleinkind friedlich um Sie herum spielt. Auch wenn sich viele werdende Eltern dieser Phantasie hingeben – es geht wirklich nicht! Auch ist kaum möglich, inhaltliche Arbeit an Ihrer Dissertation auf sich unverhofft ergebende freie Minuten zu legen – wenn das Kind schläft oder die Nachbarin überraschend doch kurz Zeit hat, mit dem Kind zu spielen. In solchen „gewonnenen Minuten" können Sie vielleicht einfachere, z. B. organisatorische Tätigkeiten in Zusammenhang mit der Doktorarbeit erledigen. Fertig wird Ihr großes Projekt auf diese Weise jedoch nicht. Nutzen Sie solche Zeiten eher dafür, mögliche Schlafdefizite auszugleichen (ausgeschlafen denkt es sich besser) oder gönnen Sie sich eine Pause.

Für anspruchsvolle Forschungstätigkeiten, konzentriertes Nachdenken und das Schreiben einer komplexen Doktorarbeit brauchen Sie regelmäßige längere und vor allem zusammenhängende Zeiten, in denen Sie störungsfrei arbeiten können.

Wissenschaftscoach Dr. Gudrun Thielking-Wagner (Arnold & Thielking-Wagner, 2016) rät im Umgang mit Ihrer Familie zu folgendem Vorgehen: *„Beteiligen Sie Ihre Familie an der Planung Ihrer Promotion, definieren Sie gemeinsam mit Ihrer Familie Regeln für den Promotionsalltag und kümmern Sie sich um eine Kinderbetreuung".*

Die Forschungsliteratur kommt in einer Studie zum Thema Wissenschaft und Elternschaft (Lind, Samjeske, Banavas & Oemmelen, 2010) zu dem ebenso erstaunlichen, wie erfreulichen Ergebnis, dass promovierende Eltern nicht unzufriedener sind als Kinderlose: Eltern sind in der Tendenz sogar eher zufriedener mit der derzeitigen Balance ihres Arbeits- und Privatlebens und weniger gestresst als Kinderlose. Zudem stimmen Nachwuchswissenschaftlerinnen und -Wissenschaftler mit Kind(ern) seltener als Kinderlose der Aussage zu, dass Wissenschaft und Familie kaum miteinander zu vereinbaren seien (30 vs. 37 Prozent).

Beginnen wir mit dem ganz entscheidenden Punkt – der Kinderbetreuung

Wirklich arbeiten können Sie erfahrungsgemäß nur dann, wenn Ihr Kind gut betreut wird – und zwar in dieser Zeit nicht von Ihnen! Idealerweise noch nicht mal in der Wohnung oder an dem gleichen Ort, wohin Sie sich gerade zum Arbeiten zurückgezogen haben. Es wird auch nicht funktionieren, sich wochentags den ganzen Tag um Ihr Kind zu kümmern, anschließend regelmäßig mehrere Stunden am Abend an Ihrer Dissertation zu arbeiten und die Wochenenden als Hauptschreibzeit einzurichten. Auf die Dauer würden weder Sie noch Ihre Familie diese Belastung durchhalten.

Kümmern Sie sich um eine gute und vertrauensvolle Kinderbetreuung, die Ihnen Zeit und Luft verschafft, sowohl für Ihre Forschungs- und Schreibtätigkeiten, als auch für notwendige Erholungspausen.

Viele Universitäten – hier zeichnen sich besonders die zertifizierten familienfreundlichen Hochschulen aus – bieten eine qualitativ sehr hochwertige Kinderbetreuung an. Zudem treffen Sie dort mit lauter gleichgesinnten Wissenschaftlerinnen und Wissenschaftlern zusammen, die sich in der gleichen Lage befinden. Oft entstehen dabei unschätzbare Kontakte und Netzwerke, die Ihnen mit Ideen, Rat und Unterstützung beistehen. Melden Sie Ihr Kind frühzeitig dort, aber auch noch in weiteren Betreuungseinrichtungen an, um eine gute Kinderbetreuung sicher zu stellen.

Planen Sie die Promotion gemeinsam und definieren Sie gemeinsam mit Ihrer Familie Regeln für den Promotionsalltag

Besprechen Sie mit Ihrem Partner, Ihrer Partnerin und/oder Ihrer Familie Ihre Pläne, bevor Sie die Promotion in die Wege leiten. Machen Sie sich selbst und Ihren Lieben klar, dass eine Promotion vieles im familiären Alltag verändern wird. Ihre Promotion gelingt nur, wenn Ihr familiäres Umfeld Sie unterstützt und hinter Ihnen steht. Sie brauchen eine konkrete Planung und Umverteilung von Zeiten und Familienaufgaben. Verhandeln Sie fair aber klar darüber, wie die Aufgaben verteilt werden können, damit Sie die notwendigen räumlichen und zeitlichen Freiräume für Ihre Arbeit ermöglichen können. Verlassen Sie sich nicht darauf, dass der Alltag das schon regeln wird! Vereinbaren Sie mit Ihrem Partner, Ihrer Partnerin und/oder Ihrer Familie konkrete Zeiten für die Arbeit an Ihrer Doktorarbeit. Wichtig ist, dass Sie in diesen Zeiten nicht gestört werden. Machen Sie einen Haushaltsplan, der das Kochen, Aufräumen und Abwasch, die Wäsche und andere gewöhnliche Tätigkeiten ebenso erfasst, wie die verschiedenen Aspekte der Kinderbetreuung (pflegen, spielen, von der Kita abholen etc.) oder andere Aufgaben. Halten Sie sich an die Regeln und prüfen Sie, ob sie funktionieren. Wenn nicht, überlegen Sie gemeinsam, wo etwas geändert werden soll.

Die Absprache mit Ihrem Betreuer

Genauso wichtig ist natürlich die Absprache mit Ihrer Betreuerin oder Ihrem Betreuer. Überlegen Sie sich sehr genau und konkret, wie Sie Ihre Promotion und Ihre Tätigkeit in Ihrer Familie kombinieren möchten und welche Arbeitsbedingungen dazu für Sie möglich und nötig sind. Konkret bedeutet das:

- Wie viel tägliche oder wöchentliche Arbeitszeit an der Dissertation und an eventuellen weiteren Aufgaben im Rahmen Ihrer wissenschaftlichen Tätigkeit ist für Sie möglich?
- Wie viel Zeit können Sie vor Ort an Ihrer wissenschaftlichen Einrichtung verbringen? Wann?
- Arbeiten Sie auch von zuhause aus? Wann und wie viel?
- Sind Forschungsreisen oder Reisen zu Konferenzen etc. möglich? Zu welchen Bedingungen?
- Gibt es Tätigkeiten im Zusammenhang mit Ihrer Forschung und wissenschaftlichen Tätigkeit, die Sie wegen Schwangerschaft oder anderer Gründe nicht (mehr) ausführen können?
- Welche finanziellen Bedingungen brauchen Sie? Was ändert sich?
- Wann und wie wird Ihr Wiedereinstieg in Ihre wissenschaftliche Tätigkeit erfolgen?

Besprechen Sie diese Punkte offen mit Ihrer Betreuerin oder Ihrem Betreuer. In vielen Fällen stoßen Sie auf viel Verständnis. Eine Doktorandin, die ihr erstes Kind während der Promotion bekam, berichtet: *„Meine Betreuerin und auch die Professoren und wissenschaftlichen Mitarbeiter in meinem direkten Umfeld haben sich uneingeschränkt über meine Schwangerschaft gefreut und hatten bereits vor der Geburt und erst recht danach, stets Verständnis für meine besondere Situation."*

Sollte Ihr Betreuer nicht ganz so erfreut reagieren, ist eine ehrliche und sehr konkrete Absprache noch umso wichtiger.

Ihre gesetzlich verankerten Rechte bei einer Promotion mit Kind(ern)

Wenn Sie während Ihrer Promotion durch ein reguläres Angestelltenverhältnis bei Ihrer Universität oder Forschungseinrichtung finanziert sind, sei es durch eine befristete Haushaltsstelle oder eine Projektstelle, gilt für Sie Folgendes:

Für alle Berufstätigen in der Familienphase hat der Gesetzgeber rechtliche Rahmenbedingungen geschaffen, die Schwangerschaft und Kinderbetreuung aller Beschäftigten absichern sollen. Darüber hinaus wurden für Wissenschaftlerinnen und Wissenschaftler, die nach Wissenschaftszeitvertragsgesetz (WissZeitVG) befristet beschäftigt sind, weitere Regelungen getroffen, um die Vereinbarkeit von Familie und wissenschaftlicher Qualifizierung zu gewährleisten. Zu den verbindlichen rechtlichen Regelungen gehört in jedem Fall der Rechtsanspruch auf einen insgesamt 14- bzw. 18-wöchigen Mutterschutz. Sie sollten Ihre Schwangerschaft also so bald wie möglich Ihrer Personalabteilung melden, damit der Mutterschutz zum Tragen kommen kann.

Während Ihrer Schwangerschaft können Sie beispielsweise nicht gekündigt werden, werden vor gefährlichen Tätigkeiten geschützt und haben Anspruch auf voll bezahlte Mutterschaftsfristen von sechs Wochen vor der Entbindung und im Normalfall bis acht Wochen, bei medizinischen Frühgeburten oder bei Mehrlingsgeburten zwölf Wochen nach der Entbindung.

Darüber hinaus gibt es weitere familienunterstützende Regelungen, die jedoch nicht für alle Beschäftigungsverhältnisse gelten:

- der Rechtsanspruch auf eine max. dreijährige Elternzeit,

- der Rechtsanspruch auf den Bezug von Elterngeld während der ersten 12 bzw. 14 Lebensmonate eines Kindes,

- die familienpolitische Komponente des WissZeitVG, durch die eine Verlängerung der Qualifizierungsphase und damit der Höchstbefristungsdauer für die sachgrundlos befristete Beschäftigung ermöglicht werden kann,

- im Fall einer Befristung nach § 2 Abs. 1 WissZeitVG die Verlängerungsmöglichkeit des Arbeitsvertrags nach § 2 Abs. 5.

Inwieweit Sie diese Regelungen in Anspruch nehmen können, hängt davon ab, auf welche Weise Ihre Promotion finanziert wird. Hier unterscheiden sich die typischen Finanzierungsarten:

Befristete Haushalts- bzw. Qualifikationsstelle

Haben Sie eine befristete Haushalts- bzw. Qualifikationsstelle, die üblicherweise zum Zweck der Qualifizierung und nach § 2 Abs. 1 WissZeitVG befristet ist, steht Ihnen, wenn Sie Ihr Kind selbst pflegen und erziehen, eine Vertragsverlängerung aufgrund von Mutterschutz und Elternzeit zu. Das heißt, Ihr Mutterschutz und Ihre Elternzeit werden nicht auf den Arbeitsvertrag oder auf die Zeit der Qualifizierung angerechnet, sondern Ihr Vertrag wird dementsprechend verlängert.

Projektstelle mit Qualifizierungsanteil

Anders ist es, wenn Ihre Finanzierung über eine sogenannte Projektstelle mit Qualifizierungsanteil, die über Drittmittel finanziert wird läuft. Diese Stellen sind oft nach § 2 Abs. 2 WissZeitVG befristet, was bewirkt, dass in diesem Fall weder Mutterschutz noch die Inanspruchnahme von Eltern(teil)zeit zu einer Verlängerung des Arbeitsvertrags verpflichten. In Absprache mit dem Arbeit- und Drittmittelgeber können jedoch auch hier Lösungen gefunden werden, indem z. B. bei der Projektbeantragung dafür bereits Mittel mit beantragt und vom Arbeit- und Drittmittelgeber zur Verfügung gestellt werden. Sprechen Sie frühzeitig mit Ihrem Betreuer und Arbeitgeber.

Stipendium

Die Finanzierung über ein Stipendium, sei es ein Individualstipendium oder ein Stipendium im Rahmen eines strukturierten Promotionsprogramms stellt rechtlich einen Sonderfall dar.

Stipendien begründen kein Beschäftigungsverhältnis und gelten dementsprechend nicht als Erwerbseinkommen.

Während betreuende Elternteile im Angestelltenverhältnis Anspruch auf Elterngeld haben, das abhängig vom erzielten Einkommen berechnet wird, steht Promotionsstipendiaten lediglich der Mindestbetrag von 300 Euro als Elterngeld zu. Da ein Stipendium kein Beschäftigungsverhältnis darstellt und die Zahlungen daraus kein Erwerbseinkommen im Sinne des § 1BEEG sind, wird es auch nicht bei der Berechnung der Höhe herangezogen. Allerdings läuft ein Stipendium während der Elternzeit weiter. Der Mindestbetrag von 300 Euro wird also ungekürzt zusätzlich zu dem Stipendium gewährt. Zudem sehen die meisten Stipendiengeber eigene, wenn auch teils sehr unterschiedliche familienbezogene Regelungen vor. In den meisten Fällen wird Promovierenden mit Kind sowohl ein finanzieller Familienzuschuss als auch eine Verlängerung der Stipendienzeit gewährt. Auch hier gilt: Erkundigen Sie sich bei Ihrem Stipendiengeber nach Ihren Rechten.

Mehr Informationen zu Ihren Rechten finden Sie im Rechtsratgeber der Gewerkschaft Erziehung und Wissenschaft GEW: Vereinbarkeit von Familie und wissenschaftliche Qualifizierung.

– www.gew.de.

5 Die berufsbegleitende Promotion

Die meisten Promovierenden beginnen ihre Promotion direkt nach Abschluss ihres Studiums und setzen damit quasi ihre Zeit an der Universität fort. Für andere stellt sich die Frage nach einer Promotion jedoch erst später, wenn sie bereits berufstätig sind. Es gibt Berufstätige, die sich von einer Promotion einen Karriereschub versprechen. Andere sehen in einer – manchmal „späten" Promotion die Erfüllung eines lang gehegten Lebenstraums. In manchen Branchen wie z.b. bei Unternehmensberatungen, Wirtschaftsprüfgesellschaften und Kanzleien werden Mitarbeitende gezielt zur Promotion ermutigt und teilweise dafür sogar freigestellt. Viele Juristen beispielsweise sind während ihrer Promotion in Kanzleien tätig. Neben ihrem Gehalt profitieren sie vom Rat ihrer Kollegen, können Bibliotheken oder Datenbanken mitbenutzen und bekommen durch den Arbeitsalltag auch den hin und wieder nötigen Abstand zur Dissertation.

Bei vielen Consulting Unternehmen wie etwa McKinsey ist die Promotion fester Bestandteil des Fellowship-Programms, am Ende sind die Fellows auch automatisch Senior Associates, also künftige Führungskräfte. Daneben gibt es die Möglichkeit der Industriepromotion als Forschungsmöglichkeit innerhalb und im Auftrag eines Unternehmens. Auf diese Form wird jedoch nicht an dieser Stelle, sondern in Kapitel 3.2: *Die verschiedenen Promotionsformen* eingegangen.

Rechtlich ist eine Promotion neben einer (nicht wissenschaftlichen) Berufstätigkeit durchaus möglich. Strukturierte Promotionsprogramme kommen dabei weniger in Frage, da diese in der Regel eine volle Anwesenheit voraussetzen. Wenn Sie aber einen Betreuer finden und sich mit diesem über Ihre Arbeitsmöglichkeiten und -Zeiten einigen, steht einer Individualpromotion prinzipiell nichts im Wege. Dennoch ist der zeitliche und organisatorische Aufwand einer Promotion keinesfalls zu unterschätzen. Insgesamt – über alle Fächer und Branchen hinweg – trauen sich nur wenige die Doppelbelastung zwischen Beruf und Promotion zu: Gerade einmal 16 Prozent aller Doktoranden arbeiten außerhalb des wissenschaftlichen Betriebs, schätzt das Institut für Forschungsinformation und Qualitätssicherung (IFQ) in Bonn. Etwa die Hälfte davon arbeitet während der Promotion auf einer Vollzeitstelle. Die Gefahr eines Abbruchs ist nicht gering, wer acht Stunden am Tag anderweitig arbeitet, hat abends und am Wochenende nicht viel Luft für die Dissertation. Die sich jedoch entscheiden, neben dem Job zu promovieren, sind in der Regel hoch leistungsmotiviert und haben meist große Lust am wissenschaftlichen Arbeiten.

Für eine Promotion neben Ihrer regulären Erwerbstätigkeit, die nichts mit Ihrer Forschung zu tun hat und dementsprechend keine Synergieeffekte bietet, brauchen Sie also einen wirklich langen Atem und sehr viel Kraft und Ausdauer, um die nächsten Jahre auf Ihre Abende und Wochenenden zu verzichten. Dies gilt vor allem dann, wenn eine Promotion nicht gezielt von Ihrem Arbeitgeber erwartet und/oder gefördert wird. Die für die Promotion aufgewandte Zeit fehlt für das Privatleben, die Familie oder Hobbys, dessen müssen Sie sich bewusst sein.

Außerdem werden Sie, wenn Sie nicht von Ihrem Arbeitgeber freigestellt werden, bis zur Abgabe der Dissertation sicher nicht weniger als fünf Jahre oder mehr brauchen. Dafür steht am Ende die Gewissheit, etwas geleistet und ein großes Ziel erreicht zu haben. Oft (nicht immer!) werden Sie mit der Promotion bessere Aufstiegs- und Karrierechancen haben (mehr dazu finden Sie in Kapitel 10: *Karriere mit Doktortitel*).

Die Betreuung einer berufsbegleitenden Promotion

Eine wichtige Voraussetzung für den Erfolg Ihrer Promotion ist die Wahl eines geeigneten Professors, der eine berufsbegleitende Promotion unterstützt. In Fächern, in denen eine solche Promotionsform üblich ist, wie in der Rechtswissenschaft, den Ingenieurswissenschaften und teilweise auch im Bereich Wirtschaft, wird dies ein geringeres Problem darstellen. In anderen Fachbereichen müssen Sie eventuell eine gewisse Überzeugungsarbeit leisten. In den nächsten Kapiteln

7: *Grundsätzliches zur Wahl eines Betreuers* und 8: *Kontaktaufnahme und Bewerbung* beschäftigen wir uns näher mit der Suche nach einem geeigneten Betreuer. Wichtig ist es, genau zu klären und zu besprechen, wann, wie und in welchem Umfang Sie für Ihre Promotion forschen und arbeiten können und wollen, und wie die Betreuung sinnvoll gestaltet werden kann.

Alternativ zu einer Promotion an einer öffentlichen Universität gibt es vor allem für Berufstätige zahlreiche halböffentliche und private, gebührenpflichtige Promotionsprogramme, bei denen Sie gegen Geld Ihren Doktortitel erwerben können. Auch dies erfordert Arbeit, doch kümmert man sich besser um Ihre speziellen Bedürfnisse, weil Sie zahlender Kunde sind. Beispiele dafür sind:

- Die Leipzig Graduate School of Management mit Promotionsprogrammen für Wirtschaftswissenschaftler
  – www.hhl.de/de/programme/promotionsprogramm
  oder die
- Otto-Beisheim-School of Management
  – www.whu.edu/programme/promotionsprogramm

Auch einige Universitäten sind auf den Zug aufgesprungen und bieten jetzt zentral ihre Promotionsprogramme an, die speziell auf Praktiker und Externe zugeschnitten sind. Aber: Auch hier müssen Sie ordentlich Geld in die Hand nehmen, sind dafür aber wie bei privaten Promotionsprogrammen ein Kunde. Angebote bieten beispielsweise die

- Friedrich Alexander Universität Erlangen-Nürnberg
  – www.fau.de/graduiertenzentrum/
- Leuphana Universität Lüneburg
  – www.leuphana.de/graduate-school
  oder die
- Europa Universität Flensburg
  – www.uni-flensburg.de/portal-forschung/nachwuchs/ promovieren-in-flensburg/

Die Absprache mit Ihrem Arbeitgeber

Sprechen Sie Ihren Arbeitgeber auf Ihren Promotionswunsch an und überlegen Sie gemeinsam, wie eine Promotion neben der Arbeitstätigkeit gelingen kann. Vielleicht bringt Ihre Forschung Ihrem Arbeitgeber sogar einen unmittelbaren Nutzen.

Vielleicht lassen sich Synergieeffekte mit Ihrer Arbeitstätigkeit finden, die Ihnen Ihre Forschungstätigkeit erleichtern kann. Hören Sie sich um, ob Ihr Arbeitgeber Modelle für eine berufsbegleitende Promotion anbietet und machen Sie eigene Vorschläge. Die Unterstützung Ihres Arbeitgebers erhöht die Chance auf eine erfolgreiche Promotion ganz entscheidend.

6 Grundsätzliches zur Themenfindung

Die Entscheidung für das Promotionsthema, welches Sie so begeistert und auch so nachhaltig interessiert und packt, dass Sie damit die nächsten drei bis fünf Jahre verbringen und es durch alle Höhen und Tiefen vorantreiben möchten, ist die vielleicht wichtigste Entscheidung für Ihre ganze Promotion. Zwar garantiert auch das spannendste Thema keinen mühelosen mehrjährigen Höhenflug durch die akademischen Gefilden (fast jeder Doktorand durchläuft irgendwann mal einen Zeitpunkt, an dem er sein Thema nicht mehr sehen kann), ein für Sie ungeeignetes Thema ist aber fast immer die Garantie auf größere Frustrationen. Mit Ihrem Promotionsthema stehen Sie die nächsten Jahre auf, verbringen Ihre Tage und – in herausfordernden Zeiten – in Gedanken vermutlich auch so einige Nächte. Egal ob Sie sich Ihr Promotionsthema selbst erarbeiten oder sich für eine Promotionsposition entscheiden, in der das Thema vorgegeben ist: Achten Sie unbedingt darauf, dass Sie mögen, was Sie da tun werden.

Wie frei Sie in der Wahl Ihres Themas sind, ist unterschiedlich und hängt eng vom Promotionskontext und der unterschiedlichen Einbindung in das wissenschaftliche Umfeld zusammen. Insgesamt wählt etwa jeder zweite Doktorand sein Promotionsthema selbstständig aus. Andere bekommen ihr Thema von ihrem Betreuer vorgeschlagen oder direkt vorgegeben und manche Themen sind durch die jeweilige (Projekt-)Stelle festgelegt. Bei manchen strukturierten Promotionsprogrammen haben Promotionsinteressierte die Möglichkeit, sich gezielt für eines von mehreren zur Auswahl stehenden Promotionsprojekten zu bewerben. Aufgrund ihrer unterschiedlichen Strukturen und Fachkulturen ist die Wahlfreiheit auch in den verschiedenen Fächern sehr unterschiedlich verteilt.

Den größten Entscheidungsspielraum hinsichtlich der Themenwahl haben sogenannte frei Promovierende. Wenn Sie also weder als wissenschaftlicher Angestellter noch in einem strukturierten Promotionsprogramm promovieren, und Ihre Promotion entweder über ein Individualstipendium oder andere eigene Gelder selbst finanzieren, ist die Wahl Ihres Promotionsthemas Verhandlungssache mit Ihrem Betreuer und liegt damit stärker innerhalb Ihres eigenen Entscheidungsspielraums. Vor allem in den Geisteswissenschaften und in den Rechtswissenschaften ist dies häufig der Fall. Laut der Absolventenbefragung des Hochschul-Informations-Systems (HIS) (Jaksztat, Preßler & Briedis, 2012) haben etwa 80 Prozent sowohl der frei Promovierenden als auch der Geisteswissenschaftler ihr Thema selbst gewählt. Dies bedeutet jedoch auch, dass von angehenden Promovierenden erwartet wird, dass sie sich sehr eingehend mit der Wahl ihres Promotionsthemas beschäftigen und sich häufig schon mit einem ausgearbeiteten Exposé bei ihrem künftigen Betreuer bewerben.

Die finanzielle und strukturelle Einbettung der Promotion hat einen großen Einfluss darauf, wie Promovierende ihr Thema aussuchen. Wenn Sie als wissenschaftlicher Mitarbeiter auf einer Haushaltsstelle promovieren, wird Ihr (Haupt-)Betreuer häufig ein Thema vorschlagen, das die eigenen Forschungsvorhaben flankiert. Mehr als die Hälfte der wissenschaftlichen Mitarbeiter an einem Lehrstuhl wählen aber dennoch ihre Fragestellung selbst aus und 45 Prozent der strukturiert Promovierenden haben die gleichen Freiheiten. Gerade auf wissenschaftlichen Mitarbeiterstellen ist es auch häufig Usus, erst nach einer mehr oder weniger langen Einarbeitungszeit das Forschungsthema gemeinsam mit dem (Haupt-)Betreuer zu erarbeiten und festzulegen.

Von den Promovierenden mit Anbindung an ein Forschungsprojekt wählt nicht einmal jeder dritte Promovierende die Fragestellung selbst. Ebenso viele bearbeiten eine Fragestellung auf Wunsch des (Haupt-)Betreuers oder bekommen die Fragestellung im Rahmen der Stelle vorgegeben. Aber natürlich kann (und sollte) man davon ausgehen, dass die wissenschaftlichen Mitarbeiter, die in Forschungsprojekten promovieren, ihre Promotionsmöglichkeit wegen des interessanten Themas bzw. Projekts gewählt haben. Das gleiche kann man natürlich auch bei der Auswahl eines strukturierten Promotionsprogramms annehmen.

Etwa zwei Drittel der Promovierenden in den Wirtschafts-, Sozial- und Verhaltenswissenschaften wählen ihr Thema selbst. Dies gilt besonders für jene, die nicht in größeren Forschungsprojekten promovieren. In den mathematischen, technischen und naturwissenschaftlichen Fächern erweist sich die freie Themenwahl jedoch häufig als eingeschränkt: Hier wird das Thema der Doktorarbeit in der Mehrzahl der Fälle von dem oder den Promotionsbetreuer/n vorgeschlagen. Die meisten Naturwissenschaftler aber auch viele Ingenieurwissenschaftler promovieren in einem thematisch schon festgesetzten Forschungsprojekt, manche suchen sich ihr Thema zumindest innerhalb eines vorgegebenen Rahmens selbst aus und nur wenige wählen ihr Thema frei. Laut der Absolventenbefragung des Hochschul-Informations-Systems (HIS) (Jaksztat, Preßler & Briedis, 2012) haben nur 26 Prozent der Mathematiker und Naturwissenschaftler und 37 Prozent der Ingenieurwissenschaftler ihr Promotionsthema frei gewählt. Hier heißt es, sich gut über in Frage kommende Promotionsmöglichkeiten zu informieren, sich in die möglichen Themenbereiche einzudenken und klug zu wählen. Mehr Informationen zu den unterschiedlichen Promotionsformen und den verschiedenen Gepflogenheiten in den unterschiedlichen Fächern finden Sie in Kapitel 3.2: *Die verschiedenen Promotionsformen.*

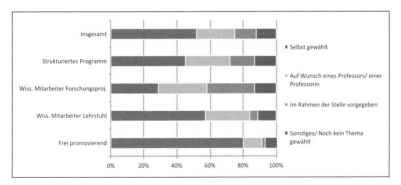

Quelle: Jaksztat, S., Preßler, N., Briedis, K. (2012) S. 19

Abb. 19: Wahl des Forschungsthemas in verschiedenen Promotionsformen

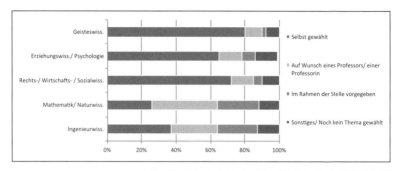

Quelle: Jaksztat, S., Preßler, N., Briedis, K. (2012) S. 20

Abb. 20: Wahl des Forschungsthemas in verschiedenen Fachbereichen

Ob Sie nun Ihr Thema selbst erarbeiten und Ihrem Betreuer vorschlagen oder sich für ein vorgeschlagenes oder angebotenes Thema entscheiden: Das Thema muss für Sie passen, daher sollten Sie sich folgende Grundsätze zu Herzen nehmen: Sie brauchen Leidenschaft für Ihr Forschungsthema. Ihr Promotionsthema sollte in einem Gebiet liegen, das Sie besonders interessiert und für das Sie qualifiziert sind. So motiviert, lässt sich die hohe Selbstdisziplin und das Durchhaltevermögen aufbringen, die die jahrelange Beschäftigung mit den wissenschaftlichen Fragestellungen erfordert. Gleichzeitig sollte das gewählte Thema wissenschaftlich relevant sein und einen neuen Beitrag zur Weiterentwicklung der Forschung leisten. Vergessen Sie für Ihre eigene Karrierestrategie bei Ihren Überlegungen auch eine ganz pragmatische Ebene nicht:

- Bringt Sie das Thema im Hinblick auf Ihr Karriereziel weiter?
- In welchen Forschungsbereichen öffnen sich damit Wege?
- Vielleicht aber auch: Für welche praktischen Arbeitsfelder kann diese Fragestellung von Interesse sein?

Außerdem möchten Sie vermutlich nach spätestens vier Jahren Ihre Dissertation fertiggestellt haben.

Das Thema für eine Dissertation sollte also:

- Ihren Interessen entsprechen
- Den wissenschaftlichen Ansprüchen genügen
- einen hinreichenden Neuigkeitsgrad aufweisen
- innerhalb der gesetzten Promotionsdauer bearbeitbar sein

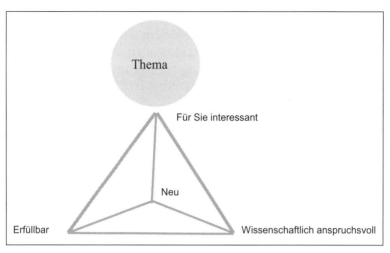

Abb. 21: Das geeignete Thema

6.1 Ein geeignetes Promotionsthema finden

Wenn Sie die Möglichkeit zur eigenen Themenwahl haben und vor der Herausforderung stehen, ein geeignetes Promotionsthema zu identifizieren und auszuarbeiten, nehmen Sie sich genügend Zeit, intensiv zu recherchieren, mit Experten und Kollegen zu diskutieren und Ihre Interessen auszuloten. Der Prozess der Themenfindung und der Ausarbeitung der Forschungsfrage und des Arbeitsplans kann durchaus ein halbes Jahr dauern, manchmal auch länger. Je nach Promotionskontext kann dieser Zeitraum beispielsweise in die ersten Monate der Anstellung als wissenschaftlicher Mitarbeiter fallen, in anderen Kontexten, wie beispielsweise bei der Individualpromotion mit Finanzierung über ein Individualstipendium, fällt die Phase der Themenfindung in der Regel vor dem eigentlichen Beginn der Promotionsphase an. Bei Ihrer Suche können Ihnen folgende Hinweise helfen:

Kommen Sie ins Gespräch

Sprechen Sie mit Experten. Diese steuern nicht nur Ideen bei, sondern haben einen besseren Überblick über das Forschungsfeld, kennen die Quellen und können einschätzen, ob die Dissertation im vorgegebenen Zeitrahmen machbar ist. Wenn Sie schon einen Promotionsbetreuer haben, gehen Sie

proaktiv auf ihn zu und diskutieren Sie über mögliche Forschungsthemen. Warten Sie dabei nicht passiv auf Vorschläge,
sondern bringen Sie Ihre eigenen Ideen ein. Sprechen Sie auch
andere Experten in Ihrem Fachgebiet an und bitten diese um
ihre Einschätzung. Besuchen Sie Konferenzen und gehen Sie
auf interessante Vortragende zu. Vielleicht finden Sie hier
Inspiration für Ihr Forschungsthema, bauen Ihr Netzwerk
aus und lernen womöglich sogar mögliche Promotionsbetreuer kennen. Sprechen Sie auch mit Ihren Kollegen. Welche
Themen werden von anderen Provomierenden in Erwägung
gezogen? Tauschen Sie sich aus, warten Sie nicht, bis Sie eine
komplett ausformulierte Forschungsfrage haben, bevor Sie
Ihre Ideen mit anderen diskutieren. Die Rückmeldungen und
Fragen können Ihnen helfen Ihren Fokus zu schärfen.

Prüfen Sie Themen aus dem Studium

Einen guten Anhaltspunkt können Ihre Seminar- und Abschlussarbeiten geben. Vielleicht könnte Ihre Dissertation
darauf aufbauen? Es kann Ihnen die Orientierung und Einarbeitung sehr erleichtern, wenn Sie während Ihres Studiums
schon einige Ausflüge in naheliegende Themenbereiche unternommen haben. Sie kennen schon die wichtigste Literatur
und den Stand der Forschung, was Ihnen bei der Ausarbeitung
der Forschungsfrage zugutekommt. Schauen Sie auch ruhig in
alte Vorlesungsunterlagen. War irgendein Thema dabei, dass
Sie wirklich gepackt und Ihr Interesse geweckt hat? Wenn
dem so ist, erfüllt es schon eines der Hauptkriterien für eine
erfolgreiche Dissertation.

Suchen Sie in einschlägigen Publikationen

Nehmen Sie sich die Zeit, um die wichtigsten Publikationen
und Forschungsarbeiten der letzten fünf Jahre in Ihrem Feld
zu überfliegen und lesen Sie die Abstracts der Arbeiten, die Sie
am interessantesten finden. Vertiefen Sie sich dann tiefer in
für Sie interessante Artikel. Nutzen Sie zur Orientierung auch
Übersichtsartikel (Review Articles). Dort finden Sie übersichtliche Zusammenfassungen jüngst veröffentlichter Bücher und
häufig auch Anregungen für zukünftige Projekte. Wo findet
sich eine Forschungslücke? Welche Anschlussfragen stellen
sich nach interessanten Forschungsergebnissen? Oft finden
Sie Hinweise darauf am Ende der jeweiligen Publikationen.

Stellen Sie sicher, dass Sie Zugang zu den einschlägigen Fachzeitschriften haben und sich mit der Literaturrecherche auskennen. Eine systematische Literatursuche kann Ihnen viel Mühe ersparen. Alle Universitäten verfügen über Internetzugang zu den entsprechenden fachspezifischen Datenbanken und beraten Sie im Umgang damit. Lesen Sie auch die Dissertationen der ehemaligen Promovierenden in Ihrem Fachbereich: Die Themen können Ihnen Inspiration oder nützliche Hinweise für weitere Forschungsarbeiten geben. Besonders interessant ist jeweils der Ausblick: Welche Fragen blieben offen?

Manchmal bekommt man Inspiration und erste Ideen (wenn auch noch keine konkreten Forschungsthemen) auch durch (für Sie einschlägige) Wissenschaftsblogs (wie etwa - voxeu. org, - www.psychologytoday.com – scienceblog.com) oder populärwissenschaftliche Zeitschriften oder Internetseiten. Diese beinhalten oft kurze, nichttechnische Zusammenfassungen der laufenden Forschung, die von führenden Wissenschaftlern geschrieben wurden.

Hören Sie auf Ihre eigenen Interessen

Welche Themen lassen Sie nicht mehr los? Welche Fragen haben Sie sich schon einmal gestellt? Wozu wüssten Sie gerne mehr? Womit beschäftigen Sie sich gerne? Vielleicht finden Sie hier Ihre Forschungslücke.

Seien Sie aber auch pragmatisch.

Sorgen Sie dafür, dass Ihre Methoden zu Ihrer Fragestellung und/oder Theorie passen und anders herum. Fragen Sie sich bei jeder wissenschaftlichen Fragestellung, mit welchen Methoden Sie diese bearbeiten können und wollen. Entwickeln Sie beides zusammen, das macht es Ihnen leichter! Jede Methode hat ihre Grenzen und spezielle Methoden können nur bestimmte Fragen beantworten. Eine Fragestellung für die Sie keine (für Sie realistischerweise erlern- und anwendbare) Methode finden, bringt Sie nicht weiter. Denken Sie auch realistisch über die praktischen Folgen Ihrer Themenwahl nach in Bezug auf die Zeitanforderung, notwendige Reisen, den Zugang zu Geräten, Räumen, Platz oder zur Untersuchungspopulation und natürlich die anfallenden Kosten. Letztendlich ist die Machbarkeit ausschlaggebend.

Formulieren Sie Ihre Ideen immer wieder neu, machen Sie Pläne und restrukturieren Sie diese immer wieder. Halten Sie nicht an jedem Ansatz fest, sondern verwerfen Sie ungeeignete Vorhaben und planen Sie neu. Es braucht Zeit, bis sich ein konkretes Vorhaben herauskristallisiert.

Seien Sie kritisch: Manche Forschungsthemen sind einfach schlecht.

Sie haben die gesamte Theorie durchdacht und die Arbeiten derer, die vor Ihnen geschuftet haben, studiert. Jetzt ist es an der Zeit, Ihr Exposé zu schreiben und Ihr Vorhaben zu begründen. Vorsicht: Wenn Ihre EINZIGE Begründung für das Projekt ist „keiner hat es bisher untersucht", ist es vermutlich auch ganz gut so. Es gibt viele Fragen die bisher nicht beantwortet wurden. Einige sollten auch nicht beantwortet werden! Die Frage ob die Farbe des Schnullers eines Babys ursächlich seine spätere Berufswahl beeinflusst, bringt die Wissenschaft vermutlich nicht sehr viel weiter. Auch gibt es zum Beispiel experimentelle Projektvorhaben, bei denen jetzt schon abzusehen ist, dass sie sehr geringe Aussichten auf Erfolg haben. „Aber es wurde noch nicht untersucht!" Ähm, nein, und wir hoffen, dass es dabei bleibt. Für eine wirklich witzige Betrachtung zu diesem Thema „googeln" Sie doch mal „Bad Project" vom Zheng Lab!

Und letztendlich: Ein ideales Forschungsthema ist „sexy"

„Sexy" Themen sind die, bei denen man denkt: „Wow, das ist interessant! Ich habe darüber noch nicht in dieser Weise nachgedacht!" Sexy Themen sind neue Wendungen in bekannten Sachverhalten, die die Fachwelt oder auch andere Menschen zum Aufhorchen bringen. Wenn Sie an wissenschaftliche Erkenntnisse denken, die Sie beeindruckt haben, ist die Wahrscheinlichkeit hoch, dass dies sexy Themen waren. Gleiches gilt für akademische Vorbilder, die sich mit entsprechenden Themen beschäftigen.

6.1.1 Wie kann ein Forschungsthema gestaltet sein?

Um diese Frage zu klären entwickelte der Sprachwissenschaftler John Swales (1990) das sogenannte CARS-Modell, das dazu dient, das Verhältnis der eigenen Forschungsarbeit zum wissenschaftlichen Diskurs zu bestimmen. CARS steht dabei für: „Creating A Research Space". Damit ist der Platz innerhalb eines Forschungsfeldes gemeint, den Sie mit Ihrer Arbeit einnehmen oder auch besetzen.

Swales unterscheidet vier verschiedene Arten von Beiträgen, die Ihre Arbeit in der bestehenden Forschungslandschaft leistet. Die bekannteste Variante dabei ist:

Sie füllen eine Forschungslücke

Sie untersuchen beispielsweise einen Aspekt, der bisher nicht beachtet wurde, oder Zusammenhänge, über die man bisher nichts weiß, oder Sie wenden eine Methode auf einen Gegenstand an, auf den sie bisher nicht angewandt wurde, um so einen neuen Zugang zu einem Thema zu finden.

Ihr Forschungsvorhaben kann aber auch in eine andere Richtung gehen:

Sie entwickeln und vertreten eine Gegenposition zu einer bestehenden wissenschaftlichen Annahme

Sie halten etwa bisherige Annahmen oder prominente, den Diskurs bestimmende Positionen für falsch und wollen sie mit Ihrer Arbeit argumentativ widerlegen.

oder

Sie stellen etwas infrage

Sie wollen beispielsweise bisherige Erkenntnisse anhand neuer technischer Möglichkeiten überprüfen, oder es wurde ein Aspekt in der bisherigen Forschung zwar beachtet, ist jedoch unklar geblieben, oder Sie vermuten, dass man Ergebnisse früherer Forschung heute auch anders oder ergänzend interpretieren könnte oder müsste.

oder

Sie erweitern eine vorangegangene Studie

Sie ergänzen frühere Forschung, um Erkenntnisse zu vertiefen und zu verfestigen, indem Sie zum Beispiel neue Vergleiche anstellen, die Unterschiede ähnlicher Untersuchungen analysieren und auswerten oder indem Sie sich widersprechende Forschungsergebnisse in einem Überblick zusammenstellen und kommentieren.

Außerdem könnte es in Ihrer Forschung auch um folgendes gehen:

- Sie replizieren eine existierende Studie in einem anderen Forschungssetting
- Sie entwickeln ein neues Instrument oder eine neue Methode für Forschungszwecke oder mit Nutzen für die Praxis (z. B. in der Psychologie: Entwicklung eines neuen eignungsdiagnostischen Tests)
- Sie wenden eine bestehende wissenschaftliche Theorie auf ein praktisches Problem an
- Sie erarbeiten ein Review des bisherigen Wissens und der bisherigen Ergebnisse in einem spezifischen Feld.
- etc.

Diese Liste ist natürlich nicht abschließend. Jeder Fachbereich hat Präferenzen für bestimmte Forschungsarbeiten.

6.1.2 Vom Promotionsthema zum Exposé

Sobald Ihr Thema mit Ihrem Betreuer beschlossen und von Ihrem Fachbereich akzeptiert worden ist, ist häufig Ihr nächster Schritt, eine konkrete Forschungsfrage und einen Arbeitsplan auszuarbeiten, die Ihnen als Leitfaden für die nächsten Jahre dienen. Jetzt geht es darum, um die präzise Formulierung seiner Ausgangsfrage zu ringen, je genauer, desto besser.

Die größte Herausforderung dabei ist, Ihr Forschungsgebiet so weit einzugrenzen, dass die Arbeit in der geplanten Zeit leistbar ist. Dies ist leichter gesagt als getan, da Sie vermutlich von Ihrer Idee so begeistert sind, dass es Ihnen schwer fällt, sich auf Kosten vieler Aspekte auf ein Teilgebiet zu beschränken, welches tatsächlich in drei oder vier Jahren zufriedenstellend bearbeitet werden kann. Es gibt wenig, worunter Doktoranden später so sehr leiden, wie ein allzu weitläufiges Thema, mit dem sie mehr wollen, als sie schaffen können. Legen Sie also zunächst fest:

- Was genau ist das Problem, das Sie untersuchen werden?
- Wie lautet Ihr Argument oder Ihre Hypothese – was möchten Sie nachweisen, widerlegen oder ergründen?
- Wo liegen die Grenzen Ihrer Forschung, z. B. was werden Sie dabei nicht abdecken?

Ihr Themenzuschnitt kann und wird sich vermutlich durchaus im Verlauf der Arbeit noch ändern. Sie sollten bereit sein, Ihre wissenschaftliche Fragestellung zu überprüfen, wenn Sie mehr zu Ihrem Thema herausgefunden haben. Der Forschungsverlauf im Dissertationsprozess ist vielseitig und läuft in komplexen und unerwarteten Wegen ab und das Ergebnis ist häufig unvorhersehbar. Beispielsweise könnte sich herausstellen, dass die erhofften notwendigen Daten nicht verfügbar sind oder Sie stoßen während Ihrer Recherche auf neue Informationen oder ein neues Konzept. Tauschen Sie sich dazu mit Ihrem Betreuer aus, bevor Sie essentielle Änderungen am Arbeitsplan vornehmen und legen Sie dar, warum Sie denken, dass diese notwendig sind. Dennoch ist ein guter Themenzuschnitt und ein konkreter Forschungsplan die Basis für jegliches Vorgehen.

Beispiel für den Zuschnitt eines Forschungsthemas:

Eingrenzung des Themas	Kommentar
Wasserversorgung in Indien	Das Forschungsthema wird zwar benannt, aber es ist sehr generell und grenzt das Thema nicht ein. Sie haben nicht die Zeit, das ganze Themengebiet abzudecken, deshalb sollten Sie sich auf einen Aspekt, der Sie interessiert, fokussieren.
Untersuchung des Einflusses der Einführung flächendeckender Wasserversorgung auf die Bevölkerungsentwicklung in Nordindien	Das ist schon besser. Sie stellen eine These auf (eine flächendeckende Wasserversorgung in Nordindien könnte einen Einfluss auf die Bevölkerungsentwicklung haben) und haben das Untersuchungsgebiet etwas eingegrenzt. Dennoch könnte Ihr Projekt durch einen genaueren Fokus verbessert werden.
Untersuchung des Zusammenhangs zwischen der Einführung flächendeckender Wasserversorgung in einem Modelldorf in Nordindien auf die dortige Bevölkerungsentwicklung im Vergleich zu den beiden unterversorgten direkten Nachbardörfern seit dem Jahr 1990	Das ist noch besser. Sie zeigen die Grenzen Ihres Projektes auf. Sie werden ein komplexes Thema untersuchen (flächendeckende Wasserversorgung), sich aber auf nur einen Aspekt (möglicher Einfluss auf die Bevölkerungsentwicklung) konzentrieren. Durch die räumliche Eingrenzung (Gegenüberstellung dreier Dörfer) und die Konzentration auf eine bestimmte Zeitperiode (ab 1990) wird das Thema handhabbar.

Selbstverständlich sind die Eingrenzung und der Zuschnitt des Themas damit nicht abgeschlossen. Dies soll jedoch nicht mehr Gegenstand dieser Kurzeinführung sein.

6.1.2.1 Das Exposé

Nachdem Sie Ihr Forschungsthema gefunden und eingegrenzt haben und Ihre wissenschaftlichen Fragestellungen formuliert haben, ist der nächste Schritt die Erstellung einer detaillierten Beschreibung Ihres Projekts – Ihr Exposé.

Einige Fachbereiche fordern ein Exposé als Teil des Annahmeverfahrens, für einige strukturierte Promotionsprogramme ist es Teil der Bewerbung und für die Bewerbung um ein Individu-

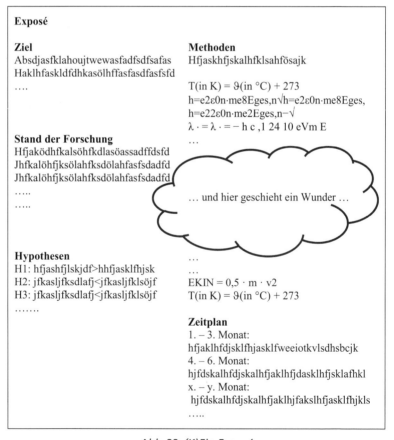

Exposé

Ziel
Absdjasfklahoujtwewasfadfsdfsafas
Haklhfaskldfdhkasölhffasfasdfasfsfd
....

Stand der Forschung
Hfjaködhfkalsöhfkdlasöassadffdsfd
Jhfkalöhfjksölahfksdölahfasfsdadfd
Jhfkalöhfjksölahfksdölahfasfsdadfd
......
......

Methoden
Hfjaskhfjskalhfklsahfösajk

$T(\text{in K}) = \vartheta(\text{in }°C) + 273$
$h=e2\varepsilon0n\cdot me8Eges,n\sqrt{h}=e2\varepsilon0n\cdot me8Eges,$
$h=e22\varepsilon0n\cdot me2Eges,n-\sqrt{}$
$\lambda \cdot = \lambda \cdot = - h\,c\,,1\ 24\ 10\ eVm\ E$
...

... und hier geschieht ein Wunder ...

Hypothesen
H1: hfjashfjlskjdf>hhfjasklfhjsk
H2: jfkasljfksdlafj<jfkasljfklsöjf
H3: jfkasljfksdlafj<jfkasljfklsöjf
....

...
...
$EKIN = 0,5 \cdot m \cdot v2$
$T(\text{in K}) = \vartheta(\text{in }°C) + 273$

Zeitplan
1. – 3. Monat:
hfjaklhfdjsklfhjasklfweeiotkvlsdhsbcjk
4. – 6. Monat:
hjfdskalhfdjskalhfjaklhfjdasklhfjsklafhkl
x. – y. Monat:
hjfdskalhfdjskalhfjaklhjfakslhfjasklfhjkls
......

Abb. 22: (K)Ein Exposé

alstipendium ist ein Exposé meist Grundvoraussetzung. Auch wenn es von Ihnen nicht unmittelbar verlangt sein sollte, es lohnt sich in jedem Fall, ein Exposé als Leitlinie für Ihr Vorhaben auszuarbeiten. Meist ist das Ziel eines Exposés neben der eigenen Projektplanung, einen oder mehrere Adressaten von diesem Arbeitsvorhaben zu überzeugen. Deshalb verbindet ein Exposé beschreibende, zusammenfassende und argumentative Textteile. Da es für das Exposé unterschiedliche Adressaten geben kann: den Promotionsbetreuer, den Fachbereich oder die Gutachter in Promotionsprogrammen und Stiftungen, beeinflusst die Frage, wer mein Exposé lesen wird, seine Gestaltung und Länge. Auch die Funktion des Exposés entweder als Planungsinstrument für Sie selbst oder Ihren Betreuer, als Teil einer Bewerbung, z. B. für eine Stelle oder ein Graduiertenkolleg oder in Form eines Forschungsantrages um etwa Gelder für ein Stipendium zu akquirieren, beeinflusst den erforderlichen Zeitaufwand und den erwarteten Stand der Einarbeitung in das Thema.

Prinzipiell gelten für ein Exposé jedoch folgende Grundsätze:

- Sie benennen das **Thema**: *Dieses Projekt wird erkunden...*
- Betten dieses in den bisherigen **Forschungsstand** ein: *Bisher weiß man Folgendes ...*
- Weisen die **Forschungslücke** auf: *Was man jedoch noch nicht weiß, ist ...*
- Sie spezifizieren Ihre wissenschaftliche **Fragestellung** und Ihr **Ziel**: *Ich habe vor, herauszufinden...*
- Sie begründen die **Relevanz** des Projekts: *Aus folgenden Gründen ist wichtig, dass man mehr weiß über ...*
- Sie erläutern die geplante **Vorgehensweise** und die zu verwendenden **Methoden**: *Dabei gehe ich wie folgt vor ...*
- Und begründen dies: *Diese Methode eignet sich hierfür besonders, weil ...*
- Sie zeigen die Grenzen auf: *Einzelne Punkte können mit dieser Methode nicht erklärt werden. Dazu gehören ...*
- Und stellen einen genauen **Zeitplan** und Finanzplan dafür auf.
- Je nach Anforderung und „Fachtradition" wird das Exposé auf Deutsch oder Englisch (oder in Ausnahmefällen in einer anderen Fachsprache) verfasst.

Titel und Thema

Der Titel Ihres Exposé sollte neugierig machen und das Interesse des Lesers wecken (siehe den Hinweis zum „sexy" Thema im vorherigen Kapitel). Würden Sie ein Exposé mit dem Titel „Abhandlung über Promotionen im Allgemeinen und Dissertationen im Besonderen unter besonderer Berücksichtigung des Forschungsstandes, des Umfelds, ihrer Entstehung, ihrer Finanzierung und des daraus resultierenden Zeitrahmens" lesen und dann auch noch betreuen oder finanziell fördern wollen? Ich auch nicht. Formulieren Sie den Titel interessant und knackig. Machen Sie dann in Ihrer Zusammenfassung schlagwortartig deutlich, was an Ihrer geplanten Arbeit neu, originell und spannend ist. Führen Sie nun in das Thema ein. Dies ist eine grundsätzliche Beschreibung Ihres Untersuchungsgegenstands. Hier legen Sie dar, worum es prinzipiell in ihrem Forschungsprojekt geht.

Der Forschungsstand mit Forschungslücke

Ein klassischer Bestandteil jedes Exposés (und jeder Dissertation) ist die Einbettung Ihres Themas in die themenspezifische Beschreibung des Forschungsstandes. Damit ist nicht gemeint, dass Sie alles zusammenfassen, was Sie jemals im Rahmen Ihrer Recherche gelesen haben, sondern eine speziell auf Ihr Thema und Ihre Forschungsfrage bezogene Analyse des aktuellen Forschungsstandes. Diese kann beispielsweise folgende Punkte beinhalten: Welches sind die bestehenden Theorien (Hypothesen, Modelle) und die bisher entwickelte Methodologie? Wie ist gegebenenfalls der Stand der Empirie? Welche Terminologie und Definition verwende ich?

Ihre Aufgabe ist es, das bisherige Forschungswissen über Ihr Forschungsthema zusammenzufassen und eindeutig zu belegen, dass Ihr Forschungsbeitrag eine neue Erkenntnis erwarten lässt. Stellen Sie sich Ihre Arbeit als Teil eines Fortsetzungsromans vor. Der Forschungsstand ist dabei die Zusammenfassung dessen, „was bisher geschah" – und somit die Voraussetzung für Ihre eigene wissenschaftliche und forschende Fortsetzung. Die Darstellung der bisherigen Forschungserkenntnisse sollte so erfolgen, dass sich daraus das Ziel der eigenen Arbeit ergibt.

Die Fragestellung und das Ziel der eigenen Arbeit

Beschreiben Sie, was Sie mit Ihrer Arbeit erreichen wollen und was die forschungsleitende Fragestellung ist, die Sie zu diesem Ziel bringen soll. Wie lautet beispielsweise die Arbeitshypothese, die ich mit meiner Arbeit beantworten möchte? Was sind meine theoretischen Ausgangspunkte dazu? Was erhoffe ich mir zu erreichen? Warum ist dieses Vorhaben neuartig und wichtig? Inwiefern trägt die Arbeit zur Grundlagenforschung bei? Oder aber auch, inwiefern sind die zu erwartenden Ergebnisse relevant für die Praxis?

Wie im vorherigen Kapitel schon beschrieben, ist es wichtig, dass Sie Ihre Fragestellung eingrenzen und Ihr Vorhaben auf einen machbaren Umfang einschränken. Sie arbeiten an einem Promotionsvorhaben. Es handelt sich dabei um eine zeitlich befristete Qualifikationsphase und nicht um ein Nobelpreisvorhaben. Auch danach kann die Forschung weitergehen. Beschränken Sie Ihr Vorhaben daher konsequent auf das Interessanteste und Notwendigste. Machen Sie deutlich, was die forschungsleitende Fragestellung ist, die Sie zum Ziel bringen soll.

Die Vorgehensweise und Methoden, um das Ziel zu erreichen

Jetzt geht es darum zu zeigen, wie Sie Ihre Ideen auch umsetzen können. Welche Fragen wollen Sie mit welchen Mitteln und Methoden bearbeiten? Hier können Sie beispielsweise beschreiben, welche Methode zur Verifizierung und Falsifizierung Ihrer Hypothese dient, wie Sie die zu Ihrer Thematik gehörenden Sachverhalte operationalisieren und was die Vor- und Nachteile Ihrer Methode sind. Je nach Fachgebiet wägen Sie also beispielsweise ab zwischen qualitativen und quantitativen Methoden, zwischen hermeneutischen und empirisch-positivistischen Methoden, zwischen experimentellen Studien oder Feldforschung und so weiter und so fort.

Der Arbeitsplan, der Zeitplan und der Finanzplan

Sie wissen heute noch nicht, welche Arbeitsschritte Sie im Frühjahr in eineinhalb Jahren im Einzelnen durchführen werden, da Sie die Entwicklungen bis dahin nicht genau vorsehen können? Das ist völlig normal und zu erwarten. Trotzdem ist es gerade für Bewerbungen für Finanzierungsmöglichkeiten

(v. a. Stipendien) hier Ihre Aufgabe, Ihre einzelnen Arbeitsschritte so genau wie möglich zu planen und in einen zeitlichen Rahmen zu setzen. Dieser Rahmen wird sich im Laufe der Zeit noch ändern und an die Gegebenheiten anpassen. Wichtig aber ist, zu zeigen, dass Sie die einzelnen vorhersehbaren Arbeitsschritte durchdacht und durchstrukturiert haben und Ihr Vorhaben in den geplanten drei (so die Vorgabe als längst möglicher Zeitraum fast aller Stipendienprogramme und Promotionsprogramme) oder vier Jahren durchführen können. Hier zeigt sich, ob Sie wissen, was Sie da tun. Sind die Arbeitsschritte nachvollziehbar und schlüssig? Folgen Arbeits-, Zeit- und Finanzplan den von Ihnen entwickelten inhaltlichen und methodischen Vorstellungen? Brechen Sie Ihr Forschungsvorhaben in Arbeitsschritte und Zeiteinheiten von etwa jeweils drei Monaten herunter. Dafür eignet sich zum Beispiel eine tabellarische Darstellung.

Hinweis: Planen Sie realistisch, auch wenn Sie sich für eine finanzielle Förderung bewerben, die z. B. nur zwei Jahre Geld gibt. Sie können davon ausgehen, dass in der Regel in Entscheidungsgremien nicht nur fachlich qualifizierte, sondern auch methodisch geschulte Wissenschaftlerinnen und Wissenschaftler sitzen, die durchaus in der Lage sind, die Kongruenz zwischen Ihren inhaltlichen Zielen und den dafür notwendigen Mitteln und Zeiten abschätzen können. Wenn Sie für Ihr Vorhaben drei Jahre brauchen, dann planen Sie entsprechend. Sehr viele Stipendienprogramme ermöglichen mit einem entsprechenden Fortschrittsnachweis eine Verlängerung des Förderzeitraums auf drei Jahre. Ist dies nicht der Fall, geben Sie beispielsweise (nach Rücksprache mit Ihrem Betreuer) an, wie das restliche Jahr finanziert werden soll. Das ist ehrlich und setzt Sie (und Ihren Betreuer) rechtzeitig in einen vernünftigen Zugzwang, die Abschlussfinanzierung Ihres Promotionsvorhabens zu sichern.

Format

Die Deutsche Forschungsgemeinschaft (DFG) empfiehlt als Richtlinie, dass generell ein Forschungsexposé nicht länger als 20 Seiten sein sollte, wobei der Arbeitsplan mindestens die Hälfte des Antrags umfassen soll. Die meisten Stipendienprogramme erwarten ein Exposé von etwa acht bis zehn Seiten.

Halten Sie sich hier unbedingt an die Vorgaben zu Länge und Gliederung! Wenn Sie das Exposé als kurzen Überblick Ihres Forschungsvorhabens zur Annahme als Doktorand bei Ihrem Betreuer, bei Fachbereich oder Fakultät oder bei einem strukturierten Promotionsprogramm verwenden, reichen häufig fünf bis acht knackig formulierte Seiten. Verzetteln Sie sich nicht: Wer es auf acht oder zehn Seiten nicht geschafft hat, deutlich zu machen was er will, wird es vermutlich auch auf den folgenden zwanzig nicht schaffen! Es gilt kurz und auch prägnant zu sein. Das fängt mit dem Titel an und hört bei der Zusammenfassung nicht auf.

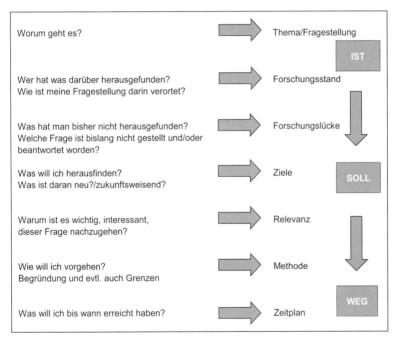

Abb. 23: Exposé

7 Grundsätzliches zur Wahl eines Betreuers

Ihr (Erst- oder Haupt-)Promotionsbetreuer, Ihre Doktormutter oder wie auch immer Sie die Person nennen, die Sie als erste Ansprechpartnerin, Mentorin und Betreuerin durch Ihre Dissertation begleitet, hat eine entscheidende Bedeutung für das Gelingen Ihrer Promotion. Ihr Betreuer ist meistens, oftmals über viele Jahre hinweg, nicht nur der fachlich erste und bedeutendste Ratgeber, sondern auch Ihr Hauptprüfer, wenn es schließlich darum geht, die Arbeit und die mündliche Verteidigung zu bewerten. Wenn Sie Ihre Promotion durch eine Stelle als wissenschaftlicher Mitarbeiter finanzieren, ist Ihr Betreuer darüber hinaus auch noch Ihr Chef. Sprich: Diese Person wird die nächsten Jahre Ihres Lebens ganz entscheidend prägen und Sie werden vermutlich – gewollt oder nicht gewollt – viel Zeit damit verbringen, darüber nachzudenken, was sie erwartet, was sie will und was sie mit der letzten E-Mail oder der Notiz unter Ihrem Bericht gemeint haben könnte. Ein Doktorand ist für seinen Betreuer wichtig. Umgekehrt ist – zumindest gefühlt – der Betreuer für den Doktoranden aber noch weitaus bedeutsamer. Darum sollte Ihr Betreuer für Sie nicht nur fachlich geeignet sein, sondern unbedingt auch menschlich passen. Die Chemie muss stimmen, wenn Sie sich so intensiv auf diesen Menschen einlassen werden.

Formal ist die Definition eines möglichen Betreuers einfach:

Wer genau eine Promotion betreuen darf, wird von den Promotionsordnungen der jeweiligen Universitäten oder Forschungsinstitute festgelegt. In der Regel kommen dafür vor allem Universitätsprofessoren aber auch Juniorprofessoren/innen und Nachwuchsgruppenleiter in Frage.

Die fachliche Eignung zu bestimmen ist schon anspruchsvoller:

Ihr (Haupt-)Betreuer sollte idealerweise Experte in dem Gebiet sein, in dem Sie forschen möchten. So kann er Sie inhaltlich unterstützen, gegebenenfalls anleiten, hilfreiche Hinweise geben, Ihre Fragen mit Ihnen diskutieren und Sie schlimmsten-falls davor bewahren, sich thematisch zu verirren. Vielleicht kennen Sie diesen Experten längst. Es könnte der Betreuer Ihrer Abschlussarbeit sein oder auch der Lehrstuhlinhaber, bei dem Sie vielleicht als wissenschaftliche Hilfskraft gearbei-tet haben. Die Mehrzahl der Betreuungsverhältnisse kommt durch solche Kontakte zustande. Hilfreich können auch die Kontakte eines bekannten Hochschullehrers oder der Hoch-schule zu einem passenden Fachbereich oder einem bestimm-ten Professor sein.

Machen Sie sich schlau, wer in Ihrem Fachgebiet an Themen forscht, die Sie für eine Promotion interessant finden. Lesen Sie Fachartikel zu diesen Themen und sehen Sie sich an, wer dazu publiziert. Dabei bekommen Sie nicht nur Anregungen für die Suche nach geeigneten Forschungsfragen, sondern finden auch die Experten für Ihr Wunschthema. Verschaffen Sie sich einen Überblick über für Sie in Frage kommende Universitäten und Forschungsinstitute und recherchieren Sie über deren Homepages nach Hochschullehrern die für die Betreuung Ihrer Doktorarbeit geeignet sein könnten. Nehmen Sie sich dafür gründlich Zeit und prüfen Sie genau, ob die Beschreibung und die Angaben über die in Frage kommen-den potentiellen Betreuer zu Ihren Vorstellungen passen oder passen könnten. Nutzen Sie deren Angaben zu Publikationen und Forschungsprojekten, um sich ein möglichst genaues Bild zu machen. Bei der Suche nach einem geeigneten Institut an einer Hochschule oder einer Forschungseinrichtung und den entsprechenden einschlägigen Forschern können folgende On-linesuchmaschinen hilfreich sein:

- www.daad.de/research-explorer
  Suchmaschine mit über 17.000 Instituten an deutschen Hochschulen und außeruniversitären Forschungseinrich-tungen
- www.hochschulkompass.de
  Datenbank mit Informationen zu deutschen Hochschulen, Ansprechpartner der Internationalen Abteilungen sowie Promotionsmöglichkeiten in Deutschland.

- www.forschungslandkarte.de
  Datenbank mit thematischen Forschungsschwerpunkten der Hochschulen

Mehr Informationen zu der Suche und Kontaktaufnahme geeigneter Betreuungspersonen finden sie in Kapitel 8: *Kontaktaufnahme und Bewerbung.*

Achten Sie unbedingt auch auf die persönliche Passung

Natürlich orientiert sich die Wahl des (Haupt-)Betreuers zunächst am eigenen Promotionsinteressengebiet. Im Arbeitsalltag muss es jedoch auch praktisch und menschlich passen. Jeder Mensch tickt anders, das gilt für Sie ebenso wie für Ihren Betreuer. Manche Promovierenden arbeiten am liebsten so selbstständig wie möglich und haben ihre besten Ideen, wenn sie sich konzentriert zurückziehen. Andere brauchen den Dialog und die Arbeit im Team, um Spaß zu haben und produktiv zu werden. Viele sind froh über eine enge Betreuung mit häufigem und intensivem Austausch mit ihrem Betreuer und nehmen gerne Anleitung und Unterstützung bei der Einarbeitung in unbekannte Gebiete an. Andere (wenige) suchen ihren Weg lieber komplett allein. Die Betreuungskulturen unterscheiden sich stark je nach Fachbereich und Promotionsform (siehe Kapitel 3.2: *Die verschiedenen Promotionsformen*). Sie unterscheiden sich jedoch ebenfalls sehr von Betreuer zu Betreuer. Es gibt überspitzt formuliert Betreuer, die von Ihnen eine absolut eigenständige Leistung erwarten und erst am Ende Ihre fertige Dissertation entgegennehmen wollen, während andere den Fortschritt der Forschung und der Dissertation intensiv begleiten.

Es ist sehr wichtig, bereits im Vorgespräch über die Art der künftigen Zusammenarbeit und Betreuung zu sprechen. In Kapitel 11.5: *Darüber sollten Sie sprechen* am Ende des Buches finden Sie einen Fragenkatalog, der Sie dabei unterstützen soll, die richtigen Fragen zu stellen. Sowohl Sie, als auch Ihr Betreuer profitieren extrem davon, wenn Sie von Anfang an die gegenseitigen Erwartungen klären und eine für beide Seiten produktive Zusammenarbeit finden. Eine interessante Informationsquelle sind häufig auch derzeitige oder ehemalige Promovierende der Arbeitsgruppe. Wie läuft deren Promotion? Wie erleben oder erlebten sie das Betreuungsverhältnis? Wo sind ehemalige Promovierende untergekommen? Achten Sie auch darauf, ob Ihnen Ihr Wunschbetreuer sympathisch ist. Sympathie allein reicht natürlich nicht für ein gutes Betreuungsverhältnis(!). Fehlende Sympathie erschwert ein ergiebiges Betreuungsverhältnis jedoch sehr. Bevor Sie sich für die nächsten drei bis fünf Jahre an Ihren (Erst-)Promotionsbetreuer binden, sollten Sie sich folgende Tipps zu Herzen nehmen:

Treten Sie nicht als Bittsteller auf

Wenn alles gut läuft, können Sie als zukünftiger Doktorand enorm wertvoll sein für die Forschungsleistung und auch das Renommee des Professors und seiner Arbeitsgruppe. Der größte Anteil an tatsächlicher Forschungsleistung wird an den Universitäten von Promovierenden getätigt. Die Professoren selbst kommen (meist zu ihrem Bedauern) sehr viel weniger zu eigener Forschung wegen anderer Verpflichtungen in Lehre, Projektmanagement, Drittmittelakquise, Gremientätigkeiten und akademischer Selbstverwaltung. Zudem gehört die (erfolgreiche) Betreuung von Promovierenden zu den vorgesehenen Aufgaben jedes Universitätsprofessors. Daher ist es kein Akt der Barmherzigkeit, wenn Ihnen eine Betreuung angeboten wird, sondern eine Vereinbarung zu beiderseitigem Nutzen.

Die Chemie muss stimmen

Mit Ihrem (Haupt-)Promotionsbetreuer werden Sie einige Jahre teilweise sehr intensiv zusammenarbeiten. In Ihren Gedanken wird Ihre Doktormutter oder Ihr Doktorvater vermutlich noch sehr viel häufiger auftauchen und Ihr Leben für den nächsten Zeitabschnitt ganz entscheidend beeinflussen. Daher sollte die Chemie mit dieser für Sie wichtigen Person unbedingt sowohl praktisch als auch menschlich stimmen. Einfache Sympathie ist wichtig – sehr sogar – reicht aber nicht. Haben Sie ähnliche Vorstellungen über Ihre Ziele und Ihre Leistungserwartungen? Funktioniert die Kommunikation auch im Arbeitsalltag? Nehmen Sie sich die Zeit, diese Punkte in Ihrem Vorabgespräch soweit möglich zu klären.

Erfahrene Betreuer

Einen guten Betreuer erkennen Sie unter anderem an seinen erfolgreich promovierten früheren Doktoranden. Hören Sie sich um, wie es ehemaligen Doktoranden Ihres Wunschbetreuers ergangen ist. Haben die meisten erfolgreich abgeschlossen? Wie lange haben sie dabei durchschnittlich gebraucht? Wie haben sie ihre Promotionszeit erlebt? Promovierende bis zum Abschluss der Doktorarbeit zu betreuen, ist eine sehr anspruchsvolle Aufgabe. Besonders die letzten Monate vor Abgabe der Dissertation benötigen häufig den vollen Einsatz nicht nur von den Promovierenden, sondern auch von Betreuern. Nicht jeder hat die nötige Fähigkeit, die Ausdauer, den Weitblick, den Respekt und die Hartnäckigkeit sehr unterschiedliche Promovierende durch den Qualifikationsprozess zu begleiten. Sorgen Sie dafür, dass Sie von einem Betreuer angeleitet werden, der weiß, wie effektive Betreuung erreicht werden kann. Der beste Beleg dafür sind erfolgreich abgeschlossene Promotionen.

Junge Betreuer

Auf der anderen Seite können Sie auch mit einem jungen, aufstrebenden Betreuer großes Glück haben, weil Sie von ihm vielleicht besonders intensiv betreut werden. Dies kann gerade dann der Fall sein, wenn Sie auf einem gemeinsamen Projekt promovieren, mit dem sich der junge Betreuer selbst auch profilieren möchte. Gerade Juniorprofessoren und Nachwuchsgruppenleiter, also Nachwuchswissenschaftler mit Promotionsbefugnis sind wissenschaftlich meist sehr ehrgeizig, da sie sich noch für eine dauerhafte Professur qualifizieren müssen, und können Sie mit Glück mitziehen. Außerdem können sie sich meist sehr gut noch an ihre eigene Promotionszeit erinnern. Achten Sie hier ganz besonders darauf, dass Sie ähnliche Vorstellungen in Bezug auf Ihre Ziele und Arbeitsweise haben. Junge Betreuer sind bei der Auswahl ihrer Promovierenden normalerweise unerfahren aber noch stärker auf den Erfolg ihrer Promovierenden angewiesen. Missverständnisse und Enttäuschungen führen daher schneller zu Differenzen zwischen Betreuern und Promovierenden. Gut ist es, wenn zumindest Ihr Zweitbetreuer oder eine andere Person in Ihrem engeren Betreuungsteam erfahren in der Betreuung von Promotionen ist.

Abwesende Betreuer

„Stars", also die Koryphäen ihrer Zunft, sind attraktiv – aber leider meist weit weg. Suchen Sie sich einen angesehenen Betreuer, der nicht so viel Zeit woanders verbringt. Es scheint eine schwierige Aufgabe zu sein, einen Betreuer zu finden, der ein starkes Forschungsprofil hat, aber nur wenig Zeit auf Forschungsreisen oder Konferenzen verbringt. Es ist natürlich toll und sehr nützlich, Betreuer mit internationaler Reputation zu haben, deren Name Gewicht hat, wenn Sie veröffentlichen oder Drittmittel beantragen wollen. Wenn sie aber kaum anwesend sind, sich ständig im Forschungsfreisemester, auf Konferenzen oder auf Forschungsreise befinden, um ihre eigene Karriere voranzubringen, bringt Ihnen das wenig. Ein anwesender Betreuer hilft Ihnen deutlich mehr als die Koryphäe in Oslo, Luanda oder Hong Kong.

Profitierende Betreuer

Publiziert Ihr zukünftiger Betreuer mit seinen Doktoranden? Das ist gut und normal. Publiziert er nur noch mit seinen Doktoranden? Nicht unbedingt gut – da sollten Ihre Alarmglocken leise klingeln. Wenn Ihr zukünftiger Betreuer seinen Namen nur auf die Publikationen seiner Doktoranden setzt und selbst sehr wenig eigenständig schreibt, ist das kein gutes Zeichen. Manche Betreuer fordern sogar die Erst-Autorenschaft für jede Publikation, die während der Promotion geschrieben wird, ohne sich inhaltlich daran zu beteiligen. Fragen sie Ihren zukünftigen Betreuer, wie er Sie auch bei Ihren Publikationen unterstützen kann. Letztendlich sollte er Ihnen dabei helfen, ein unabhängiger Wissenschaftler zu werden.

Betreuer mit Expertise

Gelegentlich wählen Promovierende einfach eine Koryphäe statt eine Koryphäe im gewählten Gebiet. Wenn Sie sehr selbstständig forschen und arbeiten wollen und können, muss Ihr Betreuer nicht zwingend Experte in Ihrer Fragestellung oder Ihrem Themengebiet sein. Betreuer, die in Ihrem Feld aber aktiv forschen, können Ihnen Recherchelücken aufzeigen und sofort fünf Quellen zum Beseitigen dieser nennen. Sie stehen als einschlägig interessierte und bewanderte Diskussionspartner zur Verfügung, haben oft passgenaue Hinweise zum weiteren Vorgehen und sehen kritische Punkte eher voraus. Ein Generalist, der sich in Ihrem speziellen Gebiet nicht auskennt, kann Ihnen diese Unterstützung nicht bieten.

Betreuende Betreuer

Wie eingangs beschrieben, gibt es große Unterschiede in der Betreuungsintensität in den verschiedenen Fachbereichen und den Promotionsformen. Auch Betreuer und Promovierende unterscheiden sich in ihrer Erwartung und Bereitschaft, intensiv zu betreuen. Trotzdem hat die Intensität und Art der Betreuung der Promotion einen deutlichen Einfluss auf die Promotion. Promovierende, die intensiver betreut werden und deren Betreuer mögliche Karriereziele aktiv mit ihnen diskutieren, schlagen beispielsweise eher eine wissenschaftliche Laufbahn ein, als andere, bei denen dies weniger der Fall war. Auch die Betreuungszufriedenheit steigt mit der Intensität der Betreuung und die Abbruchquote sinkt dementsprechend. Die meisten Promovierenden empfinden es als hilfreich, wenn Sie regelmäßig, d. h. mindestens einmal im Monat (oder häufiger) ihrem Betreuer von ihren Fortschritten berichten können und konstruktives Feedback dafür bekommen. Nicht nur das Feedback wird dabei als wertvoll angesehen. Auch die dadurch entstehende Arbeitsstruktur kann sehr wichtig sein. Wenn man weiß, dass bis Ende der Woche eine schriftliche Arbeit oder ein Fortschrittsbericht erwartet wird, kann das durchaus anspornen und das produktive Schreiben und Forschen fördern. Gerade wer zur Prokrastination (eine der „gefährlichsten Doktorandenkrankheiten") neigt, wird von regelmäßigen Betreuungstreffen profitieren. Prüfen Sie sich also selbst: Sind Ihnen häufige Rückmeldungen wichtig um Unsicherheit zu minimieren? Neigen Sie vielleicht manchmal eher zum Feiern, Facebooken, oder Faulenzen statt zu lesen, denken oder schreiben? Dann suchen Sie sich einen Betreuer, der Sie häufig sehen will.

Vertrauenswürdige Betreuer

Auch Betreuer – wie alle Wissenschaftler – sind (nur) Menschen. Hier geht es natürlich nicht um die Suche nach dem perfekten Menschen. Aber es ist wichtig, dass Sie das Gefühl haben, dass Sie sich auf diese Person verlassen können und diese Ihnen in einer Krise helfen und Sie nicht in einem Moment der Verwundbarkeit manipulieren wird. In den allermeisten Fällen wird dies der Fall sein. Dennoch gab es in den bald zwanzig Jahren, in denen ich Promovierende berate, den ein oder anderen Fall, in dem Betreuer das in sie gesetzte Vertrauen nicht unbedingt verdient hatten. Meistens haben diese Professoren mit den Jahren einen entsprechenden Ruf erworben – als im Umgang schwierige Person, als manipulativer oder auch als ausbeuterischer Mensch. Und ja, es soll sie geben, die lebenden Klischees der Professoren, die in wechselnder Besetzung gern junge, hübsche, aufstrebende Studentinnen oder Doktorandinnen protegieren …Mein Rat ist einfach: Schauen Sie genau hin.

Ihr Betreuer ist nur Ihr Betreuer

Ihr Betreuer ist weder Ihr Sozialarbeiter, Ihr Seelsorger noch Ihr Ghostwriter. Sie suchen jemanden, der Sie fördert und unterstützt. Verwechseln Sie dies nicht damit, zu erwarten, dass er Ihnen genau sagt, was Sie tun müssen oder Ihnen die Arbeit abnimmt. Ihre Schul- und Studienzeiten sind vorbei. Jetzt sind Sie Nachwuchswissenschaftler und damit „Unternehmer in eigener Sache". Sie sind letztendlich verantwortlich für die Ausgestaltung und den Erfolg Ihrer Forschungsleistung.

Fazit

Suchen Sie sich einen Betreuer, der zu Ihnen und Ihrer Arbeitsweise passt und der Sie fördern wird. Wählen Sie niemanden, der Sie mehr braucht als Sie ihn. Stellen Sie Fragen und sammeln Sie so viele Informationen wie möglich. Treffen Sie Ihre Wahl mit Weitsicht, statt einfach nur dankbar auf jedes Betreuungsangebot einzugehen.

8 Kontaktaufnahme und Bewerbung

Sie haben sich für eine Promotion entschieden und gehen jetzt auf die Suche nach einer geeigneten Promotionsmöglichkeit für Sie. Wie Sie dabei vorgehen, kann ganz und gar unterschiedlich sein. Vielleicht wurden Sie von dem Betreuer Ihrer Masterarbeit darauf angesprochen, ob Sie bei ihm promovieren möchten. Oder Sie haben als wissenschaftliche Hilfskraft (HiWi) an einem interessanten Lehrstuhl oder in einer tollen Arbeitsgruppe schon erste wissenschaftliche Projekte unterstützt und wollen nun dort selbst promovieren. Vielleicht gibt es ein Forschungsthema, das Sie nicht loslässt und nun suchen Sie den geeigneten Betreuer dafür. Oder eine Promotion ist für Sie der schon immer geplante nächste Schritt nach Ihrem Studienabschluss und Sie suchen nach einer geeigneten Promotionsstelle oder einem Promotionsprogramm. In Kapitel 3.2: *Die verschiedenen Promotionsformen* haben wir uns mit der Vielzahl an unterschiedlichen Strukturen und Gegebenheiten von Promotionsmöglichkeiten beschäftigt. Im Folgenden soll es darum gehen, wie Sie die für Sie geeignete Möglichkeit finden, Kontakt aufzunehmen und wie Sie sich bewerben können.

8.1 Die Suche nach einer Promotionsmöglichkeit

Bei der Suche nach einer Promotionsmöglichkeit spielen Netzwerke und persönliche Kontakte eine zentrale Rolle. Eine deutschlandweite Promovierendenbefragung (Lenger, 2009) zeigt, dass fast 60 Prozent der Promotionspositionen durch persönlichen Kontakt zwischen den Promovierenden und den Betreuenden zustande kommen. In etwa einem Drittel der Fälle haben die Promovierenden die Position selbstständig gesucht und weniger als 20 Prozent der Stellen wurden über Stellenangebote oder Empfehlungen vermittelt. Die Mehrzahl der Promovierenden haben Ihre künftigen Promotionsbetreuer also schon während des Studiums kennen gelernt. Fast die

Hälfte davon hat ihre Abschlussarbeit bei ihnen geschrieben, ein Drittel als wissenschaftliche Hilfskraft (HiWi) oder Tutor bei ihnen gearbeitet und andere kannten die künftigen Betreuer durch Seminare und Vorlesungen. Viele Promovierende berichten zudem, dass sie von ihrem künftigen Betreuer auf eine mögliche Promotion angesprochen wurden. Andere sind selbst auf ihre künftigen Betreuer zugegangen und haben nach der Möglichkeit zu promovieren gefragt.

Eine breit angelegte Promovierendenstudie aus Bayern (Berning & Falk, 2006) zeigt jedoch Unterschiede bei den Zugangswegen zur Promotion in den verschiedenen Fachbereichen. Persönliche, bereits im Studium hergestellte Kontakte zum Betreuer sind häufiger in den Geistes-, Sozial- und Kulturwissenschaften ausschlaggebend für die Betreuersuche als in den Natur- und Ingenieurwissenschaften und den Rechtswissenschaften. Mehr als ein Drittel der Rechtswissenschaftler und der Naturwissenschaftler kannten ihren Betreuer vor Aufnahme ihrer Promotion noch nicht. Ähnliches gilt auch für Ingenieurwissenschaftler und Wirtschaftswissenschaftler.

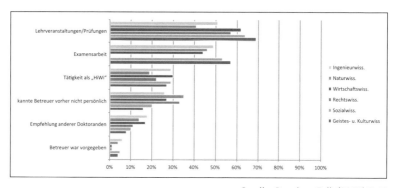

Quelle: Berning, Falk (2006) S. 42

Abb. 24: Wege der Kontaktaufnahme mit dem Betreuer

Erfahrungsbericht

„Das Aufsuchen eines Betreuers, eines Themas sowie einer Finanzierung hat sich „ergeben". Der Betreuer meiner Dissertation hat mich auch schon im Rahmen vorheriger Arbeiten begleitet. Weitere

Recherchen nach Betreuern (beziehungsweise Promotionsprogrammen) habe ich nicht vorgenommen. Die Thematik der Dissertation hat sich aus einem am Lehrstuhl angesiedelten Drittmittelprojekt ergeben. Von besonderer Bedeutung im Hinblick auf die Themensuche ist ein bestimmtes Grundinteresse an der Thematik; verknüpft mit der Vorstellung, dass man sich damit anfreunden kann, sich mit der Thematik mehrere Jahre auseinanderzusetzen. Die Finanzierung der Dissertation war durch eine Anstellung als akademischer Mitarbeiter an einem Lehrstuhl gesichert." Dr. Roland Wern, Universität Konstanz

Wenn Sie also schon während des Studiums Ihre Wunsch-Betreuerin ausgesucht, ihre Vorlesungen und Seminare besucht, eine Haus- oder Abschlussarbeit unter ihrer Schirmherrschaft geschrieben haben und in ihr Ihre wissenschaftliche Seelenverwandte erkannt haben, brauchen Sie sie nur noch auf Ihren Promotionswunsch anzusprechen. Mehr dazu unter Punkt A: *Direkte Kontaktaufnahme zu dem geeigneten Promotionsbetreuer.*

Wenn dies alles bei Ihnen aber nicht der Fall ist, muss die Initiative zur Suche und Anbahnung einer Promotionsmöglichkeit von Ihnen ausgehen. Falls Sie also noch nicht wissen, bei wem Sie promovieren möchten oder nach einem für Sie geeigneten strukturierten Promotionsprogramm wie einer Graduiertenschule oder einem Graduiertenkolleg suchen, beginnt für Sie die Recherche. Dabei gibt es verschiedene Strategien, Quellen und Herangehensweisen, mit denen wir uns nun beschäftigen werden.

Zudem kann es sehr hilfreich sein, die Professoren oder andere Wissenschaftler aus Ihrem Fachgebiet um Rat zu fragen. Fragen Sie zum Beispiel den oder die Betreuer Ihrer Abschlussarbeit(en) nach geeigneten Promotionsbetreuern – auch wenn Sie nicht bei diesen selbst promovieren wollen. Die „Scientific Community" ist kleiner als Sie denken, meist kennt man sich und erfahrene Professoren können Ihnen sicher Tipps geben, wer national oder international für Sie in Frage kommt, wer gerade Promotionsstellen ausschreibt oder welches Programm für Ihr Thema geeignet wäre.

Im Prinzip gibt es zwei grundsätzliche Herangehensweisen, wie Sie weiter vorgehen können, um eine Möglichkeit zur Promotion zu finden.

A. Die Suche und direkte Kontaktaufnahme zu einem geeigneten Betreuer

Sie recherchieren und kontaktieren die potentiellen Betreuer, die thematisch für Sie interessante Forschung machen, und fragen diese zum einen nach der Bereitschaft, Sie zu betreuen und zum anderen nach Finanzierungsmöglichkeiten wie Stellen, Unterstützung für die Bewerbung bei einem Promotionsprogramm, dem sie angehören oder zumindest Unterstützung für eine Stipendienbewerbung.

B. Die Suche nach passenden Stellenanzeigen und Ausschreibungen von strukturierten Promotionsprogrammen mit Finanzierungsmöglichkeit in Ihrem Fachbereich

Sie suchen nach Stellenanzeigen und strukturierten Promotionsprogrammen in Ihrem Fachbereich und prüfen jeweils, ob diese in ihrer thematischen Ausrichtung für Sie in Frage kommen. Falls ja, bewerben Sie sich. In beiden Fällen sollten Sie neben der fachlichen Eignung auch auf die persönliche Passung zwischen Ihrem zukünftigen (Haupt-)Betreuer und Ihnen achten (mehr dazu in Kapitel 7: *Grundsätzliches zur Wahl eines Betreuers*).

Eine geeignete Promotionsmöglichkeit finden Sie am besten, indem Sie parallel beide Strategien verfolgen.

8.1.1 Die Suche und direkte Kontaktaufnahme zu einem geeigneten Betreuer

8.1.1.1 Recherchestrategien

Für Ihr Promotionsvorhaben ist es von Vorteil, wenn Ihr Promotionsbetreuer auf das jeweilige Themengebiet spezialisiert ist, in dem Sie Ihre Doktorarbeit schreiben möchten. Machen Sie sich also schlau, wer in Ihrem Fachgebiet an Themen forscht, die Sie für eine Promotion interessant finden. Lesen Sie Fachartikel zu diesen Themen und sehen Sie sich an, wer dazu publiziert. Verschaffen Sie sich einen Überblick über für Sie in Frage kommende Universitäten und Forschungsinstitute und recherchieren Sie über deren Homepages nach Hochschullehrern, die für die Betreuung Ihrer Doktorarbeit geeignet sein könnten. Nehmen Sie sich dafür gründlich Zeit und prüfen Sie genau, ob die Beschreibung und die Angaben über die in Frage kommenden Professoren zu Ihren Vorstellungen passen könnten. Nutzen Sie unbedingt auch die Angaben zu Publikationen und Forschungsprojekten, um sich ein möglichst genaues Bild zu machen. Hilfreich für die Suche nach einer passenden Promotionsmöglichkeit bzw. einem passenden Betreuer können sein:

- www.daad.de/research-explorer
  Suchmaschine mit über 17.000 Instituten an deutschen Hochschulen und außeruniversitären Forschungseinrichtungen
- www.hochschulkompass.de
  Datenbank mit Informationen zu deutschen Hochschulen, Ansprechpartner der internationalen Abteilungen sowie Promotionsmöglichkeiten in Deutschland
- www.forschungslandkarte.de
  Datenbank mit thematischen Forschungsschwerpunkten der Hochschulen
- www.dfg.de/gefoerderte_projekte/programme_und_projekte
  Überblicksseiten der Deutschen Forschungsgemeinschaft über deren strukturierte Promotionsprogramme
- Die Internetseiten der Universitäten, der Fakultäten bzw. Fachbereiche und ggf. die Seiten der Lehrstuhlinhaberinnen und -inhaber,
- Einschlägige Fachliteratur und deren Verfasser,
- Laufende oder abgeschlossene Forschungsprojekte und daran beteiligte Wissenschaftlerinnen und Wissenschaftler,
- Forschungsschwerpunkte von Graduiertenschulen und Graduiertenkollegs,
- Doktorandennetzwerke und Doktorandenforen
- E-Mailverteiler der wissenschaftlichen Dachgesellschaft Ihrer Disziplin
- Die für Ihren Bereich wichtigsten Job-Börsen (siehe Kapitel 8.1.2)
- Ausschreibungen in überregionalen Zeitungen und Journalen (siehe Kapitel 8.1.2)

Daneben vergessen Sie nicht, wie eingangs beschrieben, die Professoren und Nachwuchswissenschaftler aus Ihrem Fachgebiet um Rat zu fragen. Sprechen Sie die Wissenschaftler an, die sie schon kennen, und gehen Sie auf Konferenzen und

Kongresse, um noch mehr Fachexperten kennenzulernen. Persönliche Kontakte sind erstens eine unschätzbare Informationsquelle und zweitens einfach der beste Weg, eine Promotionsmöglichkeit zu finden.

8.1.1.2 Direkte Kontaktaufnahme zu dem geeigneten Promotionsbetreuer

Wenn Sie also fündig geworden sind, steht nun die Kontaktaufnahme an. Es gibt natürlich keine festen Regeln, wie Sie dabei am besten vorgehen. Daher habe ich hier Hinweise zusammengestellt, die unserer Erfahrung nach, angemessen und erfolgversprechend sind:

Erster Schritt: Machen Sie sich erst schlau!

Sie sollten nicht nur das Forschungsprofil des potentiellen Betreuers und seiner Arbeitsgruppe kennen, sondern auch die Zulassungsregeln für die Promotion an dieser Universität oder diesem Institut. Diese Regeln jedes Mal zu erklären, nervt jeden Professor. Lesen Sie also die Promotionsordnung (auf den Homepages der Universitäten) und sprechen Sie gegebenenfalls mit den Kontaktpersonen der Graduierteneinrichtungen oder Service-Stellen. Manche Professoren geben schon Hinweise, wie sie kontaktiert werden möchten (siehe Beispiel). Beachten Sie diese!

Beispiel: Bewerbungshinweise eines Professors für Interessierte an einer Promotionsmöglichkeit

Bevor Sie mich direkt kontaktieren, lesen Sie bitte die allgemeinen Regeln für die Zulassung zur Promotion in unserem Fachbereich (Link).

Wenn Ihre Forschungsinteressen in das Forschungsprogramm meiner Arbeitsgruppe passen (Einzelheiten und weitere Informationen zu unseren Forschungsaktivitäten entnehmen Sie bitte meiner persönlichen Webseite (Link).), können Sie Ihre Bewerbung direkt an mich senden. Diese sollte einen aktuellen Lebenslauf, eine Liste Ihrer absolvierten Kurse und Noten erhalten, drei Gutachten Ihrer aktuellen oder ehemaligen akademischen Betreuern, eine Exposé Ihres

Dissertationsprojekts (ca. 15 Seiten), in dem Sie das vorgeschlagene Forschungsprojekt skizzieren sowie ein Anschreiben mit der Erläuterung Ihres Forschungsinteresses und dessen Verbindung zu meinem Forschungsprogramm. Ich bin offen für verschiedene theoretische oder methodische Ansätze (z. B. qualitative oder quantitative Forschungsdesigns) so lange das Projekt eine Forschungsfrage betrifft, die in mein Forschungsprogramm passt. Sie sollten sich auch bewusst sein, dass unser Promotionsprogramm fundierte Kenntnisse im Bereich quantitative Methoden und Forschungsdesign voraussetzt (auch wenn Sie eine qualitative Studie planen).

Zweiter Schritt: Bereiten Sie sich auf die Gespräche mit den potentiellen Betreuern sehr gut vor.

Warum wollen Sie promovieren? Worüber bzw. in welchem Gebiet wollen Sie forschen? Warum? Warum wollen Sie ausgerechnet und unbedingt in dieser Arbeitsgruppe promovieren? (Ihre Vorbereitung durch Kapitel 1: *Soll ich promovieren?*).

Wenn möglich: Dritter Schritt: Nutzen Sie Ihre Kontakte

Wenn Sie Ihren Wunschbetreuer gefunden haben und entweder diesen selbst oder dessen Kollegen oder Mitarbeiter schon kennen, sprechen Sie diese informell (und unaufdringlich) bei einer geeigneten Gelegenheit kurz an. Einen Professor können Sie beispielsweise nach einer Vorlesung oder in der Sprechstunde um ein kurzes Gespräch bitten, in dem Sie Ihren Wunsch knapp ansprechen und nach einer Möglichkeit fragen, dieses Gespräch zu vertiefen. Gehen Sie ruhig auch auf andere Mitarbeiter der Arbeitsgruppe zu und erläutern Sie Ihren Wunsch. Die Informationen, die Sie dabei erfahren, sind meistens sehr aufschlussreich und wenn Sie einen Fürsprecher finden, kann das viel bewirken!

Erfahrungsbericht:

„Wenn bei uns eine Promotionsstelle frei wird, fragt der Prof häufig uns, seine Mitarbeiter, wen wir von den Studis für geeignet halten. Wenn man weiß, dass jemand Interesse hat, schaut man sich den dann genauer an und gibt das an den Prof weiter. Es kann also nicht schaden, wenn Du schon mal einem der Doktoranden oder Post-Docs einen kleinen Wink gibst, denn man weiß ja nie, wann Stellen frei werden. Dann könnten sie das, sofern sie Dich gern einstellen würden, schon mal im

Hinterkopf haben. Sollten sie Dich nicht so sehr bei sich als Doktorand sehen, werden sie Dir das auch relativ schnell klarmachen." Peter M., Post-Doc (Wirtschaftswissenschaft)

Ein alternativer dritter Schritt: Die schriftliche Kontaktaufnahme

Wenn Sie den betreffenden Professor nicht kennen oder sich keine Gelegenheit für einen persönlichen Kontakt bietet, schreiben Sie eine erste E-Mail. Stellen Sie sich vor (Name, Herkunftsuniversität, Fach), beschreiben Sie in ein oder zwei Sätzen Ihr Promotionsvorhaben und begründen Sie damit, warum Sie die Mail an diesen bestimmten Professor schreiben. Bitten Sie zum Abschluss um einen Termin für eine intensivere Besprechung.

Manche Promovierende fügen dieser E-Mail auch schon ein konkretes Bewerbungsanschreiben mit Lebenslauf (CV) und eventuellen weiteren Informationen bei. Erkundigen Sie sich in Ihrem Fachbereich, was üblich ist. Es empfiehlt sich jedoch in den seltensten Fällen, einen Professor unaufgefordert mit ausufernden Anhängen (Ihre Masterarbeit und die letzten Seminararbeiten ...) „anzuspamen".

Erfahrungsbericht:

„... Such Dir aus, welche Lehrstühle für dich in Frage kommen und schreib den Prof relativ informal an. Als ich mich beworben habe, habe ich mir ein paar aktuelle Publikationen des Profs und seiner Mitarbeiter durchgelesen und in meinem Anschreiben darauf Bezug genommen. Ich habe geschrieben, in welchem Bereich ich forschen möchte und warum das genau zu den anderen Projekten des Lehrstuhls passt. Die Leute wollen halt gerne wissen, warum man sich gerade für sie entscheidet. Dazu hab ich dann meinen Lebenslauf als PDF angehängt. Ich wurde dann zu zwei Gesprächen eingeladen, einem nur mit meinem Prof und einen mit allen anderen Doktoranden. Zwei Monate später habe ich dann eine Stelle dort bekommen" Sabine P., Doktorandin (Chemie)

8.1.2 Die Suche nach passenden Stellenanzeigen und Ausschreibungen

Wissenschaftliche Stellenangebote sind in der Regel ausschreibungspflichtig. Man findet sie jedoch weniger im Stellenteil der Zeitung oder in allgemeinen Jobbörsen, sondern vor allem auf den Webseiten der Universitäten oder promotionsberechtigten Hochschulen. Dabei lohnt es sich nicht nur, auf den Seiten der allgemeinen Stellenangebote zu suchen, sondern vor allem die Unterseiten der einzelnen Fachbereiche, Institute und Lehrstühle oder Arbeitsgruppen zu studieren.

Jedes zweite Stellenangebot wird (auch) per E-Mailverteiler der wissenschaftlichen Dachgesellschaften oder ihrer Arbeitsbereiche bekannt gegeben. Die Mailinglisten „H-SozKult" und „H-Germanistik" beispielsweise bieten Fachinformationen und Ankündigungen über Ausschreibungen für Stellen, Werkverträge und Stipendien in den Geschichtswissenschaften bzw. in der Germanistik und angrenzenden Disziplinen. Falls Sie nicht selbst Zugriff auf einen für Sie relevanten E-Mail-Verteiler bekommen, bitten Sie ruhig die Betreuerin Ihrer Abschlussarbeit oder einen anderen Professor, Ihnen geeignete Angebote zuzuleiten. Interessant können auch wissenschaftsspezifische Internetbörsen sowie spezielle Börsen für Ihr Fachgebiet sein (siehe Liste unten). Jedes zweite Stellenangebot ist dort zu finden.

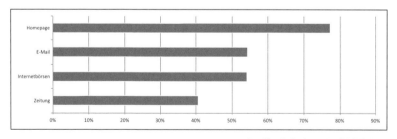

Quelle: Reinders, H. (2008) S. 31

Abb. 25: Häufigkeit der Veröffentlichung von Stellenangeboten in verschiedenen Medien

Stellenausschreibungen für akademische Stellen und Promotionspositionen

- Die Internetseiten der Universitäten, der Fakultäten bzw. Fachbereiche
- Ggf. die Seiten der Lehrstuhlinhaber

Allgemeine akademische Jobbörsen

- www.academics.de
  Academics, das Karriereportal für Wissenschaft & Forschung
- jobs.e-fellows.net/Akademische-Stellen-suchen
  Karriereportal von E-Fellows
- jobs.zeit.de/stellenmarkt
  Stellenmarkt von Zeit online
- www.duz-wissenschaftskarriere.de
  Stellenbörse der Deutschen Universitätszeitung (duz)
- www.daad.de/deutschland/promotion
  Webseiten des Deutschen Akademischen Austauschdienstes (DAAD)
- www.drarbeit.de
  DrArbeit, Stellenbörse für wissenschaftliche Arbeiten
- eth-gethired.ch
  Karriereportal ETH get hired aus der Schweiz

Jobbörsen verschiedener Forschungseinrichtungen

- www.dfg.de/service/stellenausschreibungen
  Jobs bei DFG-geförderten Projekten
- www.mpg.de/stellenboerse
  Jobbörse der Max-Planck-Gesellschaft
- www.leibniz-gemeinschaft.de/nc/karriere/stellenportal
  Stellenportal der Leibniz Gemeinschaft
- www.helmholtz.de/karriere_talente/stellenangebote
  Stellenangebote der Helmholtz Gemeinschaft
- recruiting.fraunhofer.de/Jobs
  Stellenangebote Fraunhofer Institut

Fachbezogene Jobbörsen

- www3.hogrefe.de/psychjob
  Psychjob, Stellenbörse für Psychologen
- www.soziologie.de/de/stellenmarkt
  Deutsche Gesellschaft für Soziologie
- www.anglistenverband.de/jobs
  Stellenbörse des Anglisten Verbands
- www.hsozkult.de/job
  Stellenbörse für die Geschichtswissenschaften
- jobs.jarocco.de/job-feed
  JobFeed Geistes-, Kultur-, Sozialwissenschaften
- www.svpw-assp.ch/jobs
  Politikwissenschaft, Schweiz
- www.dvpw.de/aktuelles/stellenmarkt.html
  Deutsche Vereinigung für Politikwissenschaft
- www.dngps.de/dngps-jobdatenbank
  Deutsche Nachwuchsgesellschaft Politikwissenschaft
- www.pro-physik.de/phy/stellenmarkt
  Pro-Physik, Stellendatenbank für Physiker

8.1.2.1 Die Interpretation wissenschaftlicher Stellenanzeigen

Die typischen wissenschaftlichen Beschäftigungsverhältnisse, mit denen Promovierende ihre Promotion finanzieren, sind Stellen als wissenschaftliche Mitarbeiter entweder in Form von Haushaltsstellen oder Projektstellen (mehr dazu in Kapitel 3.2: *Die verschiedenen Promotionsformen*). Folgende Beispiele zeigen, wie diese aussehen und interpretiert werden können.

Beispiel Stellenanzeige für eine Haushaltsstelle

WISS. MITARBEITERIN/MITARBEITER GESUCHT
Im Fachbereich Humanwissenschaften ist am Institut für Psychologie
der Universität Musterstadt zum nächstmöglichen Zeitpunkt die Stelle
für eine/einen

> Typischer Stellenumfang (meist 50–70 %). Erwartet
> wird jedoch meist 100 % Arbeitseinsatz.
> (Beschriebene Aufgaben + Arbeit an der
> Dissertation).

Wiss. Mitarbeiterin/Mitarbeiter – 66,6 %
im Arbeitsbereich Organisations- und Wirtschaftspsychologie in einem auf 3 Jahre befristeten Arbeitsverhältnis zu besetzen.

> Nicht sehr informativ. Nachfragen?

Das **Aufgabengebiet** umfasst die Mitarbeit bei der Vorbereitung und
Durchführung von Forschungsprojekten des Arbeitsbereiches (Feld-
und Laborforschung) und bei der Lehre in modularisierten Studien-
gängen.

> Muss-Kriterien

Voraussetzungen:
Abgeschlossenes Studium der Psychologie (Diplom oder M.Sc.) oder
vergleichbarer Studienabschluss bzw. Erwerb eines entsprechenden
Studienabschlusses in naher Zukunft.

> Kann-Kriterien

Besondere organisations- und wirtschaftspsychologische Kenntnisse
sind zwar wünschenswert, aber nicht erforderlich, wenn ein starkes
allgemeines wissenschaftliches Interesse und entsprechende Kompetenzen nachgewiesen werden können (z. B. sehr gute Diplom- oder
Masterarbeit in einem anderen grundlagen- oder anwendungsorien-
tierten psychologischen Teilgebiet, sehr gute Methodenkenntnisse,
Erwerb forschungspraktischer Kenntnisse als studentische Hilfskraft).
Die Bewerberin/der Bewerber sollte sehr gute Abschlussnoten vorweisen können.

> Dieser Hinweis sollte
> enthalten sein

Gelegenheit zur Vorbereitung einer Promotion wird gegeben. Das
Erbringen der Dienstleistung dient zugleich der wissenschaftlichen
Qualifizierung der Bewerberin/des Bewerbers.

Die Universität strebt eine Erhöhung des Anteils der Frauen am Perso-
nal an und fordert deshalb besonders Frauen auf, sich zu bewerben.
Bewerberinnen oder Bewerber mit einem Grad der Behinderung
von mindestens 50 oder diesen Gleichgestellte werden bei gleicher
Eignung bevorzugt.

Bewerbungen sind mit den üblichen Unterlagen (inkl. Abitur-, Vordiploms- bzw. Bachelorzeugnis) sowie einer ca. einseitigen Zusammenfassung einer eigenen empirischen Arbeit (z. B. Diplom- oder Masterarbeit) unter Angabe der Kenn-Nummer an den Dekan des Fachbereiches Humanwissenschaften, Universität Musterstadt, Musterstr. 10, 12345 Musterstadt, zu senden.
Zusätzlich wird um Zusendung der Unterlagen in elektronischer Form an muster@psychologie.uni-muster.de gebeten. Bewerbungen werden auch nach Ablauf der Bewerbungsfrist entgegengenommen, sofern die Stellenbesetzung noch nicht erfolgt ist.
Bei Rückfragen wenden Sie sich bitte an Prof. Dr. Petra Prof. (muster@psychologie.uni-muster.de)

> Ein gut vorbereitetes Telefonat könnte Ihre Chance erhöhen.

Kenn-Nummer: 123
Bewerbungsfrist: 25. September 20xx

Beispiel Stellenanzeige für eine Projektstelle

Die Universität Irgendwo sucht einen/eine

Wissenschaftliche Mitarbeiterin / Wissenschaftlichen Mitarbeiter mit Promotionsinteresse im Bereich Computational Social Science, mit Forschungsschwerpunkt alternative Indikatoren zur Messung wissenschaftlicher Leistung („altmetrics") und Analyse von Social Media Daten
(TV-L EG 13, 65 % Arbeitszeit, befristet auf 3 Jahre)

> Typischer Stellenumfang (meist 50–70 %). Erwartet wird jedoch meist 100 % Arbeitseinsatz. (Beschriebene Aufgaben + Arbeit an der Dissertation).

Die ausgeschriebene Stelle ist Teil des von der DFG geförderten Projektes „Musterprojekt im Bereich Computational Social Science. Geplanter Projektbeginn ist Januar 20xy.
Das Projekt widmet sich der Evaluierung alternativer Metriken für die Vermessung wissenschaftlicher Kommunikation und Leistung. Ein Schwerpunkt liegt auf der Erforschung und Bewertung von Social Media-Daten als Basis neuer Kennwerte für wissenschaftlichen Output und ihrer Wahrnehmung durch Forschende aus den Sozial- und Wirtschaftswissenschaften.

> Dieser Hinweis sollte enthalten sein

Es besteht die Möglichkeit, die Tätigkeit mit einer Promotion im Fach Informatik zu verknüpfen.

Voraussetzungen   Muss-Kriterien

Die Kandidatin/der Kandidat sollte über einen Master-Abschluss in Informatik, Informationswissenschaft oder in einer verwandten Disziplin verfügen (oder diesen in Kürze erlangen), oder alternativ über einen Abschluss in Sozial- oder Wirtschaftswissenschaften bei gleichzeitig vorhandenen (informations-)technischen Interessen. Die Stelle erfordert insbesondere sehr gute Programmierkenntnisse. Die Kandidatin/der Kandidat sollte darüber hinaus ein großes Eigeninteresse am Projektthema mitbringen, sowie die Motivation, eigenständig Forschungsarbeiten durchzuführen.

Für die ausgeschriebene Stelle werden vorausgesetzt:
- Sehr gute Programmierkenntnisse (vorzugsweise in Python)
- Erste Erfahrungen mit Data Mining im Bereich Social Media-Daten/Internetdaten (beispielsweise über APIs) oder im Bereich bibliometrische Datenanalyse
- Gute Kenntnisse der Social Media-Landschaft, inklusive spezieller auf Wissenschaftler/innen ausgerichtete Angebote
- Interesse an Entwicklungen im Bereich Szientometrie, Bibliometrie und Kennwerte zur Messung wissenschaftlicher Kommunikation
- Interesse an interdisziplinären Forschungsfeldern, insbesondere an Web Science und Computational Social Science
- Sehr gute Englischkenntnisse (in Wort und Schrift)   Kann-Kriterien

Darüber hinaus sind Erfahrungen oder Vorkenntnisse in mindestens einem der folgenden Bereiche wünschenswert:
- Zitationskennwerte und Zitationsdatenbanken
- Wissenschaftliche Kommunikation und Publikationsverhalten verschiedener Fachdisziplinen (speziell Sozial- und Wirtschaftswissenschaften)
- Methoden der empirischen Sozialforschung
- Kenntnisse statistischer Methoden und Werkzeuge
- Statistische Modellierung von Nutzerverhalten
- Analyse von Sozialen Netzwerken
- Usability-Studien/Eye-Tracking/Logfile-Analysen

Es lohnt sich unbedingt nachzufragen, inwieweit sich die eigene Dissertation mit den Projekt aufgaben deckt!

Aufgaben

Die Kandidatin/der Kandidat wird im Rahmen des Projektes unter anderem an folgenden Aufgaben mitwirken:
- Auswertung von Nutzungsdaten verschiedener Social Media Plattformen, Untersuchung verschiedener Nutzertypen
- Entwicklung von Bewertungskriterien zur Qualitätsmessung neuer Indikatoren, Design von Experimenten zur Evaluierung
- Umsetzung neuer Indikatoren in der Praxis

Wir bieten ein spannendes Arbeitsumfeld für interdisziplinäre Forschung im Schnittbereich zwischen Informatik und Sozialwissenschaften. Wir unterstützen Sie, Ihre Qualifikationen weiter zu entwickeln.

Die Universität möchte den Anteil an Frauen erhöhen und begrüßt daher die Bewerbung von qualifizierten Frauen. Die Beachtung der Schwerbehindertenrichtlinien und der Vorschriften des Gesetzes über Teilzeitarbeit ist gewährleistet.

Für weitere Informationen steht Ihnen Herr Dr. Martin Muster unter Tel. 1234-123 456 456 oder per E-Mail unter martin.muster@uni-irgendwo.de zur Verfügung.
Angestrebter Stellenbeginn ist Januar 20xx.

Ein gut vorbereitetes Telefonat könnte Ihre Chance erhöhen.

Tipps zur Interpretation von Stellenanzeigen

Stellenanzeigen unterscheiden sich oft bezüglich ihres Informationsgehaltes. Während manche kaum mehr als die Fachdisziplin der Promotionsstelle nennen, beschreiben andere konkrete zukünftige Aufgaben und Anforderungen. Natürlich ist es leichter, sich auf ausführliche und konkrete Anzeigen zu bewerben aber auch aus weniger gehaltvollen Inseraten lassen sich wichtige Informationen herausfiltern und konkrete Fragen für eine telefonische Kontaktaufnahme vorbereiten.

Lesen Sie die Anzeigen aufmerksam durch und bitten Sie Freunde und idealerweise einschlägige Wissenschaftler um die Einschätzung der Stellenbeschreibung.

Ergänzen Sie die Informationen aus der Anzeige durch eine gründliche Recherche auf den Webseiten der betreffenden Professoren bezüglich deren Forschungsrichtung und Forschungsprojekten und Publikationen. Strukturieren Sie die Informationen aus der Stellenanzeige nach folgendem Muster:

Ausschreibende Institution

Dies ist in der Regel ein Lehrstuhl, eine Arbeitsgruppe oder ein Institut.

Art der Stelle

Typischerweise finden Sie hier Formulierungen wie wissenschaftlicher MitarbeiterIn (achten Sie hier darauf, ob ein Hinweis auf eine mögliche bzw. vorgesehene Promotionsmöglichkeit gegeben wird), oder DoktorandIn. Auch der Stellenumfang (meist zwischen 50 und 70 Prozent) sowie die Entgeltgruppe (meist TV-L E13 nach dem Tarifvertrag der Länder). Denken Sie jedoch daran, dass meist erwartet wird, dass Sie Vollzeit arbeiten, und die Zeit, die Ihnen neben den Aufgaben für den Lehrstuhl oder das Projekt bleibt, für die Erstellung der eigenen Dissertation nutzen.

Befristung der Stelle

Promotionsstellen sind in aller Regel in Deutschland befristet. Wenn Sie Glück haben, deckt die Befristung eine realistische Promotionszeit ab. Falls nicht, lohnt es sich nachzufragen, ob eine Verlängerung angedacht ist.

Aufgaben

Je nach Art der Stelle, ob es sich um eine allgemeine Haushaltsstelle mit Lehraufgaben und Assistenztätigkeiten handelt, oder um eine Stelle in einem bereits fest umrissenen Forschungsprojekt unterscheiden sich die Aufgaben verschiedener Promotionsstellen gewaltig. Je unklarer das gewünschte Aufgabengebiet dargestellt ist, desto sinnvoller ist es, nachzufragen. Bei einer Haushaltsstelle teilt sich Ihre Arbeitstätigkeit häufig ein in Lehr- oder Betreuungstätigkeiten für Studierende, Zuarbeit für Ihren Professor und die eigene Dissertation. Häufige Aufgabenbeschreibungen betreffen Lehre (oft zwischen zwei und vier Semesterwochenstunden), Betreuung von Studierenden z. B. in Praktika, Tutorien oder Abschlussarbeiten, Organisation von Tagungen, Assistenztätigkeiten in Forschung und Lehre sowie administrative Aufgaben. Neben diesen Aufgaben sollte möglichst noch Zeit für die Dissertation bleiben. Teilweise ist die Arbeit hieran regulärer Bestandteil der zugewiesenen Arbeitsaufgaben, d. h. ein Teil der Arbeitszeit ist explizit im Arbeitsvertrag für die eigene Forschung und damit die Arbeit an der Dissertation ausgewiesen, teilweise ist dies nicht weiter erwähnt und damit – gerade bei Teilzeitstellen – für die unbezahlte Zeit vorgesehen. Daher ist es für Sie günstiger, wenn entsprechende Passagen zum Arbeitszeitkontingent Ihrer Dissertationsleistung im Arbeitsvertrag enthalten sind.

Bei Projektstellen macht es für Ihre Arbeitsbelastung ebenfalls einen gravierenden Unterschied, ob Ihr Promotionsvorhaben Teil Ihrer Arbeit für das betreffende Forschungsprojekt ist oder nicht. Im Idealfall werden Sie dafür bezahlt, Ihr eigenes Forschungsprojekt voranzubringen, im schlechtesten Fall kommen Sie zu Ihrer eigenen Dissertation neben allen anderen Aufgaben ebenfalls quasi erst in Ihrer Freizeit.

Einstellungsvoraussetzungen

Genannt werden hier die formalen Voraussetzungen sowie die erwarteten Kompetenzen. Eine formale Voraussetzung ist beispielsweise ein abgeschlossenes Hochschulstudium in einer bestimmten Fachdisziplin oder eventuell auch Nachbardisziplinen. Die erwarteten Kompetenzen können beispielsweise bestimmte Methodenkenntnisse und Erfahrungen sein. Manche dieser Kompetenzen und Erfahrungen sind als absolute Muss-Kriterien formuliert, andere Zusatzqualifikationen sind bei ansonsten guter Eignung nicht zwingend erforderlich und werden eher als Wunsch ausgedrückt. Dies erkennen Sie an Formulierungen wie „idealerweise …", „… ist von Vorteil". Machen Sie eine Liste der Muss-Kriterien und der Kann-Kriterien und prüfen Sie hier sehr sorgfältig, inwieweit Sie welche Voraussetzungen erfüllen und wie Sie dies in Ihrer Bewerbung überzeugend darlegen können.

Rechtliche Hinweise

Dies sind die üblichen Hinweise zur Erhöhung des Frauenanteils und der Chancengleichheit von Menschen mit Behinderungen.

Bewerbungsmodalitäten

Üblicherweise werden Sie aufgefordert, die üblichen Unterlagen (Lebenslauf bzw. CV, Zeugniskopien, evtl. eine Zusammenfassung Ihrer Abschlussarbeit oder andere Arbeitsproben, etc.) entweder schriftlich per Post oder per E-Mail einzureichen. Anders als bei Bewerbungen für Graduiertenschulen gibt es in der Regel keine Eingabemasken.

Ansprechpartner

Normalerweise ist der Ansprechpartner der Sie betreuende Professor. Falls andere Personen wie die Personalverwaltung angegeben sind, sollten Sie Ihren direkten Ansprechpartner für Ihre Promotion ausfindig machen. Im besten Fall ist der relevante Ansprechpartner mit Telefonnummer angegeben, denn dies ist ein Hinweis darauf, dass ein telefonischer Vorkontakt positiv aufgenommen wird.

Wenn Sie intelligente (d.h. gründlich informierte und durchdachte) Fragen haben und sich Gedanken über Ihr Interesse und Ihre Passung zu der Stelle gemacht haben, zögern Sie nicht, anzurufen und damit schon die Chance auf ein erstes Orientierungsgespräch zu nutzen. Im Anschluss an ein solches Gespräch können Sie ihr Anschreiben sehr viel persönlicher und besser auf die Anforderungen zugeschnitten formulieren.

Tipps für telefonische Nachfragen

Wichtig dabei ist:

- Rufen Sie auf keinen Fall unvorbereitet an!
- Informieren Sie sich vorab durch die Webseiten des Lehrstuhls, Fachbereichs oder Forschungsinstituts sowie durch einschlägige Publikationen über Ihren potentiellen Betreuer und das Forschungsprofil der künftigen Arbeitsgruppe.
- Notieren sich dann, welche konkreten Fragen noch offen sind, die Sie stellen wollen.
- Versuchen Sie sich direkt mit dem Ansprechpartner verbinden zu lassen. Ist dies nicht möglich, fragen Sie nach einer günstigeren Zeit.
- Seien Sie dabei sehr höflich und freundlich zu all Ihren Gesprächspartnern – also auch zu dem Sekretär oder der Koordinatorin. Unterschätzen Sie niemals deren Einfluss auf Personalentscheidungen!
- Fragen Sie nichts, was Sie selbst durch eine gute Recherche beantworten können. Machen Sie sich bewusst, dass Sie vermutlich nicht der einzige Anrufer sind. Schonen Sie die Nerven Ihres potentiellen Betreuers und Vorgesetzten.
- Beziehen Sie sich in Ihrem anschließenden Anschreiben inhaltlich und persönlich auf das Gespräch (z. B „*Herzlichen Dank für das informative Gespräch mit Ihnen am …, Besonders Ihre Ausführungen zu … haben mich in meinem Wunsch bestärkt, …*").
- Quittieren Sie das Gespräch positiv.

Wenn es Ihnen gelingt, in diesem Telefonat relevante Zusatzinformationen einzuholen, einen guten Eindruck zu hinterlassen und eventuell sogar Ihre Motivation und Eignung besprechen zu können, haben Sie mit Glück einen entscheidenden Startvorteil.

8.2 Die Anforderungen – Kompetenzen und Motivation

Was sind nun aber die Qualifikationen oder Kompetenzen, nach denen Sie beurteilt werden? Bevor wir auf diese Frage eingehen, sprechen wir erst einmal allgemein über Kompetenzen.

Anforderungs- und Kompetenzmodelle gibt es viele, auch für den wissenschaftlichen Bereich und speziell für die Promotion. Die meisten Kompetenzmodelle teilen die erforderlichen Kompetenzen, um erfolgreich promovieren zu können, in vier Kompetenzfelder ein, die durch den Bereich der intellektuellen Fähigkeiten ergänzt werden.

Fachkompetenzen und fachliche Methodenkompetenzen:

Fachbezogene Kenntnisse, Fertigkeiten und Fähigkeiten, sowie überfachliche Kompetenzen wie zum Beispiel die Kenntnis und Beherrschung wissenschaftlicher Methoden.

Intellektuelle Fähigkeiten:

Dies sind zum Beispiel kognitive Fähigkeiten wie Problemlösefähigkeit, logisches, analytisches Denken und Handeln sowie Kreativität

Selbstkompetenz/Motivation & Interesse:

Fähigkeiten und Einstellungen, in denen sich die individuelle Haltung zu Leistung und Arbeit ausdrückt. Damit sind zunächst die klassischen „Arbeitstugenden" gemeint, darüber hinaus aber auch allgemeine Persönlichkeitseigenschaften wie Gewissenhaftigkeit, Leistungsbereitschaft, Ausdauer und Motivation.

Sozialkompetenz und wissenschaftliche Kommunikation:
Kenntnisse, Fertigkeiten, Fähigkeiten und Einstellungen, die es ermöglichen, in sozialen Situationen sinnvoll und angemessen zu handeln. Dazu kommen (wissenschaftliche) Kommunikation sowie Zusammenarbeit und Wissensvermittlung

Überfachliche Methodenkompetenz und Management:
Kenntnisse, Fertigkeiten, Fähigkeiten und Einstellungen, die es ermöglichen, durch Planung und sinnvolle Lösungsstrategien, Aufgaben und Probleme zu bewältigen. Management- und evtl. Erfahrung in Führung und Anleitung, Wissen um Standards, Anforderungen und Professionalisierung in der Forschung.

8.2.1 Fachkompetenzen und fachliche Methodenkompetenzen

Am klarsten geben Ihre Zeugnisse, Ihre Abschlussarbeiten und weitere Forschungsnachweise Auskunft über Ihre Fachkompetenzen. Wenn Sie beispielsweise Psychologie studiert und sich dabei auf Arbeits- und Organisationspsychologie spezialisiert haben, wenn Sie Ihre Studienabschlussarbeit zum Thema Eignungsdiagnostik verfasst und dabei eine Kombination aus quantitativen und qualitativen Methoden verwendet haben, sind das die Fachkenntnisse und Methodenkompetenzen, die Sie nachweisen können. Dieses Spezialwissen und die dazu gehörigen Fertigkeiten könnten die Grundlage für Ihre Promotion bilden. Aus diesem Grund legen Professoren Wert auf die richtige Ausbildung, die passenden Studienschwerpunkte, gute Noten und idealerweise natürlich so viel Forschungserfahrungen in Ihrem Themengebiet wie möglich.

Beispiel eines Anforderungsprofils zu Fachkompetenzen:

Fachkom-petenzen	Fachwissen	**Beispiele** • Fachkenntnisse allgemein • Kenntnisse des themenbezogen aktuellen Forschungsstands • evtl. Publikationen oder Einwerbung von Drittmitteln
	Fachliche Methoden-kompeten-zen und Erfahrungen	**Beispiele** • Literaturrecherche • Erfahrung Forschungsmethoden • Hypothesenformulierung • Sammlung, Analyse und Interpretation von Daten • Lehrerfahrungen

8.2.2 Intellektuelle Fähigkeiten

Intellektuelle Fähigkeiten wie Problemlösefähigkeit, logisches, analytisches Denken und Kreativität sind natürlich wichtig für den Erfolg eines anspruchsvollen und selbstgesteuerten Vorhabens wie einer Promotion. Wenn Sie Ihr Studium jedoch gut und ohne allzu große Schwierigkeiten bewältigt haben, ist ziemlich wahrscheinlich, dass Sie diese Fähigkeiten mitbringen. Für eine Promotion ist weniger außergewöhnliche Genialität erforderlich (obwohl diese natürlich hilft ...) sondern vor allem Ehrgeiz, Durchhaltevermögen und Fleiß. Wichtig ist, dass Sie Ihren Intellekt gerne einsetzen, Ideen entwickeln und an Herausforderungen tüfteln.

Übrigens ist es ziemlich wahrscheinlich, dass Sie Ihre eigenen intellektuellen Fähigkeiten unterschätzen. Studien belegen, dass gerade intelligente Menschen dazu neigen, an ihrer Intelligenz zu zweifeln. Ein Erklärungsansatz dazu besagt, dass Menschen mit steigendem Wissen und größerer Reflexionsfähigkeit – wie schon Sokrates mit „Ich weiß, dass ich nichts weiß" ausdrückte – die Grenzen Ihres eigenen Wissens wahrnehmen. Eine unangenehme Erkenntnis, die weniger nach Erkenntnis strebende Menschen nicht machen müssen.

Beispiel eines Anforderungsprofils zu intellektuellen Fähigkeiten:

Intellektuelle Fähigkeiten	Problemlösung & analytisches Denken	Beispiele • Logische Beurteilung und sorgfältige Prüfung von Fakten und Situationen • Selbstständige Beurteilung und Reflexion der Forschungsergebnisse • Verständnis für die grundlegenden Konzepte im Forschungsgebiet • Bereitschaft, sich in Themengebiete tief einzuarbeiten und nicht nur oberflächlich zu verstehen. • Systematische Problemerfassung und Lösungsfindung
	Kreativität	• Finden neuartiger Lösungsansätze • Problemlösung durch das Kombinieren vorhandener Informationen auf neuartige Weise
	Kritisches Denken	• Erkennen von Schwächen in der eigenen Argumentation, aber auch bei anderen
	Unabhängiges Denken	• Mut, auch ungewöhnliche oder unpopuläre Lösungswege in Erwägung zu ziehen

8.2.3 Selbstkompetenz, Motivation und Interessen

In Kapitel 1: *Soll ich promovieren?* haben wir uns intensiv mit der besonderen Bedeutung von Kompetenzen und Einstellungen wie beispielsweise Gewissenhaftigkeit, Ehrgeiz und Ausdauer beschäftigt. Eine über viele Jahre unter großer Hingabe entstehende Dissertation wird vermutlich kaum ohne diese Eigenschaften auskommen.

Selbstkompetenz (auch Personale Kompetenz genannt) bezeichnet die Fähigkeiten und Einstellungen, in denen sich die individuelle Haltung zu Leistung und Arbeit ausdrückt. Damit sind zunächst die klassischen „Arbeitstugenden" gemeint, darüber hinaus aber auch allgemeine Persönlichkeitseigenschaften wie Gewissenhaftigkeit, Leistungsbereitschaft, Ausdauer und Motivation. Sie bestehen aus allgemeinen kognitiven (auf die Erkenntnis, das Denken bezogene) Funktionen, genetisch verankerten Fähigkeiten als auch leicht erlernbaren Kenntnissen, die fachübergreifend, allgemein, vielseitig einsetzbar und bis zu einem gewissen Grade erlern- oder förderbar sind. Dazu kommen affektive (gefühls- und stimmungsbetonte) Dispositionen, d. h. Einstellungen, Haltungen, Bereitschaften, die man früher als sogenannte Arbeitstugenden bezeichnete.

Selbstkompetenz ermöglicht und verbessert die Fähigkeiten

- Neues zu lernen
- Sich auf neue Situationen einzustellen
- Das eigene Handeln zu steuern
- Sich selbst zu organisieren

Verständlicherweise legen Professoren, die ihre künftigen Promovierenden auswählen, hohen Wert auf diese Eigenschaften.

Beispiel eines Anforderungsprofils zu Selbstkompetenz, Motivation und Interesse:

Selbstkompetenz Motivation Interesse		Beispiele
	Fachinteresse	• Identifikation mit und positive Einstellung zu dem gewählten Fach
	Interdisziplinäres Interesse	• Breites, allgemeines Interesse über verschiedene Disziplinen hinweg
	Leistungsmotivation	• Selbstmotivation • Wille und Antriebskraft, eine Aufgabe bis zu ihrer erfolgreichen Lösung bearbeiten • Ehrgeiz • Kontinuierliche Weiterentwicklung
	Neugier/ „Hungry Mind"	• Motivation zur Erkundung unbekannter Situationen
	Lernbereitschaft	• Offenheit, Veränderungen zu erwägen und aktiv einzuleiten.
	Zielorientierung	• Setzen und beharrliches Verfolgen von herausfordernden, aber konkreten Zielen
	Sorgfalt & Gewissenhaftigkeit	• Sorgfältige, zuverlässige und (auch bei weniger reizvollen Aufgaben) beharrliche Arbeitsweise

Belastbarkeit & Durchhaltevermögen	• Durchhaltevermögen auch in schwierigen Situationen • Bereitschaft und Fähigkeit, sich auch stärkeren psychischen oder physischen Beanspruchungen auszusetzen und diese auszuhalten.
Offenheit & Kritikfähigkeit	• Fähigkeit, Rat anzunehmen und ausgewogene Entscheidungen zu treffen. • Suche nach Unterstützung wenn nötig
Selbstständigkeit	• Selbstständiges Handeln ohne Impuls von außen • Selbstmotivation • Eigenständiges Treffen von Entscheidungen
Selbstvertrauen	• Vertrauen in die eigene Wirksamkeit
Reflexion	• Reflexion des eigenen Handelns • Handeln nach ethischen Wert- und Moralvorstellungen

8.2.4 Sozialkompetenz und wissenschaftliche Kommunikation

Eine Dissertation entsteht nicht im leeren Raum und selten im stillen Kämmerlein. Kommunikation, wissenschaftlicher Austausch, Wissensvermittlung und wissenschaftlicher Transfer sind entscheidende Erfolgsfaktoren.

Die Fähigkeiten, die es ermöglichen, in sozialen Situationen sinnvoll und angemessen zu handeln, sind daher Teil der Auswahlkriterien. Dazu kommen (wissenschaftliche) Kommunikation sowie Zusammenarbeit und Wissensvermittlung. Grob gesagt sind dies Fähigkeiten, Fertigkeiten und Einstellungen, die man sich nicht nur in der schulischen und akademischen Ausbildung, sondern vor allem in der allgemeinen Lebenspraxis aneignet:

• Sich auf andere Menschen einzustellen
• Einfluss auf andere Menschen zu nehmen
• Erfolgreich im Team zu arbeiten

Beispiel eines Anforderungsprofils zu Sozialkompetenz und wissenschaftliches Kommunizieren:

Sozialkompetenz und wissenschaftliches Kommunizieren	Kommunikationsvermögen (mündlich und schriftlich)	Beispiele • Kommunikationsstrategien • Verständliche und präzise Darstellung des eigenen Forschungsprojektes • Geben und annehmen von Feedback
	Kooperation und Zusammenarbeit	• Arbeit in Teams in verschiedenen Rollen, Feedback geben und annehmen • interdisziplinärer Austausch • Verantwortungsgefühl für Team und Aufgabe, Integration von Beiträgen der Gruppe • Kooperation
	Konfliktfähigkeit	• Konstruktiver Umgang mit Konflikten • Bereitschaft, eine Auseinandersetzung aufzunehmen, konstruktiv zu bewältigen und sie zu einer tragfähigen Lösung zu führen
	(Inter-)Kulturelle Kompetenz	• Erfahrungen im internationalen Austausch, • Erfolgreiche und angemessene Interaktion mit Individuen und Gruppen mit anderen kulturellen Ausrichtungen.
	Wissenschaftliches Schreiben	• Erfahrung mit dem Verfassen von wissenschaftlichen Aufsätzen • Sprachlich gelungene, gut strukturierte Darstellung der Forschungsergebnisse • Guter Umgang mit der „fachüblichen Wissenschaftssprache", korrekte Verwendung einschlägiger Fachtermini • Konzentration auf das Wesentliche
	Wissenschaftliches Präsentieren	• Erfahrung mit eigenen Konferenzbeiträgen • Sichere, verständliche Darstellung der eigenen Abschlussarbeit
	Wissensvermittlung/ Lehre	• Studierenden beim Erwerb fachlichen Wissens gerichtete Impulse zum Lernen zu geben und wissenschaftliche Inhalte auf dem neuesten Stand verständlich mitzuteilen • Entwerfen und Umsetzen von Lehre, Verbindung von Theorie und Praxis aufzeigen, Bewertungsinstrumente entwickeln

8.2.5 (Überfachliche) Methodenkompetenzen und Management

Ihre Promotion ist das erste wirklich große Projekt, das Sie eigenverantwortlich managen werden. Dazu gehört nicht nur die systematische und realistische Planung Ihres Forschungsprojekts einschließlich der Strukturierung, der Festlegung von Zielen und Unterzielen und der Zeitorganisation, sondern auch der Umgang mit Unwägbarkeiten und Verzögerungen im Forschungsprozess

In diesem Zusammenhang geht es auch um die Frage, wie Sie andere Aufgaben und Tätigkeiten in Ihren Zeitplan so integrieren können, dass Sie selbst Ihr Projekt steuern und nicht von Ihrem Projekt gesteuert werden. Neben forschungsrelevanten Managementmethoden können auch Kompetenzen im Bereich Führung und Anleitung für Ihre künftige Tätigkeit wichtig werden. Vielleicht gehört der Umgang mit ratsuchenden Studierenden in Lehrsituationen zu Ihren künftigen Aufgaben. Vielleicht unterstützen Sie einen Professor bei der Betreuung von Bachelor- oder Masterarbeiten, vielleicht leiten Sie studentische Hilfskräfte oder Laborassistenten an. Aus diesem Grund legen viele auswählende Professoren bei ihren Promovierenden Wert auf (überfachliche) Methoden- und Managementkompetenzen.

Beispiel eines Anforderungsprofils zu (überfachlichen) Methodenkompetenzen und Management:

Über-fachliche Methoden-kompetenz Manage-mentkom-petenz	Planung und Ausführung von For-schungspro-jekten	• Projektmanagement, Erstellen und delegieren von Arbeitspaketen, • Wissens- und Prozessmanagement • Setzen und Einhalten realistischer aber anspruchsvoller Arbeitsziele • Fähigkeit Dringlichkeit zu erkennen und zu priorisieren
	Führung und Anleitung	• Führen und betreuen von Studieren-den/ HiWis in Absprache mit dem Vorgesetzten
	Erfahrung mit dem Ver-fassen von Publikatio-nen und For-schungs-(Sti-pendien-) Anträgen	• Erfolgreich eingereichte Publikatio-nen/ Forschungs-(Stipendien-)Anträ-gen • Mitarbeit bei Publikationen und For-schungs-(Stipendien-)Anträgen

8.3 Die Bewerbung auf wissenschaftliche Stellen und Promotionspositionen

Leider lassen sich sehr schwer verbindliche Empfehlungen formulieren, wie genau Sie bei Ihrer Bewerbung vorgehen sollten, denn das Bewerbungsverfahren hängt sehr stark von den Wünschen des potentiellen Betreuers, des Instituts oder Fachbereichs, der Graduiertenschule oder eines anderen strukturierten Promotionsprogramms ab – je nach dem, für welche Art der Promotion (siehe Kapitel 3.2: *Die verschiedenen Promotionsformen*) Sie sich entscheiden. Gleiches gilt für eine Bewerbung um ein Stipendium. Der erste und wichtigste Hinweis lautet daher: Erkundigen Sie sich, wie die Bewerbung aussehen muss oder sollte. Vom lockeren Gespräch mit Ihrem Lieblingsprofessor bis hin zu einem standardisierten Bewerbungs- und Auswahlverfahren kann alles dabei sein. Auf jeden Fall unterscheidet sich eine Bewerbung auf jede Form von Promotionsmöglichkeit von der auf eine Stelle in der Wirtschaft. Trotzdem lassen sich die verschiedenen Bewerbungsverfahren auf einen kleinsten gemeinsamen Nenner bringen.

8.3.1 Die Bewerbungsunterlagen

Hat der Bewerber oder die Bewerberin das Potential, gute Forschung zu betreiben und eigenständig eine Dissertation zu verfassen? Stimmen Motivation, Fachwissen, intellektuelle Fähigkeiten, überfachliche Methoden- und Sozialkompetenzen ebenso wie Gewissenhaftigkeit und Durchhaltevermögen?

Dies sind die Fragen, die sich die meisten Professoren auf der Suche nach geeigneten Doktoranden ebenso stellen wie Auswahlkomitees von Graduiertenschulen oder Graduiertenkollegs.

Um diese Punkte für die Vorauswahl anhand der vorgelegten Unterlagen beurteilen zu können, zählen vier Dinge besonders:

1. Forschungsresultate in Form von Abschlussarbeiten oder – noch besser – Publikationen
2. Klar dargestellte Fach- und Methodenkenntnisse und -Erfahrungen im CV
3. Ein überzeugendes Motivationsschreiben (bzw. Anschreiben)

4. Die Einschätzung anderer Fachexperten (in der Regel Professoren)

Wenn Sie bereits Forschungserfahrung haben und Veröffentlichungen vorweisen können, dann haben Sie die oben genannten Punkte bereits beantwortet. Wenn Sie einschlägige unveröffentlichte Forschungsergebnisse haben wie beispielsweise Ihre zu Ihrem Forschungswunsch passende Abschlussarbeit oder Ergebnisse aus Forschungspraktika, lohnt es sich meistens, diese ebenfalls mitzuschicken. Verlieren Sie aber nicht den Mut, wenn Sie noch wenig vorzuweisen haben, so geht es den meisten Ihrer Mitbewerber ebenfalls.

Was schlussendlich den Ausschlag für die Entscheidung für eine Bewerberin – und damit meist gegen viele andere – trifft, ist natürlich für jede Position und jeden Stellenausschreibenden individuell und unterschiedlich. Dennoch spielt meist die einschlägige fachliche Kompetenz gepaart mit hoher Motivation eine große Rolle.

Auf die Frage nach dem wichtigsten Kriterium für die Entscheidung für einen Bewerber, nennt ein Drittel der in der Studie von Reinders (2008) befragten wissenschaftlichen Führungskräfte die fachliche Kompetenz der interessierten Person. Ein weiteres Drittel der Wissenschaftler lassen sich von einem positiven Vorstellungsgespräch überzeugen. Faktoren wie die Qualität der Bewerbungsunterlagen, akademische Noten oder berufliche Vorerfahrungen fallen für die letztendliche Entscheidung weniger ins Gewicht. Dabei muss man natürlich im

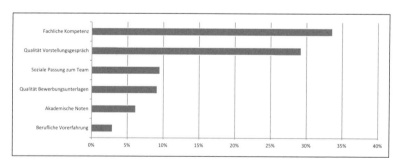

Quelle: Reinders, H. (2008) S. 179

Abb. 26: Die wichtigsten Kriterien bei der Entscheidung für einen Bewerber

Auge behalten, dass man etwa mit schlechten Bewerbungsunterlagen oder ungenügenden Noten in der Vorauswahl kaum Beachtung finden wird. Auch die Passung ins Team wird nur von jedem zehnten Wissenschaftler als entscheidendes Kriterium genannt. Man kann jedoch umgekehrt davon ausgehen, dass eine fehlende Passung ins Team weder den Stellenausschreibenden noch den neuen Doktoranden glücklich machen wird.

Professor Martin Kleinmann, Inhaber des Lehrstuhls für Arbeits- und Organisationspsychologie an der Universität Zürich und einer der führenden Wissenschaftler auf dem Gebiet der Personalauswahl rät Wissenschaftlern, bei der Sichtung der Bewerbungsunterlagen Folgendes besonders zu beachten:

„Die Passung zwischen Anforderung der Stelle und Bewerbungsprofil sollte gut sein. Zu prüfen sind Leistungsindikatoren wie Zeugnisse, Abschlüsse, Veröffentlichungen in hochrangigen Journals, Drittmittelakquisitionen etc. Motivationale Faktoren können durch die Stringenz der bisherigen Aktivitäten und die Leistungen innerhalb definierter Zeitgrenzen erfasst werden wie z. B. Anzahl hochrangiger Publikationen in einer definierten Zeitperiode nach der Dissertation. Andere Faktoren wie Mobilität und Sprachkenntnisse können ebenfalls aus dem Werdegang erschlossen werden."

Quelle: Newsletter 2/2008 des LMU Center for Leadership and People Management

8.3.1.1 Das Motivationsschreiben oder kurz: Anschreiben

Wie in den vergangenen Kapiteln kommen wir auch hier immer wieder auf den Punkt, dass Ihre Motive und Ihre Begeisterung für die Forschung zu einem bestimmten Themengebiet sehr wichtig und eventuell erfolgsentscheidend für eine erfolgreiche Promotion sind. Daher ist es nicht verwunderlich, dass ein überzeugendes Motivationsschreiben gerade für auswählende Professoren, die Sie noch nicht kennen, ein wichtiger Bestandteil jeder Bewerbung ist. Denn darin wird ersichtlich, wer die nötige Leidenschaft mitbringt, um die langen Jahre bis zur Promotion erfolgreich durchzustehen. Je nach Anforderung und Fachtradition wird das Motivationsschreiben meist auf Deutsch oder Englisch verfasst.

Inhalt

Das Anschreiben entscheidet häufig darüber, ob Ihre restlichen Bewerbungsunterlagen gelesen werden. Während Ihr CV oder Lebenslauf alle Ihre Erfahrungen widerspiegelt, bietet Ihr Anschreiben die Interpretation dazu. Hier begründen Sie Ihr Interesse und Ihre Motivation und stellen Ihre Kompetenzen und Erfahrungen in den Bezug zu der angebotenen Position dar. Laut der Umfrage unter wissenschaftlichen Führungskräften von Reinders (Reinders, 2008) ist die Darstellung der eigenen Motivation, sich auf diese Stelle zu bewerben, besonders relevant. Verständlicherweise suchen Promotionsbetreuer – ob für eine Individualpromotion oder für ein strukturiertes Promotionsprogramm vor allem nach leidenschaftlichen Forschern, die aus intrinsischen Motiven wie persönlichem Idealismus oder wissenschaftlicher Begeisterung promovieren möchten. Sie wollen sehen, dass die Promotion für Sie eine Herzenssache ist, anstatt nur Mittel zum Zweck. Das Motivationsschreiben ist also Ihre Chance, der Bewerbung eine persönliche Note zu geben und das Komitee von Ihrer Passion für die Wissenschaft zu überzeugen.

Beschreiben Sie Ihr Interesse für die Forschung und eine eventuelle wissenschaftliche Karriere im Allgemeinen und begründen Sie, warum Sie diese spezielle Stelle besonders reizt. Erläutern Sie Ihre Motivation, zu dem von Ihnen gewählten Themenbereich forschen zu wollen am besten anhand greifbarer Beispiele und Erklärungen. Wann und wie sind Sie auf Ihr Forschungsgebiet gestoßen, was fasziniert Sie daran, was verbinden Sie damit? Gibt es vielleicht sogar einen persönlichen Bezug? (Der eigene Hund – frühes Interesse an der Verhaltensforschung und die Beschäftigung mit Konrad Lorenz – Vergleichende Verhaltensforschung als Forschungsthema). Ihre Motivation und Ihre Begeisterung muss man durch Ihre Formulierungen und Ihre Begründung deutlich und spürbar werden.

„… Das anvisierte Forschungsprojekt soll zum Diskurs über … beitragen und die Diskussionsposition von … stärken. Nach Abschluss meiner Master-Thesis hatte ich das Gefühl, noch tiefer in die Sachlage eintauchen zu müssen, um den Zusammenhang der von mir untersuchten … Faktoren wirklich zu verstehen. Die Ergebnisse meiner Master-Thesis

stehen im Widerspruch zu Resultaten anderer Wissenschaftler, die zur Beziehung von … und … forschen. Ich möchte an diesem Thema weiterarbeiten und unter anderem herausfinden, …"

„Bisher gibt es kaum systematische Untersuchungen zu …-themen im Bereich der …. Mit meiner Promotion werde ich dazu beitragen, diese Lücke zu schließen und offene Fragen zu beantworten. Ich freue mich daher, in den kommenden Jahren intensiv an einer Thematik zu arbeiten, zu der noch viel Forschungsbedarf besteht …".

Ein weiteres, sehr wichtiges Kriterium zur Einschätzung Ihres Anschreibens ist laut Aussage der Führungskräfte in der Wissenschaft der überzeugende Bezug zur anvisierten Stelle.

Nutzen Sie Ihr Motivationsschreiben dazu, die wichtigsten Aussagen aus Ihrem CV und Ihren weiteren Bewerbungsunterlagen hervorheben und in einen Sinnzusammenhang mit dem gewünschten Bewerbungsresultat – der Promotionsstelle zu bringen.

„… Da mein Dissertationsthema an meine bereits fächerübergreifend ausgerichtete Masterarbeit anknüpft, sehe ich in der nahen Zusammenarbeit der verschiedenen geisteswissenschaftlichen Disziplinen, wie sie in Ihrem Forschungsverbund geführt wird, einen großen Gewinn für mein Projekt …"

Erwartungsgemäß sucht jeder Promotionsbetreuer natürlich nach Belegen zu Ihren wissenschaftlichen Qualifikationen, da diese sich unmittelbar auf die vermutete Promotionsleistung beziehen. Gehen Sie also aussagekräftig auf ihren wissenschaftlichen Werdegang ein und schildern diesen so, dass Ihre wissenschaftlichen Kompetenzen und Errungenschaften deutlich werden.

„… Als Arbeits- und Sozialwissenschaftler habe ich mir vor allem mit Ursache-Wirkungsketten arbeitsbedingter Schädigungen und dem Erhalt der Arbeits- und Beschäftigungsfähigkeit beschäftigt. Die Entwicklung und der Einsatz von Assessments zum Anforderungs- und Fähigkeitsabgleich mit Eignungsaussagen, gesundheitlichen Risiken und Gestaltungshinweisen für das betriebliche Gesundheits- und Demografie-Management gehören zu meinem Methodenrepertoire. Methodisch verfüge ich darüber hinaus über gute Kenntnis bei Datenerhebungsmethoden, Survey Design sowie Research Design …"

„… Innerhalb meines Studiums habe ich breit gefächerte Kenntnisse erworben in den Bereichen Zellbiologie, Toxikologie, Pharmakologie und Immunologie. Kenntnisse zur Zulassung von Arzneimitteln (FDA, EMEA) konnte ich in der Biotech & Pharma Business Summer School sammeln …"

„… Zudem erwarb ich in dieser Zeit fundierte Kenntnisse auf dem Gebiet der Widefield Mikroskopie und lernte einer wissenschaftlichen Fragestellung die sinnvolle Mikroskopieanwendung zuzuordnen …"

Beschreiben Sie dabei nicht nur auf die reinen Fachkompetenzen und –Methoden, sondern führen Sie ebenfalls Belege Ihrer für die Position relevante überfachliche Kompetenzen an.

„… In meinen Veranstaltungen für Studierende lege ich Wert auf teilnehmerorientierte Didaktik. Jedes Seminar bereite ich separat auf die Gruppe abgestimmt vor, und die Studierenden dürfen bei der Themenfestlegung abstimmen …"

„… Um aussagekräftige Ergebnisse für meine Arbeit zu erzielen, habe ich den Dialog sowohl mit Mitgliedern meiner Arbeitsgruppe als auch mit den Kollaborationspartnern aus anderen internationalen Forschungseinrichtungen gesucht …"

Erläutern Sie, welche Weichen Sie für eine wissenschaftliche Karriere in der Vergangenheit bereits gestellt haben und warum genau diese Promotionsmöglichkeit für Sie perfekt ist. Dokumentieren Sie Ihre Errungenschaften und Stärken anhand von aussagekräftigen Beispielen und begründen Sie, warum Sie die richtige Person für die Stelle sind. Falls Sie einzelne Anforderungen nicht oder nicht komplett erfüllen, lassen Sie diese besser unerwähnt und entschuldigen Sie sich nicht für (vermeintliche) Defizite. Wie in allen Bereichen wird auch hier meist die berühmte „eierlegende Wollmilchsau" gesucht und entsprechend hohe Wunschanforderungen gestellt. Falls Sie zwar alle formalen Anforderungen (die sich in der Promotionsordnung des jeweiligen Fachs nachlesen lassen) erfüllen aber die eine oder andere kleinere Lücke in den Wunschanforderungen haben (etwa einschlägige Publikationen), kann es trotzdem Sinn machen, sich zu bewerben. Fehlen jedoch formale Anforderungen (wie ein bestimmter Studienabschluss), entscheidende Qualifikationen oder erfüllen Sie weniger als 80 Prozent der ausgeschriebenen Wunschanforderungen, sollten Sie Ihre Bewerbung nochmals überdenken.

Tipps zur Struktur des Motivationsschreibens

- Achten Sie auf die korrekte Anrede Ihres potentiellen Promotionsbetreuers. Erstaunlich viele Promotionsinteressierte schreiben einfach den Fachbereich oder eine Graduierteneinrichtung an. Wenn Sie Ihr Anschreiben mit „Sehr geehrte Damen und Herren" oder „An den, den es betrifft" beginnen, können Sie ziemlich sicher sein, dass sich niemand „betroffen" fühlt.

- Ein Anschreiben, das so aussieht wie ein Massenanschreiben, wird sehr wahrscheinlich direkt im Mülleimer landen. Wenn Sie keine Zeit in die Recherche investieren, dann wird vermutlich niemand Zeit in das Lesen der Bewerbung investieren.

- Die Betreffzeile enthält die Information, die angibt, warum Sie dem betreffenden Professor schreiben. Es ist wichtig daran zu denken, dass der Alltag eines Lehrstuhlinhabers oder Arbeitsgruppenleiters sehr hektisch sein kann, also kommen Sie direkt zum Punkt – etwa wie: „Bewerbung für die ausgeschriebene Stelle als wissenschaftlicher Mitarbeiter ..."

- Nutzen Sie mindestens einen, gerne zwei Absätze zur Beschreibung Ihrer Motivation für die angestrebte Promotion und gegebenenfalls die ausgeschriebene Promotionsposition.

- In mindestens zwei oder drei Absätzen gehen Sie passgenau auf Ihre fachliche und Ihre überfachliche Qualifikation in Bezug auf die jeweilige Promotionsmöglichkeit ein – nicht für irgendeine Möglichkeit, wohlgemerkt, sondern für genau diese. Natürlich ist es um vieles leichter dasselbe Anschreiben für mehrere Bewerbungen zu nutzen, aber das wird Ihnen nicht weiterhelfen. Diese einheitlichen Briefe sind leicht zu entdecken und werden normalerweise als faul und falsch zurückgewiesen. Wie oben ausführlicher aufgeführt, ist es entscheidend, dass Sie das Anschreiben individuell anpassen und darlegen wie Ihr Forschungsinteresse und Ihre Qualifikationen in das Forschungsumfeld des Adressaten passen und inwiefern Sie die Anforderungen erfüllen.

- Vergessen Sie nicht, auch Ihre wichtigsten Erfolge anzugeben, mögliche erste Veröffentlichungen, einem Zuschuss, ein Stipendium oder andere Auszeichnungen. Verzetteln Sie sich jedoch nicht, es geht nicht um Vollständigkeit – dazu dient der CV.

- Beenden Sie das Anschreiben mit derselben Professionalität mit der Sie begonnen haben mit einer kurzen Floskel wie: *„Über eine Einladung zu einem persönlichen Gespräch würde ich mich freuen."* Sehr häufig liest man in Motivationsschreiben leere Phrasen und Allgemeinplätze, die beim Leser eher Langeweile als Begeisterung aufkommen lassen. Beachten Sie dies: Jeder Satz muss eine Information bringen. Streichen sie ihn sonst rigoros.

- Auch wenn es Ihnen vielleicht trivial erscheint: Vermeiden Sie alles, was keine Information bringt, langweilt oder den Lesefluss stört. Wählen Sie eine einfach zu lesende Schrifttart wie Arial oder Helvetica, die nicht zu groß (über 12) oder zu klein (unter 11) ist und weder farbig oder auf andere Weise „originell" ist. Vergessen Sie Tipps wie diesen, dass eine unkonventionelle Schrift und Grafik die Bewerbung herausstechen lassen. Das tut sie zwar, aber vermutlich nicht zu Ihrem Vorteil. Wenn Sie die richtigen Qualifikationen haben, brauchen Sie keinen Schnick Schnack.

- Es sollte mit Hinblick auf das angestrebte Ziel einer Promotion selbstverständlich sein, dass Rechtschreib- oder Grammatikfehler unentschuldbar sind und als ein Zeichen für Faulheit und Nachlässigkeit gelten – zwei der schlimmsten Eigenschaften, die ein Wissenschaftler haben kann.

- Zu guter Letzt: Vermeiden Sie Umgangssprache und (meist vermeintlichen) Humor und beenden Sie ihre Sätze nicht mit einem Ausrufezeichen!

Dies kann nicht mal eben so geschrieben werden und Sie müssen über Ihrem Motivationsanschreiben eine ganze Weile

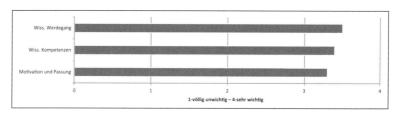

Quelle: Reinders, H. (2008) S. 82

Abb. 27: Die drei wichtigsten Informationen im Anschreiben

brüten? Das ist nicht verwunderlich – und sollte Sie nicht weiter schrecken – schließlich streben Sie eine Promotion an!

8.3.1.2 Ihr Lebenslauf oder CV

Vermutlich werden Sie in Ihrem Leben noch viele Lebensläufe schreiben. Es lohnt sich also, vorab für Sie selbst als Grundlage einen Musterlebenslauf zu verfassen, der alle Ausbildungsschritte, alle berufspraktischen und alle wissenschaftsrelevanten Stationen möglichst lückenlos aufführt. Für eine Bewerbung wäre dieser vermutlich zu ausführlich und – schlimmer noch – nicht spezifisch genug. Er ist aber eine wertvolle Grundlage für alle stellenspezifisch zugeschnittenen Lebensläufe, die sie verfassen wollen. Halten Sie diesen CV immer aktuell, damit Sie immer schnell darauf zugreifen können, wenn Sie vielleicht unter Zeitdruck eine Bewerbung formulieren müssen.

Eventuell ist es für den ersten Schritt hilfreich, den CV streng chronologisch zu beginnen und die Chronologie erst am Ende umzudrehen, um mit der aktuellen Situation zu beginnen. Dadurch vermeiden Sie Fehler bei der Datumsangabe und bemerken eventuelle Lücken durch vergessene Stationen.

Vermeiden Sie offensichtliche Aufwertungsversuche ihres CVs ebenso wie Verschleierungstaktiken von Abbrüchen oder Lücken durch euphemistische Formulierungen. Ihre sechsmonatige Rucksackreise durch Asien war nun mal weder Sprachstudium noch Auslandspraktikum. Die Lücke zwischen Ihrem Studienabbruch und -wechsel war vermutlich kein „Selbststudium". Auch die unerfahrenste wissenschaftliche Führungskraft wird schon mal ein paar CVs gesehen (und geschrieben) haben und ist ganz sicher nicht dumm. Außerdem ist nichts gegen Reisen, Studienwechsel und ähnliches zu sagen, sofern Sie letztendlich einschlägig qualifiziert sind. Ein wissenschaftlicher Lebenslauf für eine Promotionsposition (oder ein Promotionsstipendium) enthält üblicherweise folgende Informationen und Angaben:

- Persönliche Daten (knapp gehalten)
- Die akademische Laufbahn bzw. akademische Ausbildung, Angaben zu Abitur, Studien und Studienabschlüssen und – z. B. im Falle von Stipendienbewerbungen – Angaben zur evtl. schon angefangenen Promotion
- Wissenschaftliche Tätigkeiten (z. B. Angaben zu Tätigkeiten als Wissenschaftliche Hilfskraft, sonstige wissenschaftlichen Tätigkeiten)
- Gegebenenfalls erste Publikationen, Konferenzbeiträge und Lehrtätigkeiten
- Gegebenenfalls Preise, Stipendien und Mitgliedschaften in wissenschaftlichen Organisationen
- Gegebenenfalls sonstige Praxiserfahrungen und Projekte
- Sonstige Kenntnisse
- Angaben zu Sprachen, EDV-Kenntnisse und besonderen Methodenkenntnissen
- (Nur!) Bei Stipendienbewerbungen: Ehrenamtliche Tätigkeiten und evtl. Interessen oder Hobbys
- Gegebenenfalls Referenzen

Je nach Anforderung und Fachtradition wird der Lebenslauf meist auf Deutsch oder Englisch verfasst.

Beispiel für einen wissenschaftlichen Lebenslauf
(in deutscher Sprache und Struktur)

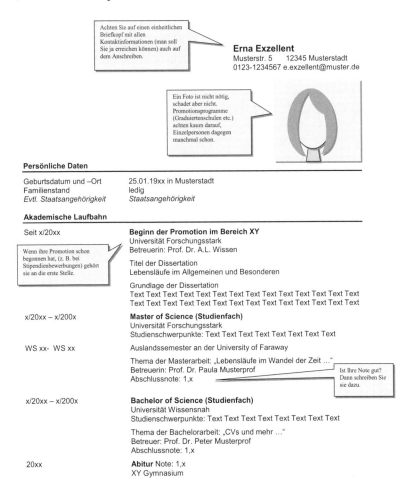

Achten Sie auf einen einheitlichen Briefkopf mit allen Kontaktinformationen (man soll Sie ja erreichen können) auch auf dem Anschreiben.

Erna Exzellent
Musterstr. 5   12345 Musterstadt
0123-1234567 e.exzellent@muster.de

Ein Foto ist nicht nötig, schadet aber nicht. Promotionsprogramme (Graduiertenschulen etc.) achten kaum darauf, Einzelpersonen dagegen manchmal schon.

Persönliche Daten

Geburtsdatum und –Ort	25.01.19xx in Musterstadt
Familienstand	ledig
Evtl. Staatsangehörigkeit	*Staatsangehörigkeit*

Akademische Laufbahn

Seit x/20xx

Wenn ihre Promotion schon begonnen hat, (z. B. bei Stipendienbewerbungen) gehört sie an die erste Stelle.

Beginn der Promotion im Bereich XY
Universität Forschungsstark
Betreuerin: Prof. Dr. A.L. Wissen

Titel der Dissertation
Lebensläufe im Allgemeinen und Besonderen

Grundlage der Dissertation
Text Text Text Text Text Text Text Text Text Text Text Text Text
Text Text Text Text Text Text Text Text Text Text Text Text

x/20xx – x/200x

Master of Science (Studienfach)
Universität Forschungsstark
Studienschwerpunkte: Text Text Text Text Text Text Text Text

WS xx- WS xx

Auslandssemester an der University of Faraway

Thema der Masterarbeit: „Lebensläufe im Wandel der Zeit …"
Betreuerin: Prof. Dr. Paula Musterprof
Abschlussnote: 1,x

Ist Ihre Note gut? Dann schreiben Sie sie dazu.

x/20xx – x/200x

Bachelor of Science (Studienfach)
Universität Wissensnah
Studienschwerpunkte: Text Text Text Text Text Text Text Text

Thema der Bachelorarbeit: „CVs und mehr …"
Betreuer: Prof. Dr. Peter Musterprof
Abschlussnote: 1,x

20xx

Abitur Note: 1,x
XY Gymnasium

Wissenschaftliche Tätigkeiten

> Alle Ihre wissenschaftlichen Erfahrungen (konkrete Tätigkeiten in Stichworten aufführen) interessieren sehr!

x/20xx- x/20xx   **Wissenschaftliche Mitarbeiterin am Institut für xy** an der Universität xy
Text Text Text Text Text Text Text Text Text Text Text Text Text Text
Text Text Text Text Text Text Text Text Text Text Text Text Text Text

x/20xx- x/20xx   **Wissenschaftliche Hilfskraft am Institut für xy** an der Universität xy
Text Text Text Text Text Text Text Text Text Text Text Text Text Text
Text Text Text Text Text Text Text Text Text Text Text Text Text Text

Veröffentlichungen

Exzellent, E., Xx, Z., xx, I. & Xx, Y. (20xx). Verwendung und Einschätzung von Lebensläufen. *Zeitschrift für Personalforschung, xx*, 1, 58-78. **(zur Veröffentlichung eingereicht)**

Exzellent, E., (20xx). Die Bindungswirkung von .... *Zeitschrift für XY, 12*, 5-21.

Xx, Z., Exzellent, E & Xy, A. (20xx). eLearning als innovative Form von....*Zeitschrift für XY, 2*, 47-55.

Präsentationen/Konferenzbeiträge

> Die wenigsten Absolventen haben schon veröffentlicht. Falls aber z.B. Ihre Masterarbeit o.a. veröffentlicht wurde, führen Sie dies auf.

x.x..20xx   ECPR General Conference 2016, Prague, Czech Republic 2016

x.x..20xx   Text Text Text Text Text Text Text Text Text Text Text Text Text
Text Text Text Text Text Text Text Text Text Text Text

Lehrtätigkeiten

> Vielleicht haben Sie schon auf Konferenzen präsentiert?

WS.20xx   Territorial Conflicts in International Relations, Universität XY
Lehrauftrag im Bachelorstudium XY

SS.20xx   Text Text Text Text Text Text Text Text Text Text Text Text Text Text
Text Text Text Text Text Text Text Text Text

Stipendien und Mitgliedschaften

> Haben Sie schon gelehrt? Z. B. Tutorien?

09 - 11.20xx   Deutscher Akademischer Austauschdienst (DAAD) Fellowship for research visit at Princeton University

09 - 11.20xx   Text Text Text Text Text Text Text Text Text Text Text Text Text Text
Text Text Text Text Text Text Text Text Text

Projekte

> Gab es Stipendien? Preise? Mitgliedschaften in wissenschaftlichen Organisationen?

6/20xx – heute   **Externe Beraterin für xy** Unternehmens- und Wertekultur
Aufgabenschwerpunkte: Text Text Text Text Text Text Text Text Text
Text Text Text Text Text

1/20xx – 12/20xx   **Externe Beraterin für xy**
Text Text Text Text Text Text Text Text Text Text Text Text Text Text

Sonstige Praxiserfahrung

09 - 11.20xx   **Unternehmenspraktikum** bei Firma XY
Tätigkeiten, Tätigkeiten Tätigkeiten

09 - 11.20xx   **Tätigkeit xy** bei Firma XY
Tätigkeiten, Tätigkeiten Tätigkeiten

> Führen Sie nur auf, was relevant ist. Vollständigkeit ist nicht nötig.

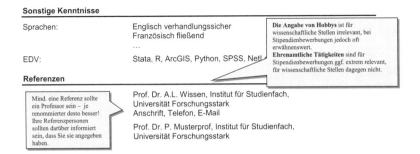

Sonstige Kenntnisse

Sprachen:	Englisch verhandlungssicher Französisch fließend …	**Die Angabe von Hobbys** ist für wissenschaftliche Stellen irrelevant, bei Stipendienbewerbungen jedoch oft erwähnenswert.
EDV:	Stata, R, ArcGIS, Python, SPSS, Net…	**Ehrenamtliche Tätigkeiten** sind für Stipendienbewerbungen ggf. extrem relevant, für wissenschaftliche Stellen dagegen nicht.

Referenzen

Mind. eine Referenz sollte ein Professor sein – je renommierter desto besser! Ihre Referenzpersonen sollten darüber informiert sein, dass Sie sie angegeben haben.

Prof. Dr. A.L. Wissen, Institut für Studienfach, Universität Forschungsstark Anschrift, Telefon, E-Mail

Prof. Dr. P. Musterprof, Institut für Studienfach, Universität Forschungsstark

Die einzig wahre und richtige Art, einen wissenschaftlichen Lebenslauf zu verfassen, gibt es nicht. Trotzdem kann man ein paar allgemeingültige und erfolgversprechende Grundsätze bestimmen und ebenso einige typische erfolgsverhindernde Patzer benennen, die häufig vorkommen und ebenso ärgerlich wie leicht vermeidbar sind. In meiner Beratungstätigkeit habe ich hunderte wissenschaftliche Bewerbungen und auch unzählige Arten von nicht aussagekräftigen und damit schlechten Lebensläufen gesehen. Wenn ich meinen wichtigsten Rat in einer Zeile zusammenfassen sollte, würde ich sagen: Fokussieren Sie sich auf die Anforderungen der Position und machen Sie es dem Leser so leicht wie möglich, die daraus resultierenden, für ihn (!) relevanten Informationen zu erfassen.

Hier kommt meine Top 3 der lästigsten Ärgernisse:

Top 1: Die Informationen sind nicht auf einen Blick erfassbar

Sie können realistischerweise davon ausgehen, dass Ihr CV nicht im Detail Zeile für Zeile und Wort für Wort gelesen wird. Die begutachtende Person wird sich Ihre Bewerbung nicht länger als 90 Sekunden anschauen. Sie wird den Lebenslauf erst einmal überfliegen, um die wichtigsten Highlights (Studienabschluss, erste Publikationen, Preise, spezielle Methodenkenntnisse etc.) zu überblicken. Wenn diese nicht direkt ins Auge springen, ist Ihre Chance oft schon vertan.

Tipp

Sie sollten den Lebenslauf ausgedruckt anschauen. Verschwenden Sie nicht zu viel Zeit mit der Bearbeitung am Bildschirm, bevor Sie ihn ausdrucken und prüfen. Geben Sie ihn jemandem zum Lesen. Stellen Sie eine Stoppuhr auf 90 Sekunden mit der Bitte, den Lebenslauf zu prüfen. Was ist deutlich geworden? Was konnte nicht hervorstechen?

Top 2: Die Inhalte sind nicht an die Stelle oder Position angepasst

In vielen Fällen ist das einfach eine Frage der Struktur. Wenn Sie sich auf eine Stelle bewerben, die Lehre beinhaltet und Sie Lehrerfahrung haben, sollte das irgendwo stehen – und zwar ersichtlich innerhalb kürzester Zeit. Sind Kenntnisse einer bestimmten Forschungsmethode Muss-Kriterium, wird man nicht in Ihren Zeugnissen danach suchen, wenn sie nicht im Lebenslauf aufgeführt sind. Informationen, die erst entschlüsselt werden müssen, sind keine Informationen.

Top 3: Der Lesefluss wird durch überflüssige Informationen und formale Mängel behindert

Ganz häufig sind Lebensläufe mühsam zu lesen, weil sie schlecht strukturiert und formatiert sowie nicht leserfreundlich sind, etwa durch fehlende Seitenzahlen, geteilte Abschnitte, die sich über zwei Seiten ziehen, zu viele Hervorhebungen (fett, kursiv, groß …) oder fehlende Abstände zwischen den Absätzen. Ab und zu sieht man sogar noch chronologisch angeordnete Lebensläufe, bei denen man sich erst durch die ganze Schul- und Bachelorstudienzeit kämpfen muss, bis endlich die relevanten Informationen kommen. Ebenso lästig sind deutlich überflüssige Informationen. Die Überschrift „Curriculum Vitae" hätte man nicht gebraucht, um einen CV oder Lebenslauf als solchen zu erkennen. Unbegreiflich ist auch, warum viele Bewerber zum Beispiel die Kursnummern für jeden gehaltenen Kurs angeben. Natürlich möchte man wissen was Sie unterrichtet haben, in welchem Format und für welches Publikum. Es ist jedoch völlig irrelevant ob Ihre Universität die Seminare mit „Ge21", „Modul AS100305", oder „Unit H3946" benannt hat.

Fazit

Für die Zusammenstellung jeder Bewerbung, vor allem aber für das Verfassen von Anschreiben und Lebenslauf gilt: Stecken Sie die Zeit und Mühe hinein, die eine Eintrittskarte in Ihre Promotion und Ihre weitere Karriere verdient. Versetzen Sie sich in den Empfänger der Unterlagen hinein und präsentieren Sie ihm genau die Informationen, die er braucht. Fragen Sie Ihr Netzwerk und holen Sie sich verschiedene Meinungen ein bei jedem Schritt. Und wenn Sie das tun, bitten Sie um Ehrlichkeit. *„Welchen Eindruck hast Du wirklich von meinem Dokument?"*

8.3.1.3 Gutachten und Empfehlungsschreiben

Gutachten oder Empfehlungsschreiben sind in vielen Bewerbungsverfahren im Zusammenhang mit der Promotion üblich. Viele strukturierte Promotionsprogramme und die meisten Stipendiengeber fordern im Bewerbungsprozess Empfehlungsschreiben von einem oder zwei Hochschullehrern. Handelt es sich um eine Bewerbung für eine Promotionsposition, werden die Empfehlungsschreiben üblicherweise von Professoren geschrieben, mit denen Sie während Ihres Studiums am meisten zu tun hatten und die Sie daher am besten kennen. Dies können Betreuer von Abschlussarbeiten ebenso sein wie etwa Lehrstuhlinhaber, an denen Sie als wissenschaftliche Hilfskraft (HiWi) gearbeitet haben. Für eine Promotionsstipendienbewerbung sollte das erste Gutachten von dem zukünftigen Betreuer angefertigt werden. Für das zweite Referenzschreiben können Sie sich an einen Hochschullehrer Ihrer Wahl wenden. Die meisten Professoren sind gerne bereit, ein Empfehlungsschreiben für ihre Promovierenden, ihre wissenschaftlichen Hilfskräfte und die Studierenden zu erstellen, deren Abschlussarbeiten sie betreut haben. Wenn der betreffende Gutachter Sie jedoch nicht so gut kennt, brauchen Sie einen guten Grund, ihn dennoch zu einem aussagekräftigen Gutachten zu bewegen.

Allgemeingültige Regeln für Gutachten zur Bewerbung um eine Promotionsposition oder ein Promotionsstipendium lassen sich schlecht formulieren. Nicht selten gibt derjenige, der das Gutachten anfordert – also z.B. Graduierteneinrichtung oder Stipendiengeber – schon vor, mit welchen Themen es sich befassen soll. Solche Vorgaben sollte man natürlich – wenn man sie nicht kennt – erfragen und nachfolgend auch einhalten. In welcher Form die Gutachten oder Empfehlungsschreiben verlangt werden, ist ebenfalls unterschiedlich: Einige Institutionen wollen eine kurze Leistungseinschätzung eines Dozenten, manche verlangen ein Gutachten in einem versiegelten Umschlag, und wieder andere möchten, dass der Gutachter einen standardisierten Fragebogen in einem Onlineportal ausfüllt.

Erfahrungsgemäß wird in Empfehlungsschreiben für wissenschaftliche Stellen, Positionen in strukturierten Promotionsprogrammen oder für Stipendien dargelegt, woher und wie lange der Gutachter den entsprechenden Kandidaten schon kennt sowie begründet, warum er besonders geeignet erscheint. Wenn schon ein Exposé für das geplante Forschungsprojekt vorliegt, wie etwa bei Stipendienbewerbungen, erstreckt sich die Beurteilung auch darauf. In jedem Fall sollte am Ende des Schreibens die abschließende Aussage stehen, dass der Gutachter den Bewerber am besten „vorbehaltlos", „uneingeschränkt" oder „nachdrücklich" für die Förderung empfiehlt.

Typische Inhalte des Empfehlungsschreibens

- Die Erfahrungen des Gutachters mit dem Kandidaten unter Hervorhebung besonderer Leistungen
- Die Gesamtbeurteilung des Antragstellers besonders hinsichtlich seiner Befähigung zu wissenschaftlicher Arbeit
- Gegebenenfalls Stellungnahme zu dem Promotionsprojekt aus inhaltlicher und methodischer Sicht sowie eine Aussage zu der wissenschaftlichen Bedeutsamkeit des Projekts
- Eine ausdrückliche Empfehlung des Kandidaten für die betreffende Position oder Finanzierung

Wenn ein idealerweise renommierter und aktiver Forscher aus Ihrem Interessensbereich Ihnen Dinge wie: *„Ihre herausragende Fähigkeit, wissenschaftlich zu arbeiten, hat Frau X. bereits durch ein Forschungspraktikum zu [einem Thema] sowie durch ihre Masterarbeit über das Thema [Thema] gezeigt. … In Anbetracht all dieser Umstände empfehle ich mit großem Nachdruck, Frau X. [in das Promotionsprogramms/auf die Position/in die Promotionsförderung] aufzunehmen."* bescheinigt, ist sehr viel gewonnen.

Tipp

Im eigenen Interesse ist es sinnvoll, den Gutachtenden in seiner Arbeit zu unterstützen, zum Beispiel, indem Sie den Inhalt des Empfehlungsschreibens in weiten Teilen liefern. Dazu können Sie zum Beispiel Ihren Lebenslauf, Ihre Zeugnisse und die Bewerbung für die jeweilige Position das Stipendium mitschicken und stichwortartig inhaltliche Anhaltspunkte liefern. Fragen Sie zunächst (vorsichtig) nach, welche Form der Unterstützung der Gutachtende für die Erstellung des Empfehlungsschreibens wünscht.

Wenden Sie sich rechtzeitig an die Professoren, von denen Sie Gutachten erbitten. Eine Anfrage zwei Tage vor der Deadline zeugt nicht nur von schlechtem Stil, sondern bringt selten ein enthusiastisches Gutachten hervor. Lassen Sie den Professoren, von denen Sie Gutachten oder Empfehlungsschreiben erbitten, alle notwendigen Materialien zukommen: voradressierter und frankierter Briefumschlag, Fälligkeitsdatum und Ihre Bewerbungsunterlagen samt Ausschreibung. Haken Sie nach, ob die Empfehlungsschreiben beim gewünschten Adressaten angekommen sind. Häufig bekommen Sie selbst das Schreiben nicht zu Gesicht, dies ist normal und in manchen Fällen sogar im Bewerbungsverfahren so vorausgesetzt. Und letztendlich: Wenn Sie einen Hochschullehrer um ein Gutachten bitten, werden Sie in der Regel eines bekommen, weil dies kaum ein Professor ablehnen wird. Damit es aber ein Gutachten wird, das Ihnen wirklich nützt, lohnt es sich, den Mut aufzubringen und zu fragen: *„Wären sie bereit, mir ein sehr gut bewertetes Gutachten auszustellen?"* In diesem Fall kann der so Gefragte mit gutem Grund ablehnen, falls er das Gefühl hat, Sie beispielsweise nicht ausreichend zu kennen, um Ihnen ein aussagekräftiges und sehr gut bewertetes Gutachten zu schreiben. Stimmt er oder sie jedoch zu, haben Sie viel gewonnen.

8.3.2 Besonderheiten bei der Bewerbung auf strukturierte Promotionsprogramme

Wie schon beschrieben, erfolgt bei der klassischen Individualpromotion die Auswahl neuer Doktoranden üblicherweise durch den jeweiligen Promotionsbetreuer auf der Grundlage von individuellen wissenschaftlichen und persönlichen Vorstellungen und Bewertungen. Im Gegensatz dazu haben sich strukturierte Promotionseinrichtungen und dabei besonders Graduiertenschulen auf die Fahnen geschrieben, strukturierte und standardisierte Auswahlverfahren durchzuführen. Dies bedeutet, dass statt einzelner Professoren Auswahlgremien aus mehreren Personen geeignete Kandidaten durch möglichst objektive Beurteilung von vorab festgelegten Leistungskriterien auswählen sollen. Wie dies genau geschehen soll, wird aber etwas unterschiedlich interpretiert. In der Praxis zeigt sich, dass es keine einheitliche Strategie gibt, die alle Institutionen bei der Auswahl ihrer Promovierenden verfolgen. Während viele Graduiertenschulen die Entscheidung über die Aufnahme neuer Promovierender auf der Grundlage (häufig über Online-Portale) eingereichter Bewerbungsunterlagen oder klassischer Bewerbungsgespräche treffen, organisieren andere (wenige) komplexe Auswahlverfahren, die in einigen Fällen sogar ganzen Assessment Centern ähneln. Häufig wird auch auf Videokonferenzen oder Telefoninterviews zurückgegriffen, um qualifizierte Bewerber aus entfernteren Gegenden oder aus dem Ausland zu akquirieren.

8.3.2.1 Bewerbung und Auswahlverfahren am Beispiel der Graduiertenschulen

Für die typische, meist mit einer Finanzierung verbundene Aufnahme in eine Graduiertenschule können Sie sich in den meisten Fällen nur nach Ausschreibungen innerhalb eines definierten Bewerbungszeitraums bewerben. Nur in wenigen Fächern wie beispielsweise Informationstechnologie oder Ingenieurwissenschaften, die um ihre Kandidaten besonders werben müssen, da sie (aufgrund der Konkurrenz durch weit bessere Verdienstmöglichkeiten in der Wirtschaft) weniger Promotionsinteressenten haben, können Sie sich auch ganzjährig um Aufnahme bemühen. Daneben werden manchmal aber auch Promovierende nachträglich in eine Graduiertenschule integriert, die zuerst wie bei der Individualpromotion durch einzelne Professoren auf eine Mitarbeiterstelle ausgewählt wurden). Meist zieht sich das Bewerbungsverfahrens über einen gewissen Zeitraum und variiert zwischen einem und sechs Monaten.

8.3.2.2 Verfahren und inhaltliche Auswahlkriterien

Wie beschrieben wählen Graduiertenschulen und viele andere strukturierte Promotionsprogramme ihre Kandidaten in einem mehrstufigen Prozess meist anhand von vorab definierten leistungsbezogenen Auswahlkriterien aus.

Vorauswahl

Für die Vorauswahl anhand der Bewerbungsunterlagen werden laut einer Studie über die Auswahlverfahren von Graduiertenschulen (Hauss, Kaulisch, 2011) folgende Kriterien ausgewertet:

Formale Qualifikationen (Abschlussnoten und akademischer Werdegang), Forschungsinteressen, die Qualität der Referenzen (Stellungnahmen von Personen des akademischen Umfeldes) sowie die Passung des vorgeschlagenen Dissertationsprojektes zum Forschungsprofil der Graduiertenschule. Dabei zeigt sich, dass der Note des Studienabschlusses eine besondere Bedeutung in der Vorauswahl beigemessen wird. Was dies genau bedeutet, variiert dabei zwischen den Graduiertenschulen. Neben konkreten (guten bis sehr guten) Noten fanden sich auch nominale Nennungen, wie z. B. „Exzellent" oder „above average". Vereinzelt wurde die Anforderung an den Studienabschluss als eine relative Größe beschrieben (die Besten 10 Prozent, 15 Prozent oder 25 Prozent eines Abschlussjahrgangs). Codiert man „Exzellent" mit der Bestnote 1.0 und die Nennung „above average" mit der Note 2.0 (dies schwankt jedoch je nach Notenniveau der Studiengänge), erwarten 10 von 24 Graduiertenschulen, die eine Angabe zur geforderten Studienabschlussnote machten, eine durchschnittliche Studienabschlussnote von 1,4 oder besser.

Neben den Abschlussnoten werden das Motivationsschreiben, die einzelnen Studien- und Leistungsnachweise, Sprachzertifikate, ggf. Publikationslisten, Patentanmeldungen sowie Preise und Auszeichnungen ausgewertet. Während ein Motivationsschreiben und Sprachzertifikate in der Regel in allen Graduiertenschulen gefordert werden, unterscheiden sich die Graduiertenschulen in den verschiedenen Fachbereichen im Hinblick auf andere leistungsbezogenen Kriterien. In den Life Sciences (Biologie, Medizin, Biochemie, Biophysik, Bioinformatik, Ernährungswissenschaften etc.) erwarten Graduiertenschulen die größte Bandbreite an Leistungsnachweisen von den Bewerbern. Neben den Studien- und Leistungsnachweisen werden häufig Publikationslisten und Angaben zu Preisen und Auszeichnungen verlangt. In den anderen Wissenschaften hingegen sind die Anforderungen an die zu erbringenden Leistungsnachweise in den Bewerbungsunterlagen zum Teil deutlich geringer. Patente, Publikationen und auch Preise werden von den Bewerbern seltener erwartet.

Persönliches Auswahlverfahren

Nach der Auswertung der schriftlichen Unterlagen durchlaufen die vorausgewählten Bewerber ein persönliches Auswahlverfahren. Neben (teilweise mehreren) Interviews mit Vertretern der jeweiligen Fachrichtungen, die in so gut wie allen Graduiertenschulen durchgeführt werden, sind vor allem in den Lebenswissenschaften aber auch in den sonstigen Naturwissenschaften teilweise auch Vorträge und Präsentationen Bestandteil des Auswahlprozesses. In den Geistes- und Sozialwissenschaften sind diese weniger stark verbreitet.

Manche Graduiertenschulen in den Lebenswissenschaften führen sogar regelrechte Assessment Center durch, die zwischen zwei und sieben Tagen dauern können. Diese als „Interview Days", „Recruitment Meeting", „Interview Week" oder auch „Selection Week" bezeichneten Verfahren beinhalten neben Interviews oft Präsentationen, Gruppendiskussionen und mündliche Tests. Außerdem bekommen die Bewerber die Möglichkeit, Einblicke in Forschungsgruppen zu erhalten, mit Gruppenleitern über ihre wissenschaftlichen Interessen zu diskutieren sowie Ideen für Promotionsvorhaben zu diskutieren. Während dieser persönlichen Interviews, Präsentationen etc. bewerten die Gutachter neben fachlichen Kompetenzen vor allem Motivation und Interesse und die überfachlichen Qualifikationen der Bewerber. Sie achten darauf, ob die angehenden Wissenschaftler sich intensiv mit dem Programm der Graduiertenschule befasst haben und ob sie gut in bestehende Arbeitsgruppen passen. Sind die Bewerber fähig, wissenschaftlich zu kommunizieren und kooperativ zusammenzuarbeiten? Lassen (Leistungs-)Motivation, Fachinteresse, Organisationstalent. Selbstständigkeit und Durchhaltevermögen eine erfolgreiche Promotion erwarten? Und natürlich auch: Besitzen die Bewerber die Kreativität und die intellektuellen Fähigkeiten, die für komplexe und anspruchsvolle Projekte vonnöten sind? Auch wenn Noten und Testergebnisse bei der Entscheidung eine Rolle spielen: Mindestens genauso wichtig sind überfachliche Kompetenzen, Enthusiasmus und die Motivation, sich aktiv in der Forschergruppe zu engagieren.

Beispiel für das Anforderungsprofil einer Graduiertenschule

Fachkompetenz
Universitätsabschluss (Fach, Note)
Fachwissen
Fachliche Methodenkenntnisse und Erfahrungen
Ideal: Einschlägige Erfahrungen in Forschung und Lehre, Publikationen, Preise

Intellektuelle Fähigkeiten
Problemlösung & analytisches Denken
Kreativität/Divergentes Denken
Unabhängiges Denken
Intellektuelle Risikofreude

Sozialkompetenz und wissenschaftliche Kommunikation
Kommunikationsvermögen (mündlich und schriftlich)
Kooperation und Zusammenarbeit
Konfliktfähigkeit
ggf. (Inter-)Kulturelle Kompetenz
Wissensvermittlung

Motivation & Interesse
Selbstkompetenz/
Fachinteresse
Leistungsmotivation
Neugier/„Hungry Mind"
Lernbereitschaft
Zielorientierung
Gewissenhaftigkeit
Belastbarkeit
Selbstreflektion
Selbstvertrauen

Methodenkompetenz, Management
Planung und Ausführung von Forschungsprojekten
Zielformulierungen
Führung und Anleitung
Ideal: Verfassen von Publikationen und Forschungs-(Stipendien-)Anträgen.

Rahmenbedingungen
Vollzeit/Teilzeit
Anwesenheitszeiten pro Woche
Lebensmittelpunkt in der gewünschten Stadt
Häufigkeit der Besprechungen
Reisebereitschaft

Abb. 28: Anforderungsprofil

8.3.2.3 Der Bewerbungsvorgang für Graduiertenschulen

Herzstück jeder Bewerbung – ob Sie sich für eine Stelle als wissenschaftlicher Mitarbeiter bewerben oder für ein Promotionsprogramm – sind ein überzeugendes (Motivations-)Anschreiben, ein aussagekräftiger Lebenslauf sowie die wichtigsten Hochschulzeugnisse.

Im Motivationsanschreiben begründen Sie Ihre Motivation und Ihre Erwartungen an die Graduiertenschule, stellen die Highlights ihres Lebenslaufs heraus, definieren Forschungsinteressen und verleihen der Bewerbung einen persönlichen Charakter. Daran erkennen die Auswahlkomitees im Idealfall, dass Sie sich intensiv mit dem Programm auseinander gesetzt haben, die richtigen persönlichen Voraussetzungen mitbringen und fachlich wie menschlich in die Forschungsgruppe passen. Der tabellarische Lebenslauf sollte neben Informationen zum Studium und Angaben zu wissenschaftlichen Tätigkeiten und Lehrerfahrungen, idealerweise ein Publikationsverzeichnis und eine Liste bisher erhaltener Auszeichnungen (Preise, Stipendien, etc.) enthalten (mehr dazu siehe Kapitel 8.3: *Die Bewerbung auf wissenschaftliche Stellen und Promotionspositionen*). Darüber hinaus wird meist ein Exposé des Dissertationsprojekts und (mindestens) ein Empfehlungsschreiben eines Professors erwartet. Solche persönlichen Referenzen stehen bei Graduiertenschulen hoch im Kurs – sie liefern den Aufnahmekomitees ein Bild über die Fähigkeiten der Bewerber aus erster Hand. Das (meist sechs bis zehnseitige) Exposé sollte nicht nur Ihre fachlichen Kompetenzen, sondern auch Ihre intensive Vorbereitung der anstehenden Promotion widerspiegeln. Graduiertenschulen suchen nach theoretisch wie empirisch relevanten Dissertationsthemen, die zum eigenen Programm passen (mehr zum Verfassen eines Exposé siehe Kapitel 6.1.2: *Vom Promotionsthema zum Exposé*). Gelegentlich werden zudem die Ergebnisse von Einstufungstests wie der Graduate Record Examination (GRE) oder dem Test of English as a Foreign Language (TOEFL) verlangt.

Im Gegensatz zu der klassischen Bewerbung auf eine wissenschaftliche Stelle verläuft der Bewerbungsprozess für viele strukturierte Promotionsprogramme inzwischen standardisiert und elektronisch. Nicht zuletzt aufgrund des eigenen Anspruchs, Forschung auf international wettbewerbsfähigem Niveau zu betreiben, hat sich zudem Englisch zur Bewerbungssprache Nummer eins entwickelt, auch wenn knapp die Hälfte aller Graduiertenschulen weiterhin deutsche Unterlagen akzeptieren.

Versenden Sie die kompletten Unterlagen in einer E-Mail mit einer PDF-Datei als Anhang, statt auf dem postalischen Weg. Bei sehr vielen Graduiertenschulen (und manchen anderen Promotionsprogrammen) erfolgt die Bewerbung auch mithilfe von elektronischen Bewerbungsportalen.

Abgefragt werden etwa:

- Name, Adresse und persönliche Daten
- Nachweis für den Abschluss, der zur Promotion berechtigt einschließlich Noten und Angaben zur Abschlussarbeit
- Akademischer Werdegang

- Forschungsinteressen, falls spezielle Forschungsprojekt schon vorgegeben sind auch Auswahl des gewünschten Forschungsprojekts
- Eventuell Finanzierungswunsch, d. h. Bewerbung auf eine Finanzierung durch das Programm
- Erforderliche Sprachkenntnisse

Zusätzlich werden meist folgende Dokumente gefordert, die der Bewerbung beiliegen müssen bzw. die Sie als PDF-Dokument hochladen können:

- Motivationsschreiben
- Nachweis von (meist englischen) Sprachkenntnissen durch Sprachzertifikate (z. B. TOEFL)
- Studien- und Leistungsnachweise („full academic transcripts" bestehend aus Abitur- und Studienabschlussnote, sowie Leistungsnachweise einzelner Kurse)
- Publikationslisten
- Patentanmeldungen
- Preise/Auszeichnungen
- Falls keine Vorauswahl von verfügbaren Projektthemen angegeben ist: Eventuell ein Exposé für das gewünschte Thema
- Gutachten

Informieren Sie sich sehr genau über die Erwartungen und Anforderungen der Graduiertenschule. Erschreckend viele Bewerbungen scheitern letztlich an qualitativen Mängeln, die sich mit etwas Sorgfalt vermeiden lassen. Graduiertenschulen erhalten immer wieder unvollständige Unterlagen mit gravierenden Form- und Rechtschreibfehlern. Damit ist eine Bewerbung von vornherein chancenlos. Auch Unterlagen, die nicht thematisch auf das Promotionsprogramm zugeschnitten sind oder denen der persönliche Charakter fehlt, kommen selten in die engere Auswahl. Hier – wie auch grundsätzlich immer – lohnt sich ein Blick auf die Webseite der Graduiertenschule. Dort werden die formalen Anforderungen, der wissenschaftliche Anspruch und die Ziele der Einrichtung definiert und viele Fragen bereits im Vorfeld beantwortet.

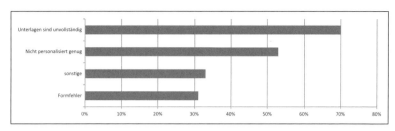

Quelle: academics Umfrage (2013)

Abb. 29: Häufigste qualitative Mängel der Bewerbung in
Graduiertenschulen

Tipps

Bevor Sie sich offiziell bewerben:

Überlegen Sie sich vorab, welcher der Professoren, die in die
Graduiertenschule (oder Promotionskolleg etc.) eingebunden sind, für Sie als Betreuer in Frage kommt. Eventuell ist
dies durch das in Frage kommende Promotionsprojekt auch
schon festgelegt. Informieren Sie sich eingehend über ihre
oder seine Forschungstätigkeit und kontaktieren Sie sie oder
ihn etwa einen Monat vor Ihrer offiziellen Bewerbung. Oft sind
die Professoren sowieso auf der Suche nach akademischem
Nachwuchs und freuen sich über Interessenten, die beraten
werden wollen. Mehr dazu finden Sie im Kapitel 7: *Grundsätzliches zur Wahl des Betreuers.* Beschreiben und begründen
Sie Ihren Wunsch, sich zu bewerben und verdeutlichen Sie
Ihr Interesse und Ihre Neugier auf die Forschungsmöglichkeiten, die sich Ihnen bieten könnten. Idealerweise beziehen
Sie sich dabei auf eine Weise auf die Forschungstätigkeit, des
potentiellen Betreuers, die deutlich macht, dass Sie sich damit
auseinander gesetzt haben. Fassen Sie kurz Ihre bisherigen
Forschungserfahrungen zusammen und skizzieren Sie knapp
Ihr Wunschprojekt.

Vielleicht ergibt sich ein Gespräch mit ihrem Wunschbetreuer.
Doch selbst wenn nicht, wird – wenn die Passung stimmt – er
oder sie Ihre nachfolgende Bewerbung vermutlich genauer
und gründlicher beachten. Aber Vorsicht: Wie bei jeder Bewerbung verspricht ein solches Verfahren nur dann Erfolg,
wenn deutlich wird, dass Sie sich informiert und Gedanken

gemacht haben und ihre Kontaktaufnahme keinem beliebigen Serienbrief ähnelt.

Informieren Sie sich

Informieren Sie sich möglichst früh über verschiedene Programme wie Graduiertenschulen oder Promotionskollegs und deren Aufnahmebedingungen. Viele Einrichtungen verlangen Empfehlungsschreiben oder einen offiziellen Englischnachweis wie den TOEFL-Test. So etwas kann man sich nicht auf die Schnelle besorgen.

Sprechen Sie mit den Koordinatoren

In der Regel wissen die Koordinatoren, Direktoren oder Sprecher von Graduiertenschulen, Graduiertenkollegs und anderen Programmen am besten, wie sich die Einrichtungen in Zukunft entwickeln werden, in welchen Bereichen geforscht wird und natürlich auch, wann die Finanzierung für das Programm ausläuft. Sprechen Sie diese bei Unklarheiten am besten direkt an. Nerven Sie aber niemanden mit formalen Fragen etwa zu Aufnahmebedingungen, Bewerbungsunterlagen oder Fristen, die Sie bei gründlicher Recherche selbst beantworten können (siehe vorheriger Punkt).

8.4 Das Vorstellungsgespräch für Stellen und wissenschaftliche Positionen

Wer Sie sich auf eine Stelle im wissenschaftlichen Bereich bewirbt, zum Beispiel auf eine Promotionsstelle an einer Universität, sollte sich auf ein etwas anderes Verfahren einstellen, als es in der Wirtschaft üblich ist. Die Wissenschaft ist von anderen Kulturen und Mentalitäten geprägt und dortige Vorstellungsgespräche unterscheiden sich in einigen Punkten von Auswahlgesprächen in anderen Bereichen. In der Wissenschaft haben fachliche Inhalte im Gespräch meist einen höheren Stellenwert, als dies in anderen Beschäftigungszweigen der Fall ist. Daher besteht hier ein Vorstellungsgespräch häufig aus zwei Teilen: einem Fachvortrag oder der Präsentation eigener wissenschaftlicher Arbeiten bzw. Forschungsvorhaben und dem eigentlichen Einstellungsgespräch. Je nach Anforderung, Fachtradition und natürlich Teilnehmerkreis wird das Gespräch meist in deutscher oder englischer Sprache geführt. Worum geht es im Vorstellungsgespräch? Worauf achtet ein Professor auf der Suche nach einem Kandidaten für eine wissenschaftliche Mitarbeiterstelle mit Promotionsmöglichkeit und was interessiert das Auswahlkomitee beispielsweise einer Graduiertenschule? Was sind die Hintergründe der verschiedenen Fragestellungen, die Ihnen begegnen werden?

Den meisten Professoren ist bei ihren Promovierenden ein starkes Forschungsinteresse, eigene Ideen, Selbstständigkeit und Durchhaltevermögen von entscheidender Wichtigkeit, da Forschungsarbeiten oft langwierig und mühsam sind, bevor Ergebnisse erzielt werden können. Böse Zungen bezeichnen Forschung sogar eher als ehrenamtliches Engagement im Sinne des Erkenntnisfortschritts denn als Erwerbstätigkeit. In Bewerbungsgesprächen geht es also neben der Qualifikation verstärkt auch um die Motivation und das Engagement des Bewerbers. Es ist wichtig, dass Sie zeigen, dass Sie für Ihre wissenschaftliche Fragestellung „brennen".

Heruntergebrochen ist es ganz einfach – die wichtigsten Fragen, die Ihren künftigen Promotionsbetreuer umtreiben, sind Folgende:

- Haben Sie die Kompetenzen, die für die Promotion und ggf. auch für die weiteren Tätigkeiten als Wissenschaftlicher Mitarbeiter erforderlich sind? Primär zählt dabei das Potential, gute Forschung zu betreiben und eigenständig eine Dissertation zu verfassen. Haben Sie also das Fachwissen, die intellektuellen Fähigkeiten, die überfachliche Methoden- und Sozialkompetenzen ebenso wie Gewissenhaftigkeit und Durchhaltevermögen?
- Passen Sie in das Team des Lehrstuhls, der Arbeitsgruppe oder des Promotionsprogramms? (Sehen die anderen Teammitglieder dies auch so?)
- Und ganz wichtig: Stimmt Ihre Motivation und Begeisterung für die Promotion und eine wissenschaftliche Tätigkeit?

Dies sind grundsätzliche Fragen, die aber für Ihre potentiellen Promotionsbetreuer nicht so einfach zu beantworten sind. Schließlich legen viele Bewerber während des Gesprächs ja nicht unbedingt immer ihre wahren Beweggründe offen.

Vielleicht ist Ihr Promotionswunsch ja nur eine Notlösung und Sie haben den Sprung auf den nichtwissenschaftlichen Arbeitsmarkt nicht geschafft oder aus Trägheit nicht versucht? Vielleicht sind die genannten Kompetenzen ja nicht wirklich vorhanden? Vielleicht ist der eingereichte Lebenslauf ja eher ein Beleg Ihrer Fantasie als die Dokumentation tatsächlicher Qualifikationen. Aus diesem Grund versuchen auswählende Professoren im Gespräch, oft unter Einsatz verschiedener Fragetechniken das tatsächliche Potenzial der Bewerber zu ergründen.

Anders als in der Wirtschaft werden Bewerbungsgespräche in der Wissenschaft häufig nicht von Personalpsychologen nach eignungsdiagnostischen Gesichtspunkten begleitet, sondern sehr oft ausschließlich von den wissenschaftlichen Vorgesetzten (v. a. Professoren) und eventuell den künftigen Kollegen geführt.daher sind die Gespräche vor allem bei Individualpromotionen meist nicht standardisiert, sie folgen keinem Leitfaden, sondern werden von den jeweiligen Professoren sehr individuell geführt. Weitere Auswahlverfahren wie Assessment Center oder Tests kommen bisher eher selten vor. (Einige wenige Graduiertenschulen und Promotionskollegs beginnen derzeit damit, Assessment Center bei der Auswahl von Promovierenden einzusetzen.) Außerdem sind viele Personen in wissenschaftlichen Leitungspositionen nicht eignungsdiagnostisch geschult. Andererseits sind die Anforderungen an die fachliche Kompetenz der Bewerber besonders hoch. Erwarten Sie also nicht unbedingt ein „klassisches" Vorstellungsgespräch mit dem dabei typischen Verlauf, sondern stellen Sie sich auf unerwartete Fragen ein. Machen Sie sich also Gedanken über mögliche fachliche Fragen und überlegen Sie sich gut, wie Sie Ihr Forschungsinteresse, Ihre starke Motivation und Ihre Ideen und Visionen überzeugend darstellen können.

Etwas anders sieht es bei Auswahlverfahren in strukturierten Promotionsprogrammen, vor allem bei Graduiertenschulen aus. Hier werden die Interviews und eventuelle weitere Verfahren in strukturierter Form von einem Auswahlkomitee durchgeführt und meist von dem Programmkoordinator koordiniert. In (teil-)strukturierten Interviews werden allen Bewerbern die gleichen vorgegebenen, qualifikations- und tätigkeitsbezogenen Fragen gestellt. Teilweise werden die Antworten der Bewerber vorgegebenen Antwortkategorien zugeordnet. Dies erleichtert es den Interviewern, die relevanten Fähigkeiten der Kandidaten zu evaluieren und zu vergleichen und erhöht die Objektivität und die Validität (Aussagekraft).

Im Folgenden möchte ich Ihnen typische Interviewthemen und Fragetechniken vorstellen und Hinweise für eine gute Vorbereitung darauf geben:

Fragetypen

Gängige Fragetypen, die vor allem in standardisierten Interviews vorkommen aber durchaus auch in nicht standardisierten Gesprächen gestellt werden, sind zum einen **biographische Fragen**, auf welche die Bewerber über erlebte erfolgskritische Situationen und ihr jeweiliges Verhalten berichten („Haben Sie schon einmal … ?") und zum anderen **situative Fragen**, bei denen die Bewerber eine hypothetische Situation geschildert bekommen und ihre Reaktion darauf beschreiben müssen („Stellen Sie sich vor … , was würden Sie tun … ?").

Diese Frageformen beruhen auf der Annahme, dass die Art, wie eine Person sich in erlebten oder fiktiven erfolgskritischen Situationen verhalten hat oder verhalten würde, eine Vorhersage ihres zukünftigen Verhaltens erlaubt. Vorab legen die Entscheider fest, welche Anforderungen an den Bewerber gestellt werden und davon abgeleitet werden entsprechende Fragen formuliert. Dabei geht es jedoch weniger um bestimmte Eigenschaften der Person, sondern um gewünschte erfolgsbringende oder erfolgskritische Verhaltensweisen. Ein einfaches Beispiel für eine erfolgskritische Verhaltensweise eines Nachwuchswissenschaftlers ist die Beschreibung, wie er in der Studienabschlussarbeit ein herausforderndes methodisches Problem gelöst hat.

Die Antworten der Bewerber werden dann mit den zuvor festgelegten „optimalen" Verhaltensweisen eines Wunschkandidaten verglichen. Verhaltensverankerte Fragen zu Ihrer Biographie erkennen Sie in der Regel an Formen wie diesen:

- *Haben Sie schon einmal … ?*
- *Nennen Sie ein Beispiel, wie Sie … haben.*
- *Schildern Sie eine Situation, in der Sie …*

Üblicherweise wird zuerst nach konkreten beruflichen Erfahrungen gefragt. Daran anschließend lässt sich der Interviewer in darauf abgestimmten Nachfolgefragen die konkreten Handlungen und Interpretationen des Bewerbers schildern. Da viele Bewerber auf derartige Fragen sich nur sehr vage äußern, wie sie in konkreten Situationen vorgegangen sind, wird meist so lange nachgehakt, bis klar wird, wie die Situation, das genaue Verhalten des Bewerbers und das Ergebnis ausgesehen haben.

Sehr viel kompetenter wirken natürlich Personen, die gleich zu Anfang eine vollständige und aussagekräftige Schilderung dieser Sachverhalte geben.

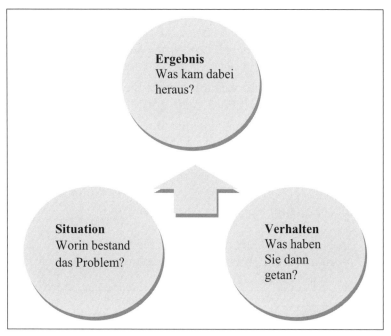

Abb. 30: Elemente einer vollständigen Verhaltensstichprobe

Was genau taten Sie in welcher Situation, und zu welchem Ergebnis führte dies? Schildern Sie also zuerst die genaue Situation, in der Sie sich befanden sowie die Aufgabe, die Sie hatten bzw. das Problem, das Sie lösen wollten. Danach führen Sie aus, was genau Sie getan haben und zu welchem – natürlich möglichst eindrucksvollem – Ergebnis dies geführt hat. Wenn Sie die abgefragte Erfahrung nicht vorweisen können, beschreiben Sie eine ähnliche Erfahrung und stellen Sie Ihre Handlungen dar. Auf diese Weise geben Sie ihren Gesprächspartner eine gute Vorstellung Ihrer Handlungsweisen und haben damit die beste Möglichkeit, sich selbst in ein positives Licht zu setzen, ohne – und das ist wichtig! – dies mit unangenehmen Eigenlob zu tun.

Beispiel für eine biographische Frage an potentielle Doktoranden (mit Hinweisen zur Auswertung der Antwort):

Biographische Frage (Fragen nach vergangenem – für die Position relevantem – Verhalten) zum Themenkomplex **Initiative**:

„Können Sie von Aufgaben berichten, zu denen Sie nicht verpflichtet waren, die Sie aber dennoch übernommen haben? Wie sind Sie zu der Aufgabe gekommen? Was war das Ergebnis?"

Auswertung auf einer verhaltensverankerten Antwortskala (von 1 (suboptimal) bis 5 (sehr gut)):

1. Keine Aufgaben aus eigener Initiative übernommen; oder: völlig unbedeutende Aufgaben
2. ...
3. Kleinere Aufgaben aus eigener Initiative übernommen und erfolgreich ausgeführt oder größere Aufgaben eher mit „sanftem Druck" übernommen.
4. ...
5. Größere Aufgaben, die mit erheblichem Aufwand verbunden waren, freiwillig übernommen, mit Freude zu einem positiven Ergebnis geführt.

Eine gute Vorbereitung hilft Ihnen, die richtigen Beispiele aus Ihrem Leben herauszugreifen und diese so gekonnt in Szene zu setzen, dass Ihr Interviewer Ihre Kompetenzen erkennt. Machen Sie sich vorab klar: Worauf kommt es dem Fragesteller an? Welche Fähigkeiten werden von Ihnen erwartet? Wann haben Sie diese Fähigkeiten schon einmal erfolgreich eingesetzt?

Wichtiger Tipp:

Auch auf allgemeine Fragen, die nicht als verhaltensverankerte Fragen gestellt wurden ("Sind Sie teamfähig?"), können Sie nach eben beschriebenem Muster antworten. Dadurch gewinnt Ihre Antwort enorm an Glaubwürdigkeit und Aussagekraft.

Situative Fragen bestehen aus einer knappen Schilderung einer erfolgskritischen Arbeitssituation und der Frage, wie Sie sich in dieser Situation verhalten würden. Sie werden aufgefordert, konkret und anschaulich Ihr mögliches Vorgehen zu schildern. Auch bei situativen Fragen werden die Antworten mit (meist) fünf, vorab festgelegten Antwortbeispielen verglichen, um eine Bewertung vornehmen zu können.

Ein Beispiel für eine situative Frage nach einer fiktiven, erfolgskritischen Situation ist Folgende:

Beispiel Situative Frage (Fragen mittels Beispielsituationen nach hypothetischem – für die Position relevanten – Verhalten)

"Sie befinden sich in der Vorbereitung zu Ihrer ersten Veröffentlichung und müssen eine knappe Deadline einhalten. Ein Kollege kommt gehetzt zu Ihnen und sagt, dass er in einem wichtigen Projekt dringend Hilfe braucht. Was tun Sie?"

Auswertung auf einer verhaltensverankerten Antwortskala (von 1 (suboptimal) bis 5 (sehr gut)):
1. Ich gebe ihm einen Rat, an wen er sich wenden kann.
2. ...
3. Ich versuche festzustellen, was konkret das Problem ist, und versuche zu helfen.
4. ...
5. Ich überschlage, wie viel Zeit ich maximal für die Unterstützung anbieten kann und biete in diesem Umfang meine Hilfe an. Darüber hinaus versuche ich, im Rahmen des Möglichen eine Problemlösung zu entwickeln.

Gehen Sie vor wie bei einer Fallstudie. Vergewissern Sie sich, dass Sie die geschilderte Situation richtig und komplett verstanden haben. Fehlen Ihnen Informationen zur Lösung des

Problems? Dann fragen Sie nach. Gehen Sie nun strukturiert nach folgendem Muster an das Problem heran:

• Worin besteht das Problem?
• Was tue ich um das Problem in den Griff zu bekommen?
• Welche Ergebnisse beabsichtige ich zu erzielen?

Nehmen Sie sich Zeit für eine überlegte Antwort. Niemand erwartet von Ihnen, dass Sie wie aus der Pistole geschossen eine Strategie präsentieren – im Gegenteil! Schließlich sind Sie eine analytische Person, die Ihre Entscheidungen durchdenkt!

8.4.1 Inhalte und Auswahlkriterien des Vorstellungsgesprächs

In der Regel haben die Professoren, die Sie zu einem Vorstellungsgespräch einladen, schon durch Ihre eingereichten Unterlagen oder durch frühere Arbeitserfahrungen mit Ihnen einen ersten Überblick über Ihre fachliche Eignung. Im Einzelgespräch geht es nun darum, mehr über Ihre Motivation, Ihre Ziele und Ihre Stärken zu erfahren und sich ein Bild über Ihre Persönlichkeit zu machen:

• Wollen Sie aus den „richtigen" Gründen promovieren?
• Ist Ihre Motivation begründet und belegt?
• Werden Sie den Anforderungen gerecht werden?
• Passen Sie ins Team?

Die Phasen und Fragen in einem Vorstellungsgespräch im wissenschaftlichen Bereich lassen sich oft in folgende Kategorien ordnen:

• Ihre Selbstpräsentation/Ihre Selbstvorstellung
• Ihr Promotionsvorhaben (wenn dies schon fest steht)
• Ihre Motivation, Ihre Forschungsinteressen und Ihre Erwartungen
  ○ In Bezug auf die ausgeschriebene Position
  ○ In Bezug auf Ihre Promotion
  ○ In Bezug auf eine wissenschaftliche bzw. nichtwissenschaftliche Laufbahn
• Ihre fachlichen Kompetenzen und Qualifikationen
• Ihre überfachlichen Kompetenzen und Qualifikationen
• Evtl. ein besonderer Schwerpunkt auf Ihre didaktische Eignung und mögliche Lehrerfahrung

- Eventuelle Publikationen (Vielleicht können Sie Daten aus ihrer Diplom- oder Masterarbeit publizieren?)
- Mögliche Erfahrung bzw. Wissen zum Thema Einwerbung von Stipendien und Drittmitteln (keine Sorge, die wenigsten Absolventen können hier schon viel vorweisen)

Natürlich machen Ihr künftiger Promotionsbetreuer und gegebenenfalls auch Ihre künftigen Kollegen sich auch darüber Gedanken, ob die „Chemie stimmt":

- Sind sich die Beteiligten des Gesprächs sympathisch?
- Wirken Sie offen oder gehemmt?
- Erscheinen Sie nett, optimistisch, aktiv, neugierig, interessiert?
- Will man Sie jeden Tag im Büro, im Labor oder in der Mensa treffen?

Die meisten Fragen – sei es nach dem Lebenslauf, Einzelheiten des Studiums, Erfahrungen und Wünschen sowie Vorstellungen – dienen dazu, diese Dinge zu beantworten.

Bereiten Sie sich auf die wichtigsten „zu erwartenden" Fragen vor und finden Sie Ihre ganz persönlichen Antworten. Tragen Sie anschließend diese Antworten einem Freund oder Kollegen vor. Ist er überzeugt? Sind Sie überzeugt? Dann werden Sie auch Ihre Gesprächspartner überzeugen.

Natürlich hat jemand, der selbstbewusst und positiv seine Interessen und Stärken durch Beispiele aus seinem interessanten und aktiven Lebenslauf präsentieren kann, viel bessere Chancen als ein so genanntes „stilles Wasser", dem man alles „aus der Nase ziehen" muss.

In einer großen Studie (Reinders, 2008), in der 450 Personen in Leitungsfunktionen aus dem Wissenschaftsbereich u. a. zu Ihren Vorstellungen über Vorstellungsgespräche und Einstellungskriterien befragt wurden, nannten knapp 30 Prozent die beim Gespräch gezeigte Motivation als das wichtigste Auswahlkriterium. Damit liegen Interesse und Motivation gleichauf mit der Bedeutung einschlägiger Fachkompetenzen. Dies ist nicht verwunderlich, da für eine wissenschaftliche Laufbahn ein hohes Maß an Leistungsmotivation, Durchhaltevermögen, Interesse am Forschungsgegenstand sowie an der forschenden Tätigkeit an sich unabdingbar ist.

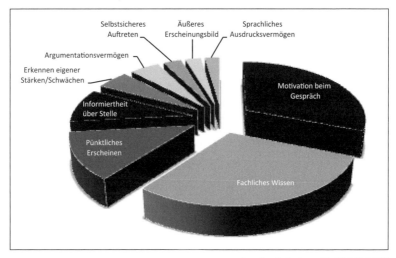

Selbstsicheres
Auftreten

Äußeres
Erscheinungsbild

Sprachliches
Ausdrucksvermögen

Argumentationsvermögen

Erkennen eigener
Stärken/Schwächen

Informiertheit
über Stelle

Motivation beim
Gespräch

Pünktliches
Erscheinen

Fachliches Wissen

Quelle: Reinders, H. (2008) S. 153

Abb. 31: Wichtigstes Kriterium für die Bewertung eines Bewerbers im Vorstellungsgespräch

8.4.1.1 Fragen zu Ihrer Motivation

Mit Ihrer Motivation für die Entscheidung zur Promotion haben Sie sich bereits in Kapitel 1 intensiv beschäftigt. Aber nicht nur Sie sollten genau wissen, warum und wie Sie promovieren möchten, hier geht es auch darum, Ihre(n) künftige(n) Betreuer von Ihrer Motivation zu überzeugen.

Begründen Sie also sehr gut, warum Sie prinzipiell promovieren möchten, warum Sie welches Forschungsthema gewählt haben und warum Sie gerade bei diesem Professor, diesem Promotionskolleg, dieser Graduiertenschule oder dieser Forschungseinrichtung forschen möchten. Ihr Interesse und Ihre Begeisterung sollten im Gespräch spürbar rüberkommen und durchdacht und gut begründet formuliert sein. Zeigen Sie Ihre Begeisterung für das Themengebiet und Ihr Interesse an wissenschaftlichen Forschungtätigkeiten. Begründen Sie Ihre Entscheidung für diese Promotionsmöglichkeit. Verdeutlichen Sie, dass Sie sorgfältig recherchiert haben und Ihre Wahl gut informiert getroffen haben. Machen Sie Ihrem Gegenüber klar, dass Sie nicht hier sind, weil Sie auf dem nicht-wissenschaftlichen Arbeitsmarkt derzeit keine Chance sehen, weil Sie gerne noch ein bisschen Ihr studentisches Leben an der Uni führen möchten oder weil Ihnen nichts Besseres eingefallen ist.

Ein Beispiel für eine verhaltensverankerte Frage mit Hinweisen zur Auswertung Ihrer Antwort zu Ihrer Motivation und Ihrem Interesse könnte so aussehen:

Frage: *„Welche Quellen haben Sie genutzt, sich über diese Arbeitsgruppe zu informieren? Welche Erfahrungen haben Sie dabei gemacht?"*

Auswertung auf einer verhaltensverankerten Antwortskala (von 1 (suboptimal) bis 5 (sehr gut):

1. Hat sich nicht informiert; oder: schlechte Informationsquellen, kein Zugang zu guten Quellen.
2. ...
3. Hat sich informiert, nutzte vorwiegend einfach zugängliche Informationsquellen.
4. ...
5. Hat sich aus schriftlichen Quellen fundiert informiert, zusätzlich aber auch persönliche Quellen genutzt. Hat z. B. die Hochschule aufgesucht und sich von Hochschulmitarbeitern beraten lassen.

Weitere Fragen zu Motivation, Forschungsinteressen und Erwartungen

- *Warum haben Sie sich hier beworben?*
- *Warum wollen Sie hier arbeiten/forschen?*
- *Wie sehen Ihre Forschungsinteressen aus?*
- *Wo sehen Sie Anknüpfungspunkte zu unserem Forschungsschwerpunkt?*
- *Warum wollen Sie promovieren?*
- *Wie würden Sie das Thema angehen?*
- *Wo sehen Sie Probleme/Schwierigkeiten bei diesem Thema?*
- *Was erwarten Sie von Ihrem Betreuer?*
- *Wie stellen Sie sich die Arbeit/den Ablauf in der Arbeitsgruppe vor?*
- *Woran arbeitet der Lehrstuhl gerade? Nennen Sie uns Forschungsthemen/-projekte, die Sie besonders interessieren.*
- *Wie und warum haben Sie Ihre Studienschwerpunkte gewählt?*

- *Bitte beschreiben Sie uns doch Ihre Masterarbeit (oder Ihre Bachelorarbeit). Mit welchen Methoden haben Sie gearbeitet?*
- *Was wollen Sie in Zukunft erreichen? Welche Schritte planen Sie?*
- *Was waren ihre beruflichen bzw. akademischen Ziele und Wünsche nach Ihrem Studienabschluss?*
- *Warum wollten Sie eine (bzw. keine) wissenschaftliche Laufbahn einschlagen?*
- *Welche Alternativen sehen Sie zu einer Karriere in der Wissenschaft?*

Wer geschickt ist, ergreift die Gelegenheit, seine Eignung und seine Motivation in einer Antwort miteinander zu verbinden. Für Ihren Gesprächspartner ist es ganz entscheidend, dass Sie sich intensive Gedanken über Ihre Promotion und Ihre berufliche Zukunft gemacht haben und sich die in Frage kommende Promotionsmöglichkeit gezielt ausgesucht haben. Ihr/e künftiger/n Betreuer möchte(n) sicher gehen, dass Sie Ihre Leidenschaft in das Promotionsprojekt und die in Frage stehenden Aufgaben stecken werden und dass Sie auch generell eine zielstrebige, interessierte und gut informierte Person sind.

Eins ist natürlich ganz entscheidend: Es muss ein Funke überspringen! Ihre Augen müssen leuchten, wenn Sie Ihre Liebe zu den Spieltheorien und Ihrer Bedeutung für die Entscheidungsforschung ausdrücken, Ihrer Begeisterung für die Entwicklung von polymeren Nanopartikeln Ausdruck verleihen oder von Ihrer Freude an der Ausarbeitung einer Abhandlung über den polnischen Humorbegriff des achtzehnten Jahrhunderts sprechen. Motivation und Begeisterung sind Emotionen – und lassen sich somit eher emotional als rational erfassen und vermitteln. Begeisterung muss man spüren. Es kommt also mehr darauf an, wie Sie etwas sagen, als was Sie sagen.

8.4.1.2 Ermittlung Ihrer Kompetenzen im wissenschaftlichen Vorstellungsgespräch

Mit den wichtigsten Kriterien und Anforderungen an Ihre Kompetenzen und Interessen haben wir uns in Kapitel 1 intensiver beschäftigt. Professoren legen in der Regel natürlich großen Wert auf Ihre Fachkompetenzen. Daneben interessieren aber auch Ihre überfachliche Methodenkompetenzen, Ihre intellektuellen Fähigkeiten, Ihre Sozialkompetenz als Ausdruck Ihres Geschicks im Umgang mit anderen und natürlich

Ihre als Selbstkompetenz bezeichneten leistungsbezogenen Einstellungen und Fähigkeiten.

Besonders die Kompetenzen, die eng an Ihre Persönlichkeit geknüpft sind, wie Ihre Selbst- und Sozialkompetenzen und Ihr Geschick in wissenschaftlicher Kommunikation und Wissensvermittlung, lassen sich am besten im persönlichen Gespräch und durch Vorträge und Präsentationen erheben.

Beispiel Kompetenzprofil und erfolgskritische Verhaltensweisen:

Fachliche Kompetenzen Universitätsabschluss Fachwissen Fachliche Methodenkenntnisse Einschlägige Erfahrung in Forschung und Lehre etc.	
(Überfachliche) Methodenkompetenzen, Managementkompetenz Planungskompetenz Führen und Anleiten Verfassen von Publikationen und Forschungs-/Stipendien-Anträgen	**Beispiel erfolgskritische Verhaltensweise** Planungskompetenz: Der/die BewerberIn erstellt einen realistischen Arbeits- und Zeitplan für sein/ihr Projekt
Selbstkompetenz Neugier („Hungry Mind") Gewissenhaftigkeit Leistungsmotivation Lernbereitschaft Zielorientierung Selbstorganisationskompetenz	**Beispiel erfolgskritische Verhaltensweise** Fachinteresse: Der/die BewerberIn hat sich in seiner Abschlussarbeit herausfordernde Ziele gesetzt und erreicht.
Intellektuelle Fähigkeiten Kreativität Problemlösung & analytisches Denken Unabhängiges Denken Intellektuelle Risikofreude	**Beispiel erfolgskritische Verhaltensweise** Analytisches Denken: Der/die BewerberIn kann neue Informationen sinnvoll in eigenen Schlussfolgerungen umsetzen.
Sozialkompetenz und wissenschaftliche Kommunikation Kommunikationskompetenz Kooperation und Vernetzung Konfliktfähigkeit (Inter-)Kulturelle Kompetenz Wissenschaftliches Schreiben und Wissensvermittlung	**Beispiel erfolgskritische Verhaltensweise** Der/die BewerberIn hat ein gutes diszipinäres und interdisziplinäres Netzwerk aufgebaut.

Erfragt werden Ihre Qualifikationen oft sowohl durch Fragen zu Ihrer Selbstvorstellung und damit eigenen Kompetenzbeschreibung als auch durch gezielte Fragen zu einzelnen geforderten Qualifikationen.

8.4.1.3 Ihre Selbstvorstellung

In fast jedem Auswahlgespräch begegnet Ihnen die Aufforderung:

* *Erzählen Sie doch etwas von sich selbst.*
oder
* *Bitte stellen Sie sich uns vor.*
oder
* *Erläutern Sie uns Ihren Werdegang.*

Dies ist ein ganz zentraler Teil des Interviews und dient dazu, Ihre Erfahrungen, Ihre Stärken und Ihre bisher erworbenen und angewendeten Kompetenzen kennen zu lernen. Für Sie ist diese Aufforderung die perfekte Vorlage, um in einem sorgfältig vorbereiteten Vortrag, Ihre Eignung für die jeweilige Promotionsposition herauszustreichen. Dies ist die offenste Frage – der Teil des Interviews, den Sie am besten selbst in die gewünschte Richtung lenken und gestalten können. Nutzen Sie diese Chance und bereiten Sie diesen Teil besonders gut vor!

Ihre Biografie ist Ihre Visitenkarte und Ihr vergangenes Verhalten wird als Prädiktor für Ihr zukünftiges Verhalten gesehen. Ebenso wird aus Ihren vergangenen Vorlieben und Entscheidungen auf Ihre jetzigen Ziele geschlossen. Berichten Sie möglichst positiv und motiviert von Ihren früheren Tätigkeiten und Ausbildungszeiten. Selbstverständlich waren Ihre Erfahrungen interessant, Ihre Entscheidungen durchdacht und Ihre Aktionen engagiert! Und selbstverständlich hadern Sie nicht mit der Vergangenheit, sondern sind zufrieden mit Ihren Entscheidungen. Auch Zickzack-Lebensläufe lassen sich durch überzeugende Erklärungen und positive Bewertung sehr gut darlegen. Achten Sie darauf, dass ein roter Faden in Ihrer Biografie erkennbar ist (selbst wenn Sie ihn nachträglich hineinflechten). Gehen Sie davon aus, dass Sie oft fünf bis zehn Minuten Zeit haben, über sich und Ihren Werdegang zu berichten. In manchen Fällen werden Sie unterbrochen werden, in anderen lässt man Sie zu Ende sprechen. Je schlüssiger und nachvollziehbarer Sie erzählen, desto höher ist die Wahrscheinlichkeit, dass man Sie ausreden lässt. Falls Sie immer wieder durch Fragen unterbrochen werden, ist es umso hilfreicher und nötiger, die Selbstpräsentation so gut im Kopf zu haben, dass Sie Ihren roten Faden immer wieder aufnehmen können.

Der Erfolg hängt von dem Eindruck ab, den Sie hinterlassen. Es geht darum, wie Sie sich und Ihre Erfolge verkaufen. Prahlen ist dabei genauso wenig angezeigt wie zu große Bescheidenheit. Viele Bewerber, insbesondere Frauen, neigen dazu, ihr Licht unter den Scheffel zu stellen. Sie haben Hemmungen, sich selbst zu sehr zu loben. Es geht jedoch in solchen Situationen nur darum, das herauszustellen, was Sie für die angestrebte Promotionsstelle qualifiziert. Deshalb ist es so wichtig, vorab Ihre Selbstvorstellung zu trainieren und zu inszenieren. Machen Sie nicht den Fehler zu glauben, Sie müssten Ihre Selbstpräsentation nicht üben, da Sie ja schließlich mit Ihrem eigenen Werdegang bestens vertraut sind. Versuchen Sie einmal aus dem Stegreif, die Stationen Ihres Lebenslaufes samt Ihrer Qualifikationen überzeugend darzustellen. Sie werden merken, dass Sie beim ersten Mal vermutlich immer wieder stocken, Ihnen womöglich wichtige Punkte nicht oder zu spät einfallen und Sie keine idealen Beschreibungen und Erklärungen für Ihre Qualifikationen liefern. In Kapitel 1 haben Sie sich schon Gedanken über Ihre Person, Ihre Ziele und Ihre Stärken gemacht. Greifen Sie dies auf und beantworten Sie sich noch einmal folgende Fragen sowohl allgemein als auch im Hinblick auf die ausgeschriebene Promotionsposition:

- Was sind Ihre besonderen Fähigkeiten und Eigenschaften?
- Was sind Ihre Interessen – und warum?
- Welche Highlights bietet Ihr akademischer Werdegang?
- Welche besonderen Verdienste oder Auszeichnungen haben Sie erworben?
- Was sind Ihre Ziele und Wertvorstellungen?
- Was wollen Sie privat über sich erwähnen?

Schreiben Sie sich Ihre Gedanken auf, denn dies ist das Ausgangsmaterial, aus dem Sie Präsentationen unterschiedlicher Länge und mit unterschiedlichen Schwerpunkten erstellen können. Halten Sie sich immer vor Augen: Bei einer Präsentation haben Anfang und Schluss die größte Wirkung, denn der erste Eindruck prägt, der letzte bleibt. Verfallen Sie nicht in den typischen Fehler, Ihr Gegenüber am Anfang über den Namen Ihrer Grundschule in Kenntnis zu setzen und mit Ihren Abenteuern als Fußballspielerin und Hobbykoch zu schließen. Leider ist dies immer noch die typische Selbstpräsentation, die die Interviewer nicht selten zu hören bekommen.

(Negatives) Beispiel

„Mein Name ist Stefan Müller, ich wurde am 15.10.1995 in Lüneburg geboren und ging ab 2000 in die Friedrich Ebert Grundschule. Danach besuchte ich das Paracelsus Gymnasium, wo ich im Frühjahr 2012 das Abitur machte. Im Herbst desselben Jahres begann ich mein Bachelorstudium der Psychologie an der Universität Köln, das ich 2016 beendete und das Masterstudium begann. Dieses beendete ich dieses Jahr. Der Titel meiner Bachelorarbeit war [… ein für die Promotion nicht einschlägiger, dafür umso umständlicher Titel …]. *Meine Masterarbeit hatte den Titel: […*noch ein umständlicher Titel – falls er einschlägig sein sollte, ist dies nicht erkennbar…].*"

…

…

…

Und mit einem unsicheren Lächeln: *„So, das war es zu meiner Person."*

Auch wenn dieser Kandidat inhaltlich alle seine Stationen im Lebenslauf aufgezählt hat, in Erinnerung bleibt den Zuhörern nur, dass die Person offensichtlich geboren wurde und zur Schule gegangen ist, erst ihren Bachelor- und dann ihren Masterabschluss gemacht hat (eine häufig vorkommende Reihenfolge …) und dabei Abschlussarbeiten geschrieben hat (offensichtlich waren diese nicht sonderlich interessant, sonst wäre sicher etwas in der Erinnerung hängen geblieben). Vielleicht versteckt sich ein ungeschliffener Diamant mit tollen Leistungen und großem Charisma hinter diesen Ausführungen – zu sehen ist er jedenfalls nicht. Keine guten Voraussetzungen für einen dringenden Wunsch, diese Person bei der Promotion zu betreuen.

Strukturieren Sie also Ihre Selbstpräsentation so, dass ihre Zuhörer von Ihnen eingenommen und überzeugt werden. Beginnen Sie mit den wichtigsten **für die Promotionsposition einschlägigen** Fakten zu Ihrer Person, beschreiben Sie dann wie, wo und auch warum Sie Ihre Qualifikationen erworben haben und enden Sie mit einer Zusammenfassung der Highlights. Zeigen Sie sich dabei mit Beispielen, positiven Bewertungen und erkennbaren Motiven, die Ihre Zielstrebigkeit zum Ausdruck bringen, als ein zupackender, positiver und hoch motivierter Idealkandidat. Steigen Sie ein mit einer zusammenfassenden Beschreibung Ihres Qualifikationsprofils:

„Mein Name ist Sabine Maier, ich bin Psychologin mit dem Schwerpunkt Arbeits- und Organisationspsychologie. Spezialisiert habe ich mich während meines Studiums und durch sowohl wissenschaftliche als auch praktische Erfahrungen auf die Bereiche Diagnostik und Evaluation im Bereich Interessens- und Eignungsforschung. Dies wählte ich auch als Thema meiner Masterarbeit…"

Beschreiben Sie dann Ihre wichtigste einschlägige, d.h. zu der angestrebten Position und Ihrem Promotionsvorhaben passende, Erfahrung. Dies können zum Beispiel Ihre Masterarbeit, Tätigkeiten als Wissenschaftliche Hilfskraft oder Forschungspraktika sein. Dabei gehen Sie auf die Anforderungen der in Frage stehenden Position ein und stellen einen Bezug dazu her. Achten Sie darauf, einen roten Faden erkennen zu lassen und erläutern Sie Ihre Ziele und Motive. Beschreiben Sie, welche Qualifikationen Sie erworben haben und bewerten Sie Ihre Erfahrungen positiv. Selbst, wenn Sie der Meinung sein sollten, Ihre Hiwi-Tätigkeit bei Professor XY wäre ein völliger Reinfall gewesen und Ihre Chefin hätte Sie ungerecht behandelt, sollten Sie dies keinesfalls so schildern. Finden Sie auch hier etwas Positives, das Sie erwähnen können. Zum Abschluss können Sie das Wichtigste noch einmal zusammenfassen, wobei Sie einschlägige Schlagworte und Schlüsselbegriffen verwenden sollten. Stellen Sie in ein oder zwei Sätzen nochmals dar, warum gerade Sie in das Forschungsteam passen. Leiten Sie dann selbstständig auf Ihre Motivation über! Diese sollte sich stimmig aus Ihrem Werdegang und Ihren vorherigen Schilderungen erschließen.

Achten Sie auf überzeugende Rhetorik und einen begeisterten, mitreißenden Ausdruck. Ihre Erfahrungen waren interessant und haben Ihnen Spaß gemacht! Auch hier gilt: Beschreiben Sie Ihre Stärken und Leistungen, statt sie zu bewerten. Loben Sie sich selbst nicht zu sehr, aber betonen Sie Ihre Erfolge. Lassen Sie Ihre Zuhörer aus den geschilderten Tatsachen Ihren Schluss selbst ziehen: Sie sind hervorragend qualifiziert!

8.4.1.4 Ihr Promotionsvorhaben

Je nachdem, um was für eine Promotionsstelle es sich handelt, wird oft erwartet, dass Sie bereits ein definiertes Forschungsprojekt im Auge haben. Im anderen Fällen ist nur das Forschungsgebiet klar und Sie entwickeln Ihr konkretes Forschungsziel nach Anstellung gemeinsam mit Ihrem Betreuer (Mehr zur Themenfindung in Kapitel 6: *Grundsätzliches zur Themenfindung*). In beiden Fällen gilt: Überzeugen Sie Ihre künftigen Promotionsbetreuer von Ihrer Begeisterung für den betreffenden Forschungsbereich!

Je konkreter Sie über Ihr künftiges Promotionsvorhaben Auskunft geben können, desto besser. Wenn Sie also schon folgende Punkte beantworten können, haben Sie ein Kurzexposé:

• Das Thema: Ich untersuche, arbeite an, forsche über …
• Die Fragestellung: … weil ich herausfinden möchte, wer/was/wann/wo/welche/warum/wie/ob …
• Die Begründung der Fragestellung: … um zu verstehen, wie, warum oder ob …
• Dies möchte ich mit folgenden Mitteln tun: …

Dieses Kurzexposé stellen Sie nun jedem Ihrer Freunde vor – so lange, bis es geschliffen klingt und jeder versteht, was Sie eigentlich tun wollen. Dies ist entscheidend, um Ihre künftigen Betreuer von Ihrer Idee zu überzeugen.

Anschließend erarbeiten Sie einen Kurzvortrag, in dem Sie Ihren Forschungsplan vorstellen. Dabei beantworten Sie folgende Fragen:

• Worum geht es?
• Wer hat was darüber herausgefunden?
• Wie ist meine Fragestellung darin verortet?
• Was hat man bisher nicht herausgefunden?

- Welche Frage ist bislang nicht gestellt und/oder beantwortet worden?
- Was will ich herausfinden?
- Was ist daran neu/zukunftsweisend?
- Warum ist es wichtig, interessant und relevant, dieser Frage nachzugehen?
- Wie will ich vorgehen?

Mehr dazu finden Sie unter Kapitel 6.1.2: *Vom Promotionsthema zum Exposé.*

8.4.1.5 Allgemeine Fragen zu Ihren Kompetenzen und Ihrer Eignung

Beispiele

- *Was qualifiziert Sie für diese Stelle?*
- *Warum sind Sie als Doktorand für unsere Arbeitsgruppe geeignet?*
- *Warum sollten wir uns für Sie entscheiden?*

Antworthinweis

Fragen dieser Art gehören zum absoluten Standardrepertoire in vielen Auswahlprozessen, denn hier zeigt sich, wie gut Sie vorbereitet sind und wie gut Sie Ihre Kompetenzen und Ihre Eignung darstellen können. Nutzen Sie Ihre ausgearbeitete Selbstpräsentation (siehe Punkt: *Ihre Selbstvorstellung*) und stellen Sie Ihre Qualifikationen den Anforderungen gegenüber. Dass Sie dafür die Anforderungen gut kennen müssen und Sie dazu passende Belege Ihrer Kompetenzen vorbereitet haben, ist entscheidend. Zeigen Sie, dass Sie genau wissen, worauf es bei der Position ankommt. Nennen und belegen Sie Ihre dazu passenden Qualifikationen und betonen Sie Ihre Motivation. Die Zielpunkte Ihrer Antwort sollten folgendermaßen aussehen:

- *Wichtig auf der zukünftigen Position ist Folgendes: …*
- *Ich kann das, was für diese Position gefordert ist, denn meine einschlägigen Qualifikationen sind …*
- *Zum Beispiel habe ich erfolgreich … durchgeführt.*
- *Eine Mitarbeit in Ihrem Team/der Graduiertenschule/dem Forschungsinstitut reizt mich besonders, weil …*

8.4.1.6 Fragen zu Ihrer fachlichen Kompetenz

Beispiele

- *Warum haben Sie sich für das Studium XY entschieden? Was waren Ihre Studienschwerpunkte? Warum haben Sie diese Studienschwerpunkte gewählt?*
- *Welche Erfahrungen haben Sie mit folgenden Methoden …?*
- *Welche Kenntnisse haben Sie in diesem Forschungsgebiet …?*
- *Haben Sie schon einmal …?*
- *Wie halten sie sich in Ihrem Gebiet auf dem Laufenden? Welche Fachzeitschriften lesen Sie regelmäßig? Welche Konferenzen besuchen Sie?*

Antworthinweis

Ihre Fachkenntnisse und die dazu gehörigen Methodenkenntnisse, die Sie während Ihres Studiums oder durch weitere forschungsbezogene oder praktische Tätigkeiten erworben haben, bilden die Grundlage für Ihre Eignung. Vor allem danach werden Sie meist für weitere Auswahlverfahren ausgewählt. Nun wird nachgehakt,

- ob Ihr fachliches Wissen ausreichend und anwendbar für die in Frage stehende Promotion und eventuell weitere mit der Position zusammenhängenden Tätigkeiten ist,
- ob Sie die Forschungsmethoden besitzen, die Sie für die Stelle benötigen
- und ob Sie ausreichend Grundlagenwissen und -können besitzen, um sich weitere benötigte Spezialkenntnisse und -fertigkeiten schnell aneignen zu können.

Überlegen Sie sich vorab möglichst genau, welche fachlichen Aufgaben in der neuen Stelle auf Sie zukommen werden und suchen Sie nach Belegen, mit denen Sie Ihre Eignung beweisen können. Nicht immer wissen die auswählenden Professoren über die genauen Lehrinhalte Ihres Studienfachs Bescheid.

Es ist Ihre Aufgabe, zu erläutern, welche Fachkenntnisse Sie ganz konkret für welche Aufgaben anwenden können. Signalisieren Sie gleichzeitig, dass Sie sich für Ihr Wissensgebiet interessieren, sich fachlich auf dem Laufenden halten und bereit sind, dazuzulernen. Natürlich wird von Ihnen erwartet, dass Sie bezüglich des gewünschten Themengebiets auf dem neuesten wissenschaftlichen Stand sind und einschlägige

Fachzeitschriften und deren aktuelle Themengebiete nennen können. Überlegen Sie sich vorab, welche einschlägigen Fachzeitschriften für Sie relevant sein könnten und lesen Sie wenigstens die Zusammenfassungen (Summaries). Diese finden Sie im Internet über die einschlägigen Fachdatenbanken. Den Zugang dazu bekommen Sie in der Bibliothek Ihrer Hochschule. Wenn Sie auf Nachfrage ein, zwei aktuelle Artikel aus einem guten Journal zitieren können, haben Sie überzeugt!

8.4.1.7 Fragen zu Ihrer Selbstkompetenz

Beispiele

- *Schildern Sie uns bitte ein Projekt, das Sie selbstständig initiiert und durchgeführt haben.*

- *Wie haben Sie vor, Ihre Zeit zwischen den Anforderungen der Stelle (Lehre, organisatorische Tätigkeiten am Lehrstuhl oder der Arbeitsgruppe etc.) und Ihrer Dissertation einzuteilen?*

- *Beschreiben Sie eine Arbeitssituation, in der Sie Ihren Optimismus und Ihr Engagement bewahren mussten, obwohl die Durchführung schwierig und der Erfolg fraglich war. Wie haben Sie das geschafft?*

- *Wie würden Sie Ihre Arbeitsweise beschreiben?*

- *Was verstehen Sie unter selbstständigem Arbeiten?*

- *Schildern Sie mir eine Situation, in denen Sie, um einen Erfolg zu erringen, Risiken eingehen mussten. Wie war das Resultat?*

- *Wie gehen Sie mit Misserfolgen oder Rückschlägen um? Können Sie ein Beispiel nennen?*

Antworthinweis

Gute und „brave" Mitarbeiter gibt es viele. Aber an Sie als Doktorand werden andere Ansprüche gestellt: Erfolgreich ist, wer die Energie, den Mut und das Interesse hat, aus eigener Initiative Dinge zu bewegen, Projekte anzustoßen – und diese natürlich auch zu Ende zu führen. Dazu gehört natürlich neben Zielstrebigkeit und Begeisterungsfähigkeit auch das nötige (Selbst -)Management, Gewissenhaftigkeit, Belastbarkeit und genug Selbstkontrolle.

Bei Fragen zu Ihrer Leistungsmotivation geht es weniger darum, was Sie antworten, sondern viel mehr, wie Sie dies tun, damit man Ihnen Ihren Leistungswillen anmerkt und glaubt.

Und wie immer gilt: Bereiten Sie aussagekräftige Beispiele aus Ihrem Lebenslauf vor, mit denen Sie Ihr Engagement und Ihre Tatkraft belegen können. Ganz wichtig dabei ist, dass man in Ihren Erzählungen eine gewisse Begeisterung spürt. Ein Bewerber, der mit leuchtenden Augen von der erfolgreichen Bewältigung eines anspruchsvollen Projektes erzählt, macht einen viel besseren Eindruck als jemand, der mit unbewegter Miene und monotoner Stimme von seinen guten Studiennoten berichtet.

Ihre Selbstständigkeit und Eigeninitiative demonstrieren Sie am besten, indem Sie frühere Aufgaben und Projekte beschreiben, die Sie selbstständig, d. h. ohne Auftrag, Anleitung und Kontrolle erfolgreich bewältigt haben. Idealerweise handelt es sich dabei um studien- oder forschungsbezogene Projekte, zur Not können Sie jedoch auch private Projekte als Beispiel angeben. Vielleicht haben Sie schon einmal eine ehrenamtliche Initiative gestartet, sich ein interessantes Auslandspraktikum auf eigene Faust organisiert oder ein tolles Sportfest auf die Beine gestellt. Die Frage nach dem Misserfolg ist nicht ganz so einfach zu beantworten, da Sie sich zwangsläufig exponieren müssen. Für eine Promotion ist Frustrationstoleranz, Belastbarkeit und konstruktiver Umgang mit Rückschlägen jedoch sehr wichtig. Darum interessieren den Interviewer bei dieser Frage mehrere Dinge: Was bedeutet für Sie überhaupt Misserfolg? Wie gehen Sie mit Rückschlägen um? Ertragen Sie Frustrationen? Schieben Sie die Schuld auf andere oder besitzen Sie die Fähigkeit zur Selbstkritik? Lernen Sie aus Fehlern? Rückschläge und Misserfolge gibt es immer, entscheidend ist, wie man damit umgeht. Beschreiben Sie z. B. ein Projekt, das Ihnen am Herzen lag und das wegen widriger Umstände gescheitert ist. Fügen Sie dann aber unbedingt dazu, welche Schlüsse Sie gezogen oder welche Maßnahmen Sie getroffen haben, um einen weiteren Misserfolg zu vermeiden.

Eine Antwort, wie sie im Folgenden vorgestellt wird, lässt verständlicherweise das Professorenherz höher schlagen, da bei dieser Bewerberin anzunehmen ist, dass sie auch in der eigenen Arbeitsgruppe einiges bewegen wird.

„An meiner Universität habe ich es vermisst, Einfluss auf den Lehrstoff nehmen zu können. Darum habe ich eine Studentengruppe gegründet

und eine Vortragsreihe initiiert, in der Wissenschaftler und Unternehmensvertreter über Fachthemen referiert haben. Das war sehr interessant und dadurch habe ich einige Kontakte geknüpft."

8.4.1.8 Fragen zu Ihren überfachlichen Methoden- und Managementkompetenzen

Beispiele

- *Bitte stellen Sie uns Ihren Arbeits- und Zeitplan für Ihr Promotionsvorhaben vor! (Wenn sie sich mit einem konkreten Promotionsthema bewerben)*
- *Haben Sie schon einmal ein Stipendium oder einen Preis eingeworben?*
- *Haben sie schon einmal jemanden angeleitet oder geführt?*
- *Beschreiben Sie eine Situation, in der Sie eine Aufgabe an jemanden delegieren mussten. Wie sind Sie vorgegangen.*

Antworthinweis

Für ein so großes Projekt wie eine Promotion ist es entscheidend, realistische und anspruchsvolle Ziele zu setzen, sowohl kurzfristige als auch langfristige Arbeitspläne zu erarbeiten und auch mit Unwägbarkeiten und Verzögerungen im Forschungsprozess zurechtzukommen.

Eine Person mit diesen Fähigkeiten

- geht strukturiert vor, ein roter Faden ist erkennbar,
- achtet auf eine übersichtliche Gliederung und Darstellung der Inhalte und Ergebnisse,
- priorisiert Aufgaben nach Wichtigkeit und Dringlichkeit,
- behält auch in unübersichtlichen Situationen den Überblick.

Auch hier sagen aussagekräftige Beispiele mehr als hundert Beteuerungen. Zudem zeigt eine erkennbar gute Vorbereitung auf das Gespräch Managementqualitäten.

Je nach Promotionsposition können zusätzlich Kompetenzen im Bereich Führung und Anleitung für Ihre künftige Tätigkeit wichtig werden. Vielleicht gehört der Umgang mit ratsuchenden Studierenden in Lehrsituationen zu Ihren künftigen Aufgaben oder Sie assistieren bei der Betreuung von Bachelor- oder Masterarbeiten, vielleicht leiten Sie studentische Hilfskräfte oder Laborassistenten an. Aus diesem Grund sind Sie, falls Sie in Ihrem bisherigen Leben schon Führungserfahrungen sammeln konnten, in einer glücklichen Lage. Auch wenn Sie wahrscheinlich noch keine berufliche Führungsposition hatten, hatten Sie vielleicht im nebenberuflichen oder privaten Bereich Führungsaufgaben. Haben Sie Jugendgruppen organisiert, Studierende betreut, Praktikanten angeleitet oder ein Projekt geführt? Na bitte, das sind Führungserfahrungen! Aber auch wenn Sie als Hochschulabsolvent bis zu diesem Zeitpunkt noch wenig oder keine Führungsverantwortung hatten und daher vielleicht nicht auf eigene Erfahrungen zurückgreifen können, ist es wichtig, dass Sie sich über das Thema Führung Gedanken machen. Betonen Sie eigene Führungserfahrungen und zeigen Sie Bereitschaft, dazu zu lernen.

8.4.1.9 Fragen zu Ihren intellektuellen Fähigkeiten

Beispiele

- *Beschreiben Sie eine Situation, in der Sie, um eine Entscheidung zu treffen, einen komplexen Sachverhalt überblicken mussten.*
- *Beschreiben Sie eine Situation, in der Sie ein Problem identifiziert haben, bevor es außer Kontrolle geriet. Was haben Sie dann getan?*
- *Beschreiben Sie mir eine Situation, in der Sie eine schnelle Entscheidung treffen mussten.*
- *Beschreiben Sie eine Situation, in der Ihre üblichen Strategien und Vorgehensweisen nicht zum gewünschten Erfolg geführt haben. Woran lag es? Was haben Sie getan?*

Für eine wissenschaftliche Arbeit, ist die Fähigkeit, komplexe, auch unübersichtliche Probleme rasch zu erfassen und Hintergründe, Strukturen und Zusammenhänge zu erkennen, von großer Bedeutung. Dazu kommt das methodische Vorgehen zur Erkenntnisgewinnung, die „Zerlegung" einer Situation um sie als Ganzes zu erfassen und die Entwicklung und Kontrolle von Lösungsstrategien. Hilfreich dabei ist natürlich die Kenntnis analytischer und kreativer Techniken und Methoden.

Ein guter Analytiker:

- kann komplexe Sachverhalte erfassen,
- kommt zu nachvollziehbaren Lösungen,
- kombiniert vorhandene Daten auf neuartige Weise,
- berücksichtigt alle relevanten Informationen,
- setzt Prioritäten,
- bedenkt Folgen der Entscheidung, schätzt Risiken ab,

* erkennt Gemeinsamkeiten zwischen verschiedenen Sachverhalten.

Ihre intellektuellen Fähigkeiten können einerseits erfragt werden und (das kommt seltener vor) durch entsprechende Aufgaben oder Testverfahren direkt geprüft werden. Im einfacheren, ersten Fall beschreiben Sie, wie gehabt eine Episode aus Ihrem Leben, in welcher Sie Ihre intellektuellen und analytischen Fähigkeiten anwenden konnten.

8.4.1.10 Fragen zu Ihrer Sozialkompetenz und Aspekten der wissenschaftlichen Kommunikation

Beispiele

* *Arbeiten Sie gerne im Team?*
* *Sind für Sie Diskussionen bei der Entscheidungsfindung eher störend oder förderlich?*
* *Schildern Sie uns bitte anhand eines Beispiels, wie Sie in Teams zusammenarbeiten.*
* *Schildern Sie bitte eine Situation, in der Sie in einen Konflikt geraten sind. Wie sind Sie damit umgegangen?*

Antworthinweis

Gute Wissenschaft entsteht im seltensten Fall im stillen Kämmerlein, sondern lebt von Interaktion und Kooperation. Daher gibt es kaum eine Promotionsposition, die nicht auf die eine oder andere Weise in ein Arbeits- oder Projektteam integriert ist. Verständlicherweise wird man daher Bewerber bevorzugen, die über integrative Fähigkeiten und soziale Kompetenz verfügen. Ihre Aufgabe ist es, anhand konkreter Beispiele aus Ihrem Lebenslauf Ihre Teamfähigkeit zu beweisen.

Eine teamfähige Person:

* kann sich integrieren,
* bringt eigenen Einsatz zum Wohl des Teams,
* wird von den Mitgliedern akzeptiert,
* hat die Bereitschaft und die Fähigkeit zu kooperativer Zusammenarbeit,
* wirkt an gemeinsamer Planung und Lösungsfindung mit.

Übrigens – und das ist wichtig – schließen sich Selbstständigkeit und Teamfähigkeit keinesfalls aus. Auch im Team hat jeder seine eigenen Aufgaben, für die er selbst verantwortlich ist. In vielen Teams bearbeitet Jeder selbstständig Teilprojekte und führt sie anschließend zusammen.

Auf die typische Frage: *„Arbeiten Sie lieber im Team oder selbstständig?"* ist also die einzig sinnvolle Antwort: *„Sowohl als auch!".* Idealerweise kennen Sie Ihre eigenen Stärken und lernen Ihre eigene Rolle im Team kennen. Teams sind nämlich dann besonders erfolgreich, wenn die Mitglieder unterschiedliche Fähigkeiten und Kenntnisse einbringen und diese Stärken sich untereinander ergänzen. Machen Sie sich deshalb klar, welche Aufgaben Sie in einem Team gerne übernehmen. Sind Sie eher die Analytikerin oder die, die Ergebnisse nach außen kommuniziert? Sind Sie Führerin, Spezialist, Koordinatorin oder Weichensteller? Finden und benennen Sie Ihre Stärken mit Beispielen, dann überzeugen Sie als wertvolles Teammitglied.

Beispiel

• *Welche Rolle nehmen Sie üblicherweise im Team ein?*

Antwort

• *In der Regel bin ich diejenige, die neue Ideen liefert und deren Entwicklung vorantreibt. So habe ich zum Beispiel während meiner Tätigkeit als wissenschaftliche Hilfskraft eine Vortragsreihe initiiert und zusammen mit meinem Kollegen organisiert. Diese Rolle macht mir besonders Spaß, ich unterstütze natürlich aber auch die Projekte und die Ideen von anderen.*

In jedem Team und in jeder Arbeitsgruppe gibt es ab und an Meinungsverschiedenheiten. Nur eine Person, die mit beruflichen und persönlichen Differenzen konstruktiv umgehen kann, ist fähig, in dieser Gemeinschaft zu arbeiten.

Eine konfliktfähige Person:

• setzt sich offen und fair mit den Meinungen anderer auseinander (und hat den ernsthaften Willen zur Verständigung),
• äußert Kritik offen und konstruktiv,
• bringt aktive Beiträge zur Konfliktlösung,
• kann in schwierigen Situationen vermitteln und sorgt für eine entspannte Atmosphäre,
• ist darum bemüht, „Win-Win"-Situationen zu schaffen.

„Konflikte sind unangenehm aber leider nicht immer vermeidbar. In der Regel komme ich mit meinen Kollegen gut aus. Wenn es aber doch

einmal Meinungsverschiedenheiten gibt, bemühe ich mich, ruhig zu bleiben und erst einmal durch Fragen und Zuhören herauszubekommen, wo das Problem liegt und was mein Gegenüber genau stört. Ich habe die Erfahrung gemacht, dass der erste Ärger oft verraucht, wenn offen über das Problem gesprochen wird. Wenn ich eine andere Meinung habe als die andere Person, sage ich dies offen, versuche dann aber gemeinsam mit ihr Übereinstimmungen und Kompromisse zu finden und eine Einigung zu erzielen. Das hat eigentlich immer sehr gut geklappt."

Eins ist klar – Ihre Erlebnisberichte zeigen viel von Ihrer Persönlichkeit und das letzte, was die meisten Professoren und auch Ihre künftigen Kollegen wollen, ist ein Teammitglied, das unverträglich ist. Achten Sie daher darauf, dass Ihre Schilderungen über ehemalige Arbeitssituationen möglichst positiv und unbedingt fair ausfallen.

- *Wie sind Sie bei Ihrer letzten HiWi-Tätigkeit mit ihren Kollegen und Ihrem Vorgesetzen ausgekommen?*
- *Oh das war schwierig. Meine Kollegen haben mich nicht richtig einbezogen, obwohl ich ihnen immer nur helfen wollte. Und meine Vorgesetzte hat immer zu meinen Kollegen gehalten ...*

Also – selbst wenn dieser bedauernswerte Bewerber selbiges erlebt hätte, würden Sie ihn unvoreingenommen einstellen? Nein? Ich auch nicht!

8.4.1.11 *Fragen zum Bereich Lehre und Wissensvermittlung*

Etwa die Hälfte der Promovierenden an Universitäten ist mit Lehrtätigkeiten betraut (an den außeruniversitären Forschungseinrichtungen lehrt nur jeder Fünfte). Besonders häufig lehren Promovierende der Geisteswissenschaften (mehr als 80 Prozent). Falls Sie sich auf eine Stelle bewerben, die auch Lehrtätigkeit beinhaltet, sollten Sie mit Fragen zu Ihren (Hochschul-) didaktischen Erfahrungen und möglichen Seminarthemen, die Sie anbieten können, rechnen.

- *Welche Lehrveranstaltungen/Tutorien etc. haben Sie bisher gehalten? Wie sind Sie evaluiert worden?*
- *Welche Themen würden Sie gerne in Lehrveranstaltungen anbieten?*
- *Wie würden sie einem/r Studierenden im Grundstudium in wenigen Worten ... (z. B. Ihr Forschungsvorhaben/einen Fachbegriff o. ä.) erklären?*

- *Wie gehen Sie damit um, wenn unterschiedliche Gruppen von Studierenden mit unterschiedlichen Kenntnisständen Ihre Lehrveranstaltung besuchen (z. B. Nebenfach- und Hauptfachstudierende bzw. Lehramtsstudierende)?*
- *Zu Ihren künftigen Aufgaben gehört es, Studierende zu der Gestaltung ihrer schriftlichen Leistungsnachweise zu beraten. In der Regel treffen Sie auf sehr nette Studierende. In Ausnahmefällen gibt es aber natürlich auch schwierigere Personen. Stellen Sie sich nun vor, Sie weisen eine Studentin auf offensichtliche Mängel ihrer Arbeit hin. Diese reagiert unfreundlich und zweifelt Ihre Kompetenz an. Wie gehen Sie mit dieser Situation um?*
- *Angenommen, ein Student bittet um Hilfe bei der Erstellung einer schriftlichen Hausarbeit. Welches Ausmaß an Unterstützung lassen Sie ihm zukommen?*
- *Angenommen, ein Student bittet in letzter Minute um die Verlängerung einer Deadline. Wie gehen Sie damit um?*
- *Worauf legen Sie in Ihrer Lehre besonderen Wert?*
- *Wie verstehen Sie Ihre Rolle und Aufgaben als Lehrende/r?*
- *Was tun Sie, um das Lernen Ihrer Studierenden zu fördern?*

Antworthinweis

Sehen Sie sich die Themen der Lehrveranstaltungen Ihres künftigen Betreuers an. Was davon könnten Sie anbieten, was könnten Sie ergänzen? Überlegen Sie sich konkrete Themen, die Sie in Lehrveranstaltungen behandeln könnten. Wenn Sie an die Lehrveranstaltungen denken, die Sie selbst besucht haben – überlegen Sie sich was Ihnen gefallen hat und was nicht. Machen Sie sich eine Vorstellung darüber, was sie mit guter Lehre verbinden:

- Wann fanden Sie eine Lehrveranstaltung gut?
- Wann haben Sie am meisten dabei gelernt?
- Wie hat der Dozent die Spannung aufgebaut?
- Mit welchen Mitteln hat er das Lernen gefördert?

Keine Angst vor der Lehre! Das erste eigene Seminar ist immer ein Sprung ins kalte Wasser, Sie werden mit der Zeit aber Routine bekommen und sehr wertvolle Erfahrungen machen. Zeigen Sie Ihrem Interviewer, dass Sie an eigenen Lehrveranstaltungen interessiert sind und sich diese auch zutrauen!

8.4.1.12 Umgang mit unangenehmen Fragen

Jeder Bewerber versucht – mehr oder weniger erfolgreich – sich im besten Licht darzustellen. Er betont seine Stärken und Kompetenzen und vermeidet die Erwähnung von allem, was gegen ihn sprechen könnte. Gerade diese Schwächen, ebenso wie die Fähigkeit zur Selbstkritik und die Bewältigungsstrategien sind jedoch für die Interviewer sehr interessant, weshalb das Gespräch gerne auf Schwächen, Fehler oder Misserfolge gelenkt wird. So kann es vorkommen, dass konkrete Schwachstellen aus Ihrem Lebenslauf aufgegriffen und angesprochen werden:

- *Wie kommt es, dass Sie so lange studiert haben?*
- *Warum haben Sie Ihr Studienfach gewechselt?*
- *Was haben Sie denn in den letzten sechs Monaten nach Ihrem Studienabschluss gemacht?*

Haben Sie Angst vor solchen oder ähnlichen Fragen, weil Sie das Gefühl haben, etwas in Ihrem Leben sei nicht optimal gelaufen? Gibt es Brüche oder Lücken? Bleiben Sie gelassen – schließlich hat man Sie eingeladen – so unpassend können Sie nicht sein. Außerdem ist es weder unnormal noch schlimm, Lücken oder Umwege im Lebenslauf zu haben – sofern Sie dazu stehen und eine Erklärung dafür geben können. Keine Sorge: Sie werden nicht abgelehnt, nur weil Sie zwischen zwei Stationen ein halbes Jahr durch Asien gereist sind oder vor Ihrem eigentlichen Studium zwei Semester altägyptische Literatur studiert haben. Im Gegenteil: Sie haben und verfolgen Ihre Interessen, zeigen Flexibilität, Initiative, Interesse am Ausland etc. Eigentlich erwartet Ihr künftiger Betreuer nur eine plausible Erklärung für Lücken oder Brüche im Lebenslauf. Darauf haben Sie sich aber doch sicher vorbereitet, denn diese Fragen sind vorhersehbar. Überlegen Sie also vorher gute und plausible Begründungen für befürchtete oder tatsächliche Schwachstellen in ihrem Lebenslauf. Wenn Sie also beispielsweise sehr lange studiert oder nicht besonders gute Noten erzielt haben, brauchen Sie eine überzeugende Erklärung dafür. Vielleicht haben Sie überdurchschnittlich viele und gute wissenschaftliche oder praktische Arbeitserfahrungen als HiWi gesammelt und deshalb etwas länger gebraucht? Vielleicht waren Sie sozial sehr engagiert? Dann vertreten Sie dies voller

Überzeugung. Begründen Sie nun so sachlich wie möglich, wie es zu dem in Frage stehenden Fakt kam und belegen Sie gleichzeitig, dass dieser Ihre Eignung nicht mindert. Dabei können sie folgendermaßen vorgehen:

- Greifen Sie das Problem auf: *„Es ist richtig, ich habe recht lange studiert."*
- Nennen Sie Gründe für das Problem: *„Ich habe während meiner Studienzeit durch meine Tätigkeit als Wissenschaftliche Hilfskraft und zwei 6-monatige Praktika sehr viel einschlägige Erfahrung gesammelt. Außerdem war ich durch ein Austauschprogramm längere Zeit im Ausland."*
- Beschreiben Sie die Vorteile, die dies bringt: *„Als HiWi hatte ich die Gelegenheit, die Antragstellung zu einem Forschungsprojekt mitzuerleben und zu unterstützen … Dadurch habe ich Einblicke in … bekommen und folgende Methodenkenntnisse … ausbauen können, die Sie vorhin als Voraussetzung für die Position genannt haben."*
- Ziehen Sie ein positives Fazit: *„Meine längere Studienzeit hat sich insgesamt ausgezahlt."*

Weitere Tipps zu Ihrem Vorstellungsgespräch

Bereiten Sie sich vor und kennen Sie Ihre eigenen Interessen, Motive und Stärken

Sie müssen wissen, wer Sie sind und was Sie wollen. Im Gegensatz zu einer Prüfung bietet ein Vorstellungsgespräch einen ganz erheblichen Vorteil: Sie wissen vorher, was „dran kommt". Da Sie auf Ihre Eignung für eine Reihe spezifischer Aufgaben und Tätigkeiten geprüft werden, brauchen Sie nur das Wissen über diese Anforderungen, um die Fragethemen vorherzuahnen. Dann können Sie viele Interviewerfragen voraussehen und für sich schon einmal vorbeantworten. Darüber wurde bereits genügend gesagt, dennoch ist dies der wichtigste Tipp.

Stehen Sie zu Ihren Kompetenzen

Gerade (aber nicht nur) Frauen verkaufen sich in Bewerbungsgesprächen oft schlechter als Männer. Dies belegt auch die Studie der Sprach- und Kommunikationswissenschaftlerin Daniela Wawra (2004) von der Universität Passau. Sie untersuchte den Sprachgebrauch von Frauen und Männern im Bewerbungsgespräch. Dabei zeigte sich, dass sich Männer und Frauen in diesem Punkt deutlich unterscheiden: Männer nennen deutlich mehr Kompetenzen, Frauen mehr Inkompetenzen. Zudem werten Männer ihre Kompetenzen häufiger auf, während Frauen diese eher abwerten. Damit stellen sich Frauen als weniger kompetent dar. Zudem verwenden weibliche Bewerber weniger sprachliche Stilmittel, die Sicherheit ausdrücken. Natürlich handelt es sich dabei lediglich um Durchschnittswerte. Das heißt, man kann nicht jeden Mann in die eine und jede Frau in die andere Schublade stecken. Jeder Mensch, ob Mann ob Frau kommuniziert unterschiedlich. Dennoch gibt es einige Tendenzen, die erfolgsentscheidend sein können. Wenn Sie eine Frau (oder ein eher zurückhaltender Mann) sind, dürfen Sie das auch sein! Achten Sie aber dennoch darauf, nicht in die „Bescheidenheitsfalle" zu treten.

Seien Sie ruhig charmant – aber auch bestimmt! Verstecken Sie sich nicht hinter einem Haufen „könnte", „würde", „hätte" und „vielleicht's", sondern sagen Sie, was Sie zu sagen haben. Achten Sie darauf, dass Sie sich nicht selber schlecht reden und Ihre Leistung nicht schmälern. Floskeln wie „Ich glaube, dass … " kann man sich abgewöhnen. Wie wäre es stattdessen mit „Natürlich, das traue ich mir zu.".

Informieren sie sich über Ihre Gesprächspartner

Dieser Punkt wurde ebenfalls schon mehrfach betont – trotzdem möchte ich ihn nochmals nennen: Machen Sie sich schlau über die Forschungsgebiete und Projekte Ihrer Gesprächspartner und lesen Sie deren letzte Veröffentlichungen. Wenn Sie daran anknüpfen können und damit Ihre Expertise und Ihr Engagement zeigen können, haben Sie sehr viel gewonnen.

Steuern Sie das Gespräch

Wie eingangs gesagt, werden Vorstellungsgespräche in der Wissenschaft häufig nicht strukturiert nach einem Interviewleitfaden geführt, sondern eher situativ gehalten. Dies gibt Ihnen die Möglichkeit zur Einflussnahme auf den Verlauf des Gesprächs. Zudem geht es bei dem persönlichen Gespräch in der Regel weniger um Faktenwissen – dieses kann man im Vorfeld den Zeugnissen entnehmen – sondern meist um die schwieriger zu erfassenden Persönlichkeitsmerkmale wie etwa die Leistungsbereitschaft, soziale Kompetenz, oder Gewissenhaftigkeit. Da diese Eigenschaften abstrakter und nicht unmittelbar prüfbar sind, haben Sie durch geschicktes Gesprächsverhalten viel mehr Möglichkeiten, das Gespräch in gewünschte Bahnen zu lenken. Dabei können Sie zwei unterschiedliche Strategien verfolgen: Sie können einerseits versuchen für Sie günstige Themen möglichst oft und unangenehme Fragen möglichst selten auftreten zu lassen. Zum anderen können Sie versuchen, aus angenehmen Fragen möglichst viel Nutzen zu erzielen und im anderen Fall den Schaden zu begrenzen (siehe Punkt: *Umgang mit unangenehmen Fragen*).

Das erste Prinzip zur Steuerung des Gesprächs ist trivialerweise eine gute Vorbereitung auf das Gespräch. Je besser man vorbereitet ist und je mehr Antwortstrategien man sich überlegt hat, desto weniger unangenehme Situationen wird es im Gespräch geben.

Sie können auch das Gespräch in begrenztem Umfang lenken. Je unstrukturierter das Interview ausfällt, desto mehr Möglichkeiten haben Sie, dies zu tun. Nicht selten stellt der Interviewer eine Frage, die in den Nachbarbereich eines Gebietes fällt, mit dem Sie vielleicht glänzen können. Wenn Sie beispielsweise nach einer bestimmten methodischen Erfahrung gefragt werden, über die Sie leider nicht verfügen, könnte es sein, dass Sie gerne eine andere, mindestens ebenso wichtige Erfahrung zum Besten geben möchten. Nun können Sie entweder direkt von Ihrer anderen Erfahrung berichten – auf die Gefahr hin, dass der Fragesteller auf die eigentliche Frage beharrt oder aber Sie versuchen die eigentliche Frage so gut wie möglich zu beantworten und lassen dabei einen eindrucksvollen Hinweis auf das gewünschte Gebiet einfließen: „*... die eben beschriebene Methode habe ich während meines Studienaufenthalts in den USA bei Professor XY angewendet ...*". Vielleicht wird Ihr Gesprächspartner auf diese neue „Fährte" eingehen und Sie zum Erzählen animieren.

Auch ist es sehr hilfreich, ein Lieblingsthema Ihres Gegenübers zu treffen, in dem auch Sie sich auskennen. Hinweise darauf geben Ihnen dessen Publikationen oder Vorträge oder auch Tipps anderer Mitarbeiter der Arbeitsgruppe. Vielleicht gelingt es Ihnen, ein solches Thema anzusteuern. Sobald Sie beide so richtig ins Reden kommen, wird Ihr Gesprächspartner

Sie vermutlich sympathisch finden, denn wahrgenommene Gemeinsamkeiten erzeugen Sympathie. Oft hören Sie diese Lieblingsthemengebiete auch schon aus dem Gespräch heraus. Die Art der Fragestellungen und Erläuterungen des Fragenstellers können nützliche Hinweise liefern. Gehen Sie darauf ein und zeigen Sie Interesse, indem Sie nachfragen und Ihre möglichst kompetente Meinung zum Besten geben. Es hat schon Vorstellungsgespräche gegeben, bei denen der Interviewer eine Stunde lang begeistert referiert hat und der Bewerber nur interessiert nicken und beipflichten musste, um die Stelle zu bekommen.

Wichtig

Es ist in Ihrem absolut eigenen Interesse, dass die Eignung und Passung zwischen Ihnen und Ihrem künftigen Betreuer stimmt. Diese Hinweise zum Vorstellungsgespräch sollen Ihnen dabei helfen, ihre(n) Gesprächspartner von Ihrer tatsächlichen Motivation und Eignung zu überzeugen. Sollte es dabei Zweifel geben, sollten Sie sich selbst und die in Frage kommende Position noch einmal gründlich überdenken.

Unterstellen Sie grundsätzlich Positives

In ihrer Anspannung interpretieren viele Bewerber harmlos (und weniger harmlos) gemeinte Fragen als vermeintliche Provokation. Ein Paradebeispiel dafür ist die Frage: *„Warum sollen wir uns für Sie entscheiden"?* Ein verunsicherter Bewerber hört eher *„Warum in aller Welt sollten wir ausgerechnet Sie nehmen?"* Schnell begibt er sich in die Defensive und beginnt sich zu verteidigen. Dies wirkt natürlich nicht gerade souverän und der erstaunte Interviewer rückt von seiner vielleicht ursprünglich guten Meinung ab. Gehen Sie grundsätzlich von einer positiven Grundhaltung aus. Die im Beispiel genannte Frage bedeutet nichts anderes als *„Bitte begründen Sie noch einmal Ihre Eignung für unsere Stelle."* Eine wunderbare Vorlage für Sie, sich optimal darzustellen! Falls man Sie (im unwahrscheinlichen Fall) tatsächlich provozieren wollte, ist diese positive Strategie ebenfalls die souveränste Reaktion.

Langweilen Sie Ihre Zuhörer nicht!

Ihr Anliegen im Vorstellungsgespräch ist es, Ihre Zuhörer meist eine Stunde lang mit Informationen über Ihre Eignung für die Promotionsposition zu versorgen und sie von Ihren Argumenten zu überzeugen. **Halten Sie Ihre Redebeiträge anregend und verständlich!** Ihre Interviewer haben vor Ihnen vielleicht schon stundenlang den Ausführungen anderer Bewerber zugehört, haben sich konzentriert, haben versucht, die für die Besetzung wichtigen Informationen aus dem Redefluss herauszufiltern und wieder und wieder Selbstvorstellungen und Lebensläufe analysiert. Und nun kommen Sie. Falls Sie nun mit monotoner Stimme, unstrukturiert und in Schachtelsätzen von Ihrem Leben erzählen, könnte man keinem Zuhörer verdenken, wenn seine Gedanken immer wieder zu interessanteren Themen abschweifen und er am Ende nur einen Bruchteil dessen erfasst hat, was Sie ihm eigentlich mitteilen wollten. Formulieren Sie klar und strukturiert und sprechen Sie anschaulich. Stellen Sie die Geduld Ihres Gesprächspartners nicht auf eine harte Probe, indem Sie ihn zwingen, Ihre Ausführungen zu filtern und Wesentliches von Unwesentlichem zu trennen.

Dies ist eine Prüfung auf Gegenseitigkeit

Denken Sie daran, nicht nur Sie werden beurteilt. Ebenso steht Ihr potentieller Promotionsbetreuer und eventuell Arbeitgeber auf dem Prüfstand. Im vorigen Kapitel 7 haben Sie sich mit der Suche nach einem geeigneten Betreuer ausführlicher auseinandergesetzt. Nutzen Sie das Bewerbungsgespräch auch, um Fragen zur Betreuung, eventuellen weiteren Aufgaben und Erwartungen zu stellen.

Gehen Sie nicht nur vorbereitet auf die Promotionsposition und Ihre Gesprächspartner ins Gespräch, sondern machen Sie sich explizit Gedanken über Ihre eigenen Wünsche und Bedürfnisse in Bezug auf die Promotion. Stehen Sie dazu, eigene Ansprüche zu haben! Trotz des zukünftigen Hierarchie-Gefälles zwischen Ihnen als Doktorand und Ihrem Promotionsbetreuer sollte das Auswahlinterview ein Gespräch auf Augenhöhe sein.

8.5 Fachvorträge und weitere Arbeitsproben

Ebenso wichtig wie die Erläuterung Ihrer Motivation, ist die Präsentation Ihres fachlichen Wissens. Etwa bei jeder zweiten Stelle wird beispielsweise ein wissenschaftlicher Vortrag verlangt. Meist werden Bewerbungsgespräche so organisiert, dass die Bewerber zuerst den Fachvortrag halten und anschließend das persönliche Gespräch geführt wird. Wenn Sie Glück haben – und das ist oft der Fall – halten Sie einen Vortrag über Ihre Abschlussarbeit oder über Ihr Promotionsvorhaben. In anderen Fällen dürfen Sie das Thema frei wählen. Manchmal wird der Gegenstand des Vortrags jedoch auch vorgegeben. Nach dem Vortrag wird meist über das Thema diskutiert und Hintergründe erfragt. Auch wenn die Master- oder Diplomarbeit noch nicht so lange zurückliegt, empfiehlt es sich, diese noch einmal genau anzusehen und zu durchdenken. Gleiches gilt für Ihr Forschungsvorhaben. Bereiten Sie sich auf Fragen zum Stand der Forschung, zu Ihrer Fragestellung, der Methode etc. vor.

Dass Sie sich genau über den Forschungsbereich Ihrer künftigen Wirkungsstätte informiert haben, ist absolute Voraussetzung. Es kann auch keinesfalls schaden, wenn Sie vor Ihrem Gespräch den einen oder anderen Artikel Ihres künftigen wissenschaftlichen Betreuers gelesen haben. Finden Sie heraus, welche Spezialgebiete dieser hat und recherchieren Sie ein bisschen. So sind Sie für Fachfragen gewappnet und können

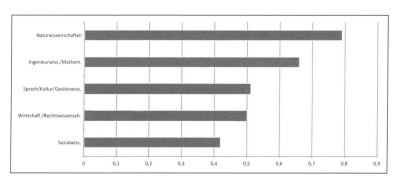

Quelle: Reinders (2008) S. 167

Abb. 32: Einsatz wissenschaftlicher Vorträge im Bewerbungsprozess nach Disziplinen

Ihr Interesse und Ihre Motivation durch gezielte eigene Fragen beweisen.

Ein weiteres typisches Vortragsthema ist natürlich Ihr Forschungsvorhaben. Wenn Sie schon ein definiertes Forschungsthema entwickelt haben, sollten Sie davon ein aussagekräftiges und überzeugendes Exposé vorstellen können (mehr dazu in Kapitel 8.3.1: *Die Bewerbungsunterlagen*).

Weitere Themen für Fachvorträge oder -gespräche

Eine wichtige Basiskompetenz in der Wissenschaft ist es, Fachliteratur beurteilen und Forschungsergebnisse präsentieren zu können. Professor Martin Kleinmann, einer der führenden Wissenschaftler auf dem Gebiet der Personalauswahl setzt bei der Auswahl neuer wissenschaftlichen Mitarbeiter auf Promotionsstellen neben strukturierten Einstellungsinterviews und Präsentationen auch Analysen wissenschaftlicher Fachtexte ein. Der Bewerbungsprozess könnte so gestaltet sein, dass man den Ihnen gemeinsam mit der Einladung Aufgaben zur Vorbereitung auf das Bewerbungsgespräch gibt.

> *„Alle Wissenschaftler müssen Fachliteratur beurteilen und Forschungsergebnisse präsentieren können. Gemeinsam mit der Einladung empfiehlt es sich daher, den Bewerbern zwei Aufgaben zur Vorbereitung auf das Bewerbungsgespräch zu geben. Zum einen sollen sie einen nicht allzu guten Fachartikel aus ihrem künftigen Fachgebiet, der ihnen vom künftigen Vorgesetzten zugesandt wird, durchlesen und für das Bewerbungsgespräch Stärken und Schwächen des Artikels herausarbeiten. Zum zweiten sollen Sie ihre letzte Qualifikationsarbeit in einer 10-minütigen Präsentation zusammenfassen, um sie im Bewerbungsgespräch zu präsentieren und anschließend zu diskutieren."* (Kleinmann, 2008)

Andere Wissenschaftler erwarten von Promotionsinteressierten, dass sie beispielsweise einen guten Überblick über den Stand der Forschung in ihrem gewünschten Themengebiet haben und in einem Kurzvortrag mindestens fünf wissenschaftliche Artikel nennen, beurteilen und diskutieren können.

In der Regel erfahren Sie bei der Einladung zu Ihrem Vorstellungstermin wie der Ablauf des Verfahrens sein wird. Trauen

Sie sich ruhig nachzufragen, wenn etwas unklar geblieben ist. Je mehr Informationen Sie bekommen, desto besser und auf freundliche Nachfragen bekommen Sie von einer netten und kooperativen Arbeitsgruppe (woanders wollen Sie nicht hin!) normalerweise eine freundliche Antwort.

8.5.1 Der Aufbau des Fachvortrags

Beschäftigen Sie sich sehr sorgfältig mit Ihrer Arbeitsanweisung, denn bevor Sie damit beginnen können Ihren Vortrag zu formulieren, müssen folgende Fragen geklärt werden:

- Was will ich mit meinem Vortrag erreichen?
- Wer sind meine Zuhörer, wen will ich überzeugen?
- Welchen Inhalt will ich vermitteln?
- Mit welchen Mitteln will ich präsentieren?

Diese Überlegungen sind der Grundstock für Ihre Vorbereitung, denn diese Fragen bestimmen sowohl Sinn und Zweck, als auch die Art Ihrer Ausführungen. Eine Präsentation Ihrer Abschlussarbeit werden Sie anders aufbauen und präsentieren als eine kritische Gegenüberstellung zweier Übersichtsartikel. Sehen Sie sich die Aufgabenstellung an. Was soll das Ziel Ihres Vortrages sein? Was sollen die Zuhörer am Ende erinnern oder tun? Möchten Sie – etwa mit der Präsentation Ihrer Abschlussarbeit – Ihre Zuhörer über etwas informieren? Möchten Sie sie – etwa mit der Vorstellung Ihres gewünschten Promotionsprojekts – begeistern und überzeugen? Oder soll ein Diskussionsprozess angestoßen werden – etwa mit der Gegenüberstellung mehrerer Artikel?

Je nach Art der Aufgabenstellung können Sie Ihre Zuhörer belehren, informieren, unterhalten, aufstacheln oder bewegen. Sie können etwas beweisen oder in Frage stellen oder Sie versuchen einfach nur, Ihr Publikum für sich zu gewinnen. Wichtig ist, dass Ihr Ziel für die Zuhörer transparent ist und erreicht und überprüft werden kann. Auf dieses Ziel aufbauend gestalten Sie die Dramaturgie Ihres Vortrages. Behalten Sie dabei Ihre eigenen Ziele für diesen Vortrag im Auge: Die Darstellung Ihrer Fachkompetenz und die Darbietung von Argumenten, die dafür sprechen, Sie auszuwählen.

8.5.1.1 Die Konzeption

Viele junge Wissenschaftler machen den Fehler, ihre Zuhörer mit Informationen regelrecht zu überfluten. Sie legen Folie um Folie auf und referieren über eine Unzahl an Fakten, ohne darauf zu achten, ob sie ihr Publikum überhaupt damit erreichen. Leider gibt es viele Möglichkeiten, die Zuhörer zu langweilen oder zu frustrieren. Ganz besonders, wenn Sie im Auswahlprozess schon der siebte sind, der seine Abschlussarbeit lang, breit und unstrukturiert vorträgt. Es ist aber ebenso möglich, Ihre Präsentation zu einem spannenden Erlebnis zu machen. Was zeichnet eine gute Präsentation aus? Die Zuhörer sollen in möglichst kurzer Zeit die zentralen Informationen mitnehmen, und zwar so, dass sie sich dabei nicht langweilen. Die Aufgabe eines guten Referenten ist es also, für sein Publikum das Zuhören, Zusehen und Verstehen einfach und interessant zu machen. Das gilt für wissenschaftliche Vorträge ebenso wie für alle anderen.

Man kann eine gute Präsentation mit einem Theaterstück vergleichen, dessen Dramaturgie sorgfältig gestaltet werden sollte, um den gewünschten Effekt zu erreichen: Die Zuhörer zu gewinnen. Am Ende Ihres Vortrags sollte man Ihre Abschlussarbeit als interessant und einschlägig wahrnehmen oder von Ihrer Projektidee für Ihre Dissertation überzeugt sein und den Wunsch verspüren, Sie zu betreuen und/oder Ihr Projekt zu finanzieren.

Inszenieren Sie einen Spannungsbogen, der auf einen Höhepunkt zusteuert. Wählen Sie einen ansprechenden Einstieg, steuern Sie im Hauptteil mit rhetorischen und visuellen Mitteln auf Ihr Ergebnis zu, belegen Sie dieses möglichst ein-

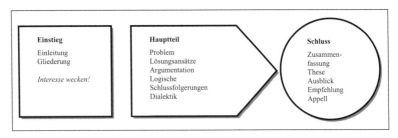

Einstieg	Hauptteil	Schluss
Einleitung	Problem	Zusammenfassung
Gliederung	Lösungsansätze	These
	Argumentation	Ausblick
Interesse wecken!	Logische	Empfehlung
	Schlussfolgerungen	Appell
	Dialektik	

Abb. 33: Struktur eines wissenschaftlichen Vortrags

drucksvoll und beenden Sie das Ganze mit einem gekonnten Schluss als Finale. Visualisieren Sie dabei Ihre Kernaussagen mit graphischen Hilfsmitteln. Eines ist sicher, je besser Sie Ihre Präsentation aufbauen und strukturieren, desto effektiver können Sie den Eindruck hinterlassen, den Sie möchten. Deshalb ist eine gute Konzeption für Ihre Präsentation sehr wichtig. Ein guter Vortrag ist typischerweise nach folgendem Muster aufgebaut:

Der Einstieg

Eine gute Einleitung entscheidet über den ersten Eindruck, den Ihre Zuhörer von Ihnen bekommen. Wenn Ihr Vorstellungstermin mit Ihrer Präsentation beginnt, hat dieser erste Eindruck nicht nur einen entscheidenden Einfluss auf den Erfolg Ihrer Präsentation, sondern vielleicht auch auf das ganze Verfahren.

Selbst wenn Sie im Hauptteil brillante Informationen für Ihre Zuhörer liefern – ohne einen interessanten Einstieg machen Sie es Ihren Zuhörern schwer, konzentriert bei der Sache zu bleiben.

Der Einstieg muss Interesse wecken, die Aufmerksamkeit der Zuhörer auf das Thema lenken und das Publikum für Sie einnehmen. Erläutern Sie das Problem oder die Fragestellung und nennen Sie das Ziel Ihrer Präsentation. Bauen Sie einen Spannungsbogen auf, indem Sie zum Beispiel gleich zu Anfang eine These, Behauptung oder Frage aufstellen, die sich durch die gesamte Präsentation hindurchzieht. Die endgültige Antwort z. B. in Form einer Zusammenfassung bildet den Schluss. Als relativ simples Beispiel könnten Sie bei der Präsentation einer wissenschaftlichen Arbeit beispielsweise (natürlich angepasst an Ihr Themengebiet) fragen:

„Gibt es einen kausalen Zusammenhang zwischen den Phänomenen X und Y?" und antworten vorläufig: „In meiner Präsentation stelle ich Ihnen die Auswirkungen der verschiedenen Einflussfaktoren X Y und Z vor und in 20 Minuten soll die Antwort klar werden."

Der Einstieg muss zum Thema passen, daher sollte man die Einstiegsart sorgfältig wählen.

Der Frage-Einstieg

„Haben Sie schon einmal darüber nachgedacht, warum … ?"

- Durch Fragen stellen Sie einen guten Kontakt zum Publikum her.
- Eine rhetorische Frage erregt Aufmerksamkeit und erzeugt Spannung.
- Eine echte Frage, die mit Ja oder Nein beantwortet werden kann, bindet die Zuhörer stark ein und provoziert sie.

Der Gliederungseinstieg

- Dieser Einstieg ist Standard bei Fachvorträgen und wirkt seriös.
- Die Gliederung kann auch mit einer anderen Einstiegsart kombiniert werden.

Der provokative Einstieg

„Vielleicht wäre es sicherer, wenn in Autos statt immer besserer Sicherheitsgurte, auf den Fahrer gerichtete Spitzen eingebaut würden. Dazu möchte ich Ihnen folgende Studie vorstellen …"

- Eine Provokation garantiert Ihnen die Aufmerksamkeit Ihrer Zuhörer.
- Sie können Ihr Publikum überraschen, dürfen es jedoch keinesfalls beleidigen.
- Wählen Sie dabei ein Thema, das zwar wachrüttelt, aber auch allgemein akzeptiert wird.

Der Einstieg mit einem rhetorischen Stilmittel

Widerspruch

„Wir wissen immer mehr und werden immer unwissender."

Allegorie

„Für den Optimisten ist das Glas halb voll. Betrachtet man es jedoch als halb leer, ist man nicht unbedingt ein Pessimist, sondern stützt sich vielleicht auf ein situativ besser geeignetes Bezugssystem…"

Der Anekdoten-Einstieg

Mit einer persönlichen Geschichte oder einem humorvollen Zitat können Sie ein „leichteres" Thema beginnen.

Der historische Einstieg

- Sie stellen einen Bezug Ihres Themas zur Vergangenheit her.
- Dies kann sinnvoll sein, wenn Sie eine glaubhafte Verbindung zur Gegenwart herstellen können.

Der Einstieg mit Bezug auf ein aktuelles Thema

Sie knüpfen Ihren Vortrag an ein aktuelles Thema an. Eine gute Einleitung wird den Zuhörer für das Thema begeistern und eine Frage in den Raum stellen, die während des Vortrags beantwortet wird. Günstig ist es, nach dieser Einleitung die Gliederung des Vortrags zu visualisieren und vorzustellen.

8.5.1.2 Der Hauptteil

Der Hauptteil enthält die eigentlichen Vortragsinhalte und hat die Versprechungen der Einleitung auch zu halten. Hier machen Sie Ihre Kernaussagen, die Sie mit Ihren Argumenten in Form von Analysen, Theorieableitungen, Schlussfolgerungen, Befunden, Daten, Schaubildern, Formeln etc. beweisen und visuell darstellen. Wie Sie dabei vorgehen, wird natürlich in verschiedenen Disziplinen und mit unterschiedlichen Vortragsthemen auch unterschiedlich gehandhabt. Trotzdem lohnt es sich, einen Blick auf einige bewährte inhaltliche Argumentationsformen zu werfen, die in vielen Disziplinen zum Tragen kommen können.

Formen der logischen Argumentation

Es gibt es eine große Vielfalt von Literatur zu rhetorischen Mitteln und Figuren, um Informationen spannend und nachvollziehbar zu vermitteln und Thesen überzeugend zu beweisen. Eine ausführliche Nennung und Erläuterung würde den Rahmen dieses Buchs sprengen, daher möchte ich im Folgenden nur einen kleinen Überblick geben.

Der klassische Dreischritt

1. Thema, Problem oder die Fragestellung
2. Bisherige Ansätze
3. Eigener Ansatz

Der klassische Vierschritt

1. Ihre These
2. Ihr Erklärungsansatz
3. Ihre Argumente und Belege
4. Ihre Schlussfolgerung

Der doppelte Vierschritt

1. Thema, Problem, Fragestellung
2. Inhaltliche Position 1
3. Konsequenz 1
4. Inhaltliche Position 2
5. Konsequenz 2
6. Synthese

Der klassische Fünfschritt

1. Thema, Problem, Fragestellung
2. Spezifische Ausgangslage
3. Lösungsansatz
4. Ergebnis
5. Konsequenz

Der doppelte Fünfschritt	
1. Thema, Problem, Fragestellung 2. Inhaltliche Position 1 3. Inhaltliche Position 2 4. Unterschiede 1 und 2 5. Eigener Lösungsansatz 6. Konsequenz	

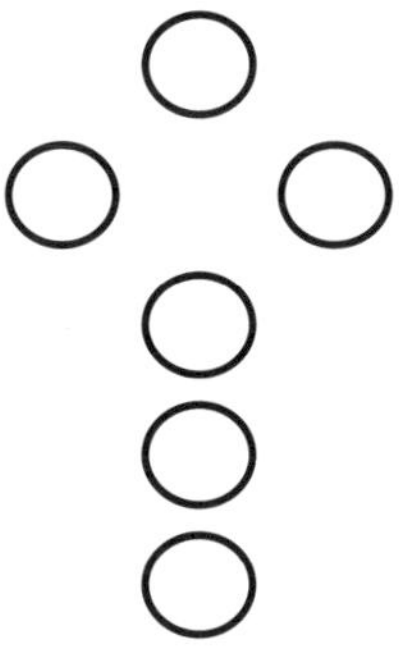

Abb. 34: Formen logischer Argumentation

8.5.1.3 Zusammenfassung und Schluss

Der Schluss ist immer der Höhepunkt einer Präsentation und verankert den Inhalt im Gedächtnis der Zuhörer. Erst der richtige Schluss macht eine Präsentation gelungen. Daher sollte er von Beginn an geplant werden. Die Formulierung des Schlusses sollte knapp, klar, überzeugend und gegebenenfalls motivierend sein. Wichtig ist, dass er sitzt und einen markanten, „knackigen" Abschluss Ihrer Rede bildet.

- Lösen Sie den Spannungsbogen auf, indem Sie das Ergebnis einprägsam zusammenfassen.
- Nennen und visualisieren Sie die zentralen Themen und Argumente nochmals kurz.
- Dabei bildet das wichtigste Argument den Höhepunkt.
- Greifen Sie den Einstieg nochmals auf und wiederholen Sie etwa das Vortragsziel.
- Zählen Sie beispielsweise bei entsprechender Fragestellung noch einmal die wichtigsten Punkte auf, warum Ihr Promotionsprojekt interessant, relevant und erfolgversprechend ist.
- Wenn Sie die Zuhörer anfangs nach ihrer Meinung gefragt haben, fragen Sie sie jetzt noch einmal und geben Sie anschließend die Antwort.
- Geben Sie einen Ausblick. Welche Fragen sind offen geblieben? Wie könnte weiter vorgegangen werden?
- Wenn es passt: Schließen Sie mit einem Appell oder einer Handlungsaufforderung, die sich aus dem Ziel Ihrer Präsen-

tation ergibt. Das Ende einer Selbstpräsentation könnte zum Beispiel lauten: *„Ich hoffe, dass ich Sie von meiner Motivation und meinen Qualifikationen überzeugt habe, und bitte Sie, mich bei Ihrer Auswahl zu berücksichtigen."*

Die Schlussdiskussion

- Die Zuhörer werden aufgefordert Fragen zu stellen.

- Damit leiten Sie die Diskussion ein und können zudem überprüfen, ob Ihr Vortrag verstanden worden ist und ob weitere Fragen geklärt werden sollten.

Der positive Ausblick

Ein positiver Blick in die Zukunft (etwa auf Ihr Forschungsziel) erzeugt Optimismus und verstärkt die Aufforderung zum Handeln.

Wichtig: Die Präsentation sollte auf keinen Fall mit „Das war's von meiner Seite ..." oder ähnlichen Floskeln, sondern mit einem sehr gut überlegten und geübten Abschluss enden.

Tipps

Achten Sie auf den roten Faden und die Struktur. Die Zuhörer sollten stets wissen, an welcher Stelle der logisch aufgebauten Gliederung Sie sich befinden und warum der jeweilige Gliederungspunkt im Rahmen des Präsentationsthemas relevant ist. Bei längeren Präsentationen (ab 15 Minuten) sollten Sie die Gliederung vor jedem Kapitel erneut einblenden, so dass Ihre Zuhörer immer wissen, an welchem Punkt der Präsentation Sie sich gerade befinden. Dies bietet dem Publikum und Ihnen (!) die Möglichkeit, den „roten Faden" im Blick zu behalten, der nie verloren gehen sollte. Bei komplexen Gliederungen und Inhalten kann die Gliederung auch mit Hilfe eines zusätzlichen Mediums parallel zur Präsentation sichtbar gehalten werden.

Achten Sie auch auf Ihren Kontakt mit Ihren Zuhörern, indem Sie diese gezielt ansprechen oder mit rhetorischen Fragen einbeziehen. Lesen Sie Ihren Vortrag nicht ab. Angesichts der Kürze der Zeit sollten Sie in der Lage sein, frei bzw. anhand von Stichpunkten zu referieren. Halten Sie den Vortrag bereits im Vorfeld zur Übung (am besten vor Freunden und Kollegen). Trainieren Sie so lange, bis Sie das Gefühl haben, dass Sie selbstsicher in das Interview gehen können und sicher sein können, dass Sie die Zeitvorgabe einhalten. Unterschätzen Sie nicht die Wirkung von professionell (z. B. gute Qualität des Drucks und in Farbe) gestalteten Hand-Outs! Je nach Fachbereich werden Teile Ihrer Konkurrenz möglicherweise mit Hochglanzbroschüren antreten.

8.5.1.4 Die Präsentation Ihres Forschungsvorhabens

Wenn Sie für die Bewerbung um eine Promotionsposition oder ein Stipendium schon eine fertige Projektidee bzw. ein Exposé eingereicht haben, ist die Wahrscheinlichkeit groß, dass Sie diese in einer Präsentation vorstellen sollen bzw. dürfen. Wenn es Ihnen gelingt, Ihre Zuhörer davon zu überzeugen, dass Ihre Forschungsleistung nicht nur der Wissenschaft als solche, sondern auch der Arbeitsgruppe oder dem Institut, bei dem Sie sich bewerben, einen Nutzen bringt, haben Sie viel gewonnen!

Nutzen Sie für Ihren Vortrag zu Ihrem Forschungsvorhaben die oben genannten Grundsätze und Tipps zum Aufbau Ihrer Präsentation und berichten Sie über Ihr Forschungsthema, den Stand der Forschung, das Ziel Ihrer Arbeit und die geplanten Mittel und Methoden, um das Ziel zu erreichen. Bei Bedarf gehen Sie auch auf Ihren Zeit- und Arbeitsplan ein. Sie sollten also einen Vortrag vorbereiten, der folgende Fragen beantwortet:

- Worum geht es?
- Wer hat was darüber herausgefunden?
- Wie ist meine Fragestellung darin verortet?
- Was hat man bisher nicht herausgefunden?
- Welche Frage ist bislang nicht gestellt und/oder beantwortet worden?
- Was will ich herausfinden?
- Was ist daran neu/zukunftsweisend?
- Warum ist es wichtig, interessant und relevant, dieser Frage nachzugehen?
- Wie will ich vorgehen?

Tipps

Wecken Sie Interesse: Es muss deutlich werden, welchen Enthusiasmus Sie für Ihr Projekt mitbringen. Sorgen Sie dafür, dass die Zuhörenden sich dem Thema mit Neugier und Spaß nähern können, weil Sie von Anfang an die Wichtigkeit auf interessante Art und Weise dargestellt haben.

Versuchen Sie zunächst, die Grundidee Ihres Projektes in ein bis zwei Sätzen zu formulieren. Beschäftigen Sie sich noch einmal kritisch mit Ihrer Projektidee und versuchen Sie selbst Schwachstellen ausfindig zu machen: Wo waren Sie ungenau und welche Teile haben Sie nicht ausreichend beschrieben?

8.5.2 Die sprachliche und nonverbale Gestaltung Ihres Vortrags

Genauso wichtig wie die Inhalte Ihrer Präsentation ist die Art, wie Sie diese servieren. Die Informationen müssen gut strukturiert, verständlich und interessant zubereitet werden, um Ihrem Publikum zu schmecken. Beachten Sie dabei die wichtigste Grundlage jeder gelungenen Präsentation, die KISS-Formel: „Keep it Short and Simple". Und zusätzlich entscheiden Ihr Auftreten und Ihre Körperhaltung, Ihre Vortragstechnik, Ihre Sprache und Ihr Kontakt zum Publikum über die Wirkung Ihres Menüs. Zeigen Sie Ihre Persönlichkeit, indem Sie eigene Gedanken und Meinungen nennen, persönliche Erfahrungen einbringen und deutlich hinter dem Gesagten stehen.

Die Verständlichkeit

Der Kommunikationspsychologe Friedemann Schulz von Thun hat in seinen **„Vier Verständlichmachern"** die Regeln für einen klaren, verständlichen Vortrag aufgestellt: Er sollte einfach, prägnant, gut gegliedert und anschaulich sein. Dies erreichen Sie mit einer gut überlegten Gliederung, die Sie für das Publikum klar ersichtlich machen, einfachen, kurzen Sätzen, anschaulichen Beispielen und guter Visualisierung.

	++	+	0	–	–	
Einfachheit	++	+	0	–	–	Kompliziertheit
Gliederung – Ordnung	++	+	0	–	–	Unübersichtlichkeit
Kürze – Prägnanz	++	+	0	–	–	Weitschweifigkeit
Zusätzliche – Stimulanz	++	+	0	–	–	Keine zusätzliche Stimulanz

Quelle: Schulz von Thun, F.: Miteinander reden

Abb. 35: Die vier Verständlichmacher – Der dunkle Bereich ist der Idealbereich

- Vermeiden Sie Schachtelsätze und langatmige Monologe, widmen Sie stattdessen jeder Information einen eigenen (kurzen) Satz.
- Gestalten Sie die Inhalte klar und übersichtlich. Versichern Sie sich ab und zu, ob Ihre Zuhörer Ihren Ausführungen folgen konnten. Fragen Sie dabei jedoch nicht *„Haben Sie das verstanden?“*, sondern benutzen Sie Formulierungen wie *„Habe ich das für alle verständlich ausgedrückt oder soll ich näher auf diesen Punkt eingehen?“*
- Würzen Sie Ihre Fakten mit interessanten Beispielen, unter denen Ihre Zuhörer sich etwas vorstellen können.
- Verfallen Sie nicht in ausufernde Vorabklärungen und Abschweifungen, sondern halten Sie Ihre Aussagen und Beispiele kurz und interessant.
- Visualisieren Sie Ihre Kernaussagen.
- Erklären Sie Ihre Schaubilder und zeigen Sie sie lange genug, dass sie gelesen werden können. Lesen Sie sie jedoch nicht einfach Punkt für Punkt vor.
- Achten Sie auf Ihr Zeitmanagement. Am besten legen Sie Ihre Armbanduhr auf einen Platz, den Sie im Stehen gut einsehen können. Das erspart Ihnen den ständigen, viel auffälligeren Blick auf Ihr Handgelenk.

8.5.3 Ihre persönliche Wirkung

Ihr vorrangiges Ziel ist es ja, Kompetenz und Souveränität auszustrahlen, um Ihren potentiellen Betreuer und sein Team von Ihrer Eignung zu überzeugen. Genauso wichtig sind aber auch Ihre Aktivität, Ihre Begeisterungsfähigkeit und Ihr positives Auftreten. Der persönliche Eindruck den Sie hinterlassen, setzt sich zusammen aus dem, was Sie sagen, und dem, wie Sie es sagen. Wie bereits erwähnt, neigen gerade Frauen häufig dazu, ihre Aussagen durch sprachliche „Weichmacher" wie *„eigentlich"*, *„ich denke"* oder *„ein bisschen"* abschwächen. Wer diesen Sprachstil verwendet, strahlt jedoch ungewollt Unsicherheit aus, was Zweifel an der Kompetenz des Sprechers wecken kann. Prüfen Sie mit Hilfe eines Aufnahmegerätes (z. B. der Aufnahmefunktion Ihres Smartphones), ob Sie zu sprachlichen Weichmachern neigen, und ändern Sie dies gegebenenfalls. Achten Sie auch auf selbstabwertende Äußerungen

220 8 Kontaktaufnahme und Bewerbung

wie: *„Mit dieser Methode habe ich leider keine Erfahrungen. Ich werde mich aber bemühen,…"* Viel besser klingt: *„Bisher hatte ich mich auf eine andere Methode, nämlich XY, fokussiert. Ich bin aber sicher, dass ich mich schnell einarbeiten werde."*

Viele Männer neigen dagegen bei Unsicherheit zu einem betont sachlichen und nüchternen Berichtsstil und vermeiden alle persönlichen oder (positiv) emotionalen Ausdrucksformen. Sie verzichten in vielen Fällen auf Beispiele und lassen wenig Interesse oder Begeisterung erkennen. Dies führt zwar nicht zu Zweifeln an der Kompetenz aber dafür aber an der (für eine Promotion absolut notwendigen) Motivation. Wahrgenommene Begeisterung, (Leistungs-)Motivation und eine positive Einstellung haben einen hohen Einfluss auf die positive Einschätzung eines Kandidaten. Dies gilt für die Wissenschaft aber auch für die meisten anderen Bereiche. Eine Analyse der Wahlreden amerikanischer Präsidentschaftskandidaten (1948–1984) ergab beispielsweise, dass mit einer Ausnahme jedes Mal der Kandidat gewann, der in seine Ansprache mehr Optimismus bzw. eine positivere Einstellung zum Ausdruck brachte.

Zeigen Sie Persönlichkeit und Ausdrucksstärke, um Ihre Rede zum Leben zu erwecken:

- Um Optimismus auszustrahlen, ersetzen Sie negative Formulierungen durch positive, statt: *„An dieser schwierigen Situation wird sich in nächster Zeit sicher nichts ändern."* sagen Sie lieber: *„Auch wenn die Aussichten auf eine positive Entwicklung besser sein könnten, werde ich mich dafür einsetzen, dass …"*
- Nehmen Sie bei der Präsentation einen festen Stand mit aufrechter und sicherer Körperhaltung ein. Dies gelingt Ihnen, indem Sie einen gewissen Zwischenraum zwischen Ihren Füßen lassen. Am besten wirkt eine leichte Schrittstellung, bei der Sie das Gewicht gleichmäßig auf beide Beine verteilen. Die Hände sollten dabei offen und in Höhe Ihrer Hüften sein, damit Sie von Beginn an Gestik einsetzen können. Um sich eine aufrechte Haltung anzugewöhnen und um den Kopf ruhig zu halten, können Sie sich zur Übung ein Buch auf den Kopf legen und vor dem Spiegel Ihre Haltung prüfen, lächeln und beim Reden – dazu passend – gestikulieren.

- Bevor Sie Ihren Vortrag beginnen, halten Sie inne, um Ihre Zuhörer anzuschauen und zu warten, bis sie bereit sind. Dann beginnen Sie Ihre Vortragseinleitung mit der Begrüßung Ihres Publikums.

- Es hat sich bewährt, den ersten und den letzten Satz auswendig zu lernen, damit er so gut sitzt, dass Sie damit die Wirkung erzielen, die Sie bezwecken. Da gerade der Einstieg am aufregendsten ist, haben Sie mit dem vorbereiteten Anfangssatz die erste Hürde schon überwunden.

- Sprechen Sie nicht zu schnell, laut genug und deutlich. Nehmen Sie einmal probeweise bei einem Vortrag Ihre Stimme auf einem Aufnahmegerät auf. Viele von Ihnen werden erstaunt sein, dass sie trotz gegenteiliger Wahrnehmung während der Rede viel zu schnell sprechen. Achten Sie gezielt darauf und üben Sie ein angemessenes Tempo und eine deutliche Sprechweise.

- Sehen Sie beim Sprechen Ihre Zuhörer an. Der Blickkontakt mit einem immer wieder eingesetzten Lächeln ermöglicht Ihnen den Zugang zu Ihrem Publikum. Lächeln Sie jedoch nicht permanent, sondern dann wenn es passt. Oft wirken gerade Frauen kompetenter, wenn sie nicht ständig lächeln. Durch eine anhaltend ernste Miene jedoch verschenken Sie Sympathiepunkte und wirken nicht besonders begeisterungsfähig.

- Verstecken Sie sich nicht hinter Ihrem Laptop oder dem Flipchart, sondern gehen Sie auf Ihre Zuhörer zu. Achten Sie dabei jedoch darauf, dass Sie die Sicht auf Ihre visuellen Darstellungen nicht verdecken.

- Machen Sie eine Pause, bevor Sie einen wesentlichen Punkt behandeln, und sehen Sie die Hörer an. Dies erhöht die Spannung und damit die Wirkung.

8.5.4 Die Diskussion nach dem Fachvortrag

Ihrem Fachvortrag folgt üblicherweise eine Diskussion, in der die Zuhörer Fragen stellen und zu Ihren Thesen und Ausführungen Stellung nehmen. Haben Sie keine Angst vor den Fragen! Als Wissenschaftler wird Ihnen diese Situation ständig begegnen – nutzen Sie die Fragen als Vorlagen, um tiefer in Ihr Themengebiet einzusteigen. Auch hier zahlt es sich aus, wenn Sie recherchiert haben, mit wem Sie es zu tun haben und was dessen oder deren Spezialgebiet ist. Stellen Sie sich auf Ihre Zuhörer ein und versuchen Sie mögliche Fragen oder Kritikpunkte vorauszuahnen und vorab für sich selbst zu beantworten. Die wichtigsten thematisch einschlägigen Veröffentlichungen Ihres zukünftigen Betreuers haben Sie ja sowieso gelesen (!). Wenn Sie aber beispielsweise erfahren haben, dass einer Ihrer weiteren Zuhörer (Mitglieder der Arbeitsgruppe oder Kollegen) zu Ihrem Thema selbst Artikel veröffentlicht hat, dann sollten Sie diese ebenfalls ansehen. Jeder Mensch hat Spezialkenntnisse und Lieblingsthemen. Wenn Sie diese kennen, wissen Sie schon einiges über mögliche Fragen und können in Ihrem Vortrag und in der anschließenden Diskussion darauf eingehen.

Die Fragen, mit denen Sie in einer sachlich orientierten Diskussion konfrontiert werden, lassen sich oft in folgende Kategorien einteilen:

- Die Wissensnachfrage,
  die zeigt, dass Ihre Zuhörer dem Vortrag folgen konnten. Wenn Sie die Antwort wissen ist es optimal. Wenn Sie sie nicht wissen, geht die Welt aber auch nicht unter. Geben Sie es zu, Sie müssen nicht alles wissen.
- Die Wissensnachfrage,
  die zeigt, dass Ihr Publikum Sie nicht verstanden hat. Vermeiden Sie unbedingt alle Anzeichen von Überheblichkeit. *„Also, ich erkläre es noch mal …“* Auch wenn Sie Ihren Vortrag für selbsterklärend halten – erläutern Sie den relevanten Zusammenhang noch einmal.
- Der Co-Vortrag.
  Manche Zuhörer stellen scheinbar eine Frage, halten dabei aber einen eigenen Vortrag um ihre Kompetenz zu zeigen. Bedanken Sie sich, greifen Sie ein Stichwort aus dem Monolog des vermeintlichen Fragestellers auf und gehen erneut auf Ihre wesentlichen Punkte ein.

Leider können Ihnen natürlich auch kritische Fragen begegnen – haben Sie keine Angst davor. Gerade im wissenschaftlichen Bereich begegnet Ihnen oft unverblümte fachliche Kritik, die vielfach ohne Wertschätzung geäußert wird. Dies ist ein sehr deutsches Phänomen und muss nicht böse gemeint sein.

Oft möchte der Kritiker durch das Aufzeigen von Schwachstellen in einem Fachvortrag seine eigene Expertise hervorheben. Auch hier gilt wieder: bleiben Sie gelassen und unterstellen Sie Positives. Hören Sie zu und lassen Sie sich Zeit mit Ihrer Antwort. Erkennen Sie Bewertungen als Meinungen. Und das Wichtigste ist: Nehmen Sie Kritik nicht persönlich! Nicht Sie als Person werden kritisiert, sondern nur bestimmte Punkte Ihrer Präsentation. Sehen Sie kritische Fragen und Anmerkungen als Hinweise, die durchaus wohlwollend gemeint sein können. Bedanken Sie sich und gehen Sie positiv auf die Kritik ein:

„Ja, das ist ein strittiger Punkt, der mir auch schon Kopfzerbrechen bereitet hat …"

„Ja, die Argumente sind mir bekannt, üblicherweise halte ich Folgendes dagegen…"

Starten Sie keinen patzigen Gegenangriff, sondern begegnen Sie den Argumenten sachlich und ruhig.

8.5.5 Tipps gegen Lampenfieber

Lampenfieber vor Situationen, in denen Sie in einer Beurteilungssituation allein vor einem oder mehreren Zuhörern sprechen müssen, ist völlig verständlich. Oft führt große Anspannung und Angst bei vielen Rednern aber zu einer verkrampften Körperhaltung mit verschränkten Armen und gesenktem Kopf. Die Stimme wird leise und die Person lässt sich auf Fragen jede Antwort aus der Nase ziehen oder hastet ohne Blickkontakt zu den Zuhörern so schnell wie möglich durch ihren Vortrag, dass man den durchaus zutreffenden Eindruck bekommt, sie befände sich auf der Flucht.

Das können Sie jedoch vermeiden, indem Sie sich dieser Tendenz bewusst werden und gezielt gegensteuern. Viel mehr als sich einfach nur zur Ruhe zu mahnen bewirkt es, so zu tun, als sei man ruhig und selbstbewusst. Auch wenn Sie zuerst das Gefühl haben, Sie schauspielern – Ihre äußere Haltung wird sich auf die innere übertragen.

Beginnen Sie jede Rede und jeden Vortrag mit selbstbewusster Körperhaltung, fester Stimme, und ausdrucksvoller Gestik. Nehmen Sie sich Zeit für Ihre Ausführungen und zwingen Sie sich zum Blickkontakt mit Ihrem Gegenüber. Wenn Sie einmal auf diese Weise angefangen haben, vorzutragen, haben Sie Ihr Ziel fast schon erreicht, denn dann werden Sie auch ohne großes Nachdenken kaum noch in die unsichere Haltung fallen.

Dies können Sie gegen Lampenfieber vor und während Ihres Vortrags tun:

Vor der Präsentation

- Meist bekommen Sie die Aufgabenstellung schon vorab mitgeteilt. Nutzen Sie die gegebene Zeit, um sich gut vorzubereiten.
- Üben Sie den Vortrag vor dem Spiegel oder vor einer Kamera.
- Lernen Sie den ersten und letzten Satz auswendig.
- Fertigen Sie ein gutes Manuskript an, das Ihnen als Gedankenstütze dient.
- Bitten Sie darum, wenn möglich das Vortragsmedium vorher ausprobieren zu dürfen.
- Sagen Sie sich immer wieder laut vor: *„Ich bin gut vorbereitet, es kann nichts schief gehen."*
- Versuchen Sie sich bewusst zu entspannen. Eine einfache Methode ist folgende: Fassen Sie mit den Händen unter die Sitzfläche Ihres Stuhls und ziehen Sie so fest Sie können daran. Lassen Sie danach wieder locker. Durch die bewusste körperliche Anspannung gelingt die anschließende Entspannung leicht.

Während der Präsentation

- Nehmen Sie einen festen Stand mit aufrechter, sicherer Körperhaltung ein. Ihre Haltung beeinflusst immer auch Ihre Psyche.
- Bewegung ist ein gutes Mittel, um Stress abzubauen. Achten Sie daher am Anfang bewusst auf Ihre Gestik, um nicht „einzufrieren", und bewegen Sie sich ein wenig zwischen Ihrem Präsentationsmedium und den Zuhörern.
- Sprechen Sie besonders zu Beginn bewusst langsam und mit fester lauter Stimme. Wer nervös ist, neigt oft dazu, zu schnell und zu leise zu sprechen.
- Machen Sie zwischendurch kleine Pausen. Für die Zuhörer ist dies ein wirkungsvolles rhetorisches Mittel, um zuvor ge-

sagte Dinge zu betonen, und Ihnen gibt die Unterbrechung Gelegenheit, durchzuatmen.

- Suchen Sie immer wieder den Blickkontakt zu der freundlichsten Person im Raum, um sich Bestärkung zu holen. Blicken Sie dann auch die anderen an.
- Falls Sie sich verhaspeln, fangen Sie den Abschnitt bewusst noch einmal von vorne an: *„Anders formuliert …".*
- Wenn Sie den Faden verlieren, wiederholen Sie einfach noch einmal den letzten Satz oder fassen das zuvor Gesagte kurz zusammen.

Wie auch immer das Ergebnis des Auswahlprozesses ist: Wenn Ihr Herz für die Forschung schlägt, werden Sie einen Weg finden. Promovieren können Sie nicht nur auf dieser einen Position. Fragen Sie Ihren Wunschbetreuer nach anderen Möglichkeiten. Recherchieren Sie weiter und finden Sie Ihren Weg. Viele Universitäten haben eigene Beratungs- und Fördereinrichtungen für Promovierende und Promotionsinteressierte, die Ihnen auf dem Weg in die Wissenschaft weiterhelfen können.

9 Finanzierung einer Promotion durch ein Individualstipendium

Stiftung-der-Dt.-Wirtschaft
H.-Böll-Stiftung
CV
Dt.-Bundesstiftung-Umwelt
F.-Naumann-Stiftung
DAAD
Avicenna-Studienwerk
FAZIT-Stiftung
G.-Henkel-Stiftung
Gutachten
Evang.-Studienwerk
Fulbright
H.-Seidel-Stiftung
K.-Adenauer-Stiftung
LGFG Cusanuswerk
F.-Ebert-Stiftung
Exposé
Studienstiftung
H.-Böckler-Stiftung

Anstatt mit einer Mitarbeiterstelle kann eine Promotion auch durch ein Individualstipendium von staatlichen oder privaten Einrichtungen und von Stiftungen finanziert werden. Den größten Anteil an der Vergabe von Individualstipendien haben die Begabtenförderungswerke, die vom Bundesministerium für Bildung und Forschung (BMBF) unterstützt werden. Deren Bewerbungskriterien variieren, jedoch setzen alle neben überdurchschnittlichen Studien- und Prüfungsleistungen auch gesellschaftliches Engagement voraus. Auch die Bundesländer fördern besonders vielversprechende Promovierende an Universitäten mit Stipendien nach dem Landesgraduiertenförderungsgesetz (LGFG). Die Verteilung dieser Stipendien liegt meist in den Händen der Universitäten, die diese nach eigenen Kriterien vergeben. Hinzu kommt eine Reihe von Stipendien kleinerer Stiftungen und Einrichtungen, die teilweise fach-, themen- oder auch personenspezifische Stipendien vergeben.

Wichtig

Prinzipiell gibt es zu Beginn Ihrer Promotion die meisten Fördermöglichkeiten. Viele Stipendiengeber lehnen eine Förderung ab dem zweiten Jahr Ihrer Promotion ab. Darum sollten Sie sich auch so früh wie möglich um ein passendes Promotionsstipendium kümmern.

Leistungen

Die Höhe von Vollstipendien, die die Lebenshaltungskosten abdecken sollen, ist unterschiedlich, liegt im Mittel aber etwa bei 1.300 Euro im Monat. Daneben gibt es Fördermöglichkeiten vom einfachen Druckkostenzuschuss bis zur Förderung von Reisen und Auslandsaufenthalten. Die Förderdauer von Vollstipendien liegt häufig bei zwei Jahren mit der (für erfolgreiche Promotionen meist vorgesehenen) Möglichkeit zur Verlängerung um zweimal sechs Monate. Die Auflagen für eine Weiterförderung über die zwei Jahre hinaus sind allerdings recht unterschiedlich. In der Regel sind jedoch Fortschrittsberichte, die ein erfolgreiches Abschließen der Dissertation erwarten lassen, Bestandteil davon. Gerade für Geisteswissenschaftler stellen Stipendien für Doktoranden die momentan wichtigste Geldquelle dar, die genug Zeit für die Dissertation einräumt und eine gewisse Unabhängigkeit bei der Wahl des Forschungsthemas ermöglicht. Laut einer Befragung der PromotionsstipendiatInnen der Studienstiftung ist es dies einer der größten Vorteile des Promovierens mit Stipendium: die Möglichkeit, das Dissertationsthema frei zu wählen. Von den Teilnehmern der Studie konnten 69 Prozent ihr Dissertationsthema selbst wählen: 55 Prozent ganz frei, 14 Prozent innerhalb eines vorgegebenen Forschungsrahmens.

Stipendiaten stehen im Gegensatz zu wissenschaftlichen Mitarbeitern in einer geringeren arbeitsrechtlichen Abhängigkeit von ihren Betreuern und haben normalerweise – zumindest rechtlich – keine Lehr- und Assistenzaufgaben, sondern können sich voll auf Ihre Dissertation konzentrieren. Wenn man bedenkt, dass Wissenschaftliche Mitarbeiter häufig durch Aufgaben in Lehre, Verwaltung oder dissertationsfremden Projekten sehr eingespannt sind und dementsprechend weniger Zeit für ihre eigene Dissertation haben, kann diese „freie" Zeit einen enormen Vorteil bieten.

Viele Stiftungen, vor allem die Begabtenförderwerke, bieten zusätzlich eine umfassende ideelle Förderung an: Es gibt Seminare, Vorträge, Ferienakademien, Sprachkurse, Weiterbildungsmöglichkeiten, Angebote für Praktika, Workshops, Exkursionen und Trainingsangebote aus den Bereichen Wirtschaft, Wissenschaft, Politik und Verwaltung. Ein nicht zu unterschätzender Aspekt eines Stipendiums ist zudem die Botschaft, die es aussendet. Ein eingeworbenes Stipendium steht für eine gewisse wissenschaftliche Exzellenz. Weniger als 20 Prozent der Bewerber schaffen beispielsweise den Sprung in die Förderung der Begabtenförderwerke. Sie sind zu Recht stolz auf ihr Stipendium, denn es zeichnet sie als hoch motivierte, qualifizierte und auch außerfachlich engagierte Promovierende aus.

Risiken

Dennoch hat die Finanzierung einer Promotion durch ein Individualstipendium auch Nachteile (siehe auch Kapitel 3.2: *Die verschiedenen Promotionsformen*). Viele Stipendiaten sind weniger fest in die Arbeitsgruppe eingebunden und sehen nicht nur Ihre Betreuer seltener, sondern haben auch weniger Kontakt zu den anderen Promovierenden des Lehrstuhls. Wer aber keinen Arbeitsplatz an der Universität hat und die Dissertation alleine am heimischen Schreibtisch verfasst, hat es oftmals sehr viel schwerer, sich zu motivieren. Daher ist es für jeden Stipendiaten wichtig, diese Problematik frühzeitig mit dem Betreuer zu besprechen und gemeinsam zu überlegen, wie eine mögliche Isolation vermieden werden kann.

Auch finanziell ist ein Stipendium im Vergleich zu einem Angestelltenverhältnis als wissenschaftlicher Mitarbeiter mit Nachteilen verbunden. Stipendien gelten vor dem Gesetz nicht als Gehalt, daher sind Stipendiaten weder sozialversichert noch sorgen sie fürs Alter vor. Auch die Krankenversicherung ist nicht im Stipendienbetrag enthalten, sondern muss zusätzlich bezahlt werden. Die Regelungen zur Krankenversicherung für Promovierende sind leider nicht eindeutig. Teilweise versichern die gesetzlichen Versicherungen Promovierende als Studierende, das heißt, es gibt einen einheitlichen Beitrag, der im Moment um die 70 Euro liegt, teilweise muss man sich freiwillig versichern, was dann zu Beiträgen bis zu 180 Euro führt. Erkundigen Sie sich frühzeitig nach den Konditionen

Ihrer Versicherung. Auch nach jahrelanger Berufserfahrung als Wissenschaftler werden ehemalige Stipendiaten bei Antritt einer Arbeitsstelle im Öffentlichen Dienst wie beispielsweise einer Post-Doc-Stelle in die unterste Entgeltgruppe (Berufsanfänger) eingestuft. Finden Promovierende nach ihrem Abschluss keine Arbeit, erhalten sie kein Arbeitslosengeld, sondern müssen direkt Hartz IV beantragen, selbst wenn sie vor der Promotionsphase Beiträge in die Arbeitslosenversicherung eingezahlt haben.

Dazu kommt die relativ lange Phase der finanziellen Unsicherheit vor und während der Bewerbungsphase für ein Stipendium. Eine Bewerbung für ein Individualstipendium ist oft erst möglich, wenn Sie schon als Doktorand angenommen wurden, ein Exposé ausgearbeitet haben und Gutachten von Ihrem Betreuer und einem zweiten Hochschullehrer vorlegen können. Sie müssen also die Arbeit an der Promotion schon begonnen haben. Die Erstellung des Exposés, für das bestimmt einige Monate Arbeitszeit zu veranschlagen sind, ist schließlich bereits der erste Teil der Arbeit an einer Dissertation und muss ebenfalls irgendwie finanziert werden. Manche aber bei weitem nicht alle Universitäten bieten dafür spezielle Anschubstipendien an. Nach Antragstellung bis zur (vielleicht!) erfolgreichen Bewilligung (oder aber Ablehnung) eines Stipendiums kann es mitunter sehr lange dauern. Daher ist es zum einen sinnvoll, sich parallel bei mehreren Stipendienprogrammen zu bewerben und sich gleichzeitig auch nach anderen Finanzierungsmöglichkeiten umzusehen.

Ein weiterer Unterschied zwischen Stipendiaten und Wissenschaftlichen Angestellten ist häufig der Status als Doktorand. Im Gegensatz zu Promovierenden, die über eine Stelle als Wissenschaftliche Mitarbeiter im festen Angestelltenverhältnis der Universität stehen, haben Stipendiaten an vielen Universitäten einen unklaren Status. Sind sie in einen Promotionsstudiengang eingebunden oder auf sonstige Weise immatrikuliert, haben sie einen Status als Studierende. In anderen Fällen werden sie teilweise nicht als Mitglied, sondern nur als Angehörige der Universität geführt. Dies kann unter Umständen dazu führen, dass sie weniger Recht an Dienstleistungen wie etwa Service-Einrichtungen, Bibliothek oder IT-Ausstattung haben.

Meist haben sie auch kein Wahlrecht für den akademischen Mittelbau. Auch hier gilt: Erkundigen Sie sich bei Ihrer Universität über Ihre Rechte und Möglichkeiten.

9.1 Die Begabtenförderwerke

Die bekanntesten und finanzstärksten Stipendiengeber sind wohl die dreizehn großen vom Bundesministerium für Bildung und Forschung (BMBF) finanzierten Begabtenförderwerke. Jährlich unterstützen sie etwa 4.000 Promovierende. Diese Begabtenförderungswerke stehen den verschiedenen deutschen Parteien, den Kirchen und den Sozialpartnern nahe und spiegeln die Vielfalt der deutschen Gesellschaft wider. Sie bilden die verschiedenen weltanschaulichen, religiösen, politischen, wirtschafts- oder gewerkschaftsorientierten Strömungen in Deutschland ab. Sie unterscheiden sich in der Art der Auswahl ihrer Stipendiaten sowie in Art und Angebot der ideellen Förderung. Die Höhe der finanziellen Förderung ist allerdings bei allen Werken identisch: Seit dem 1. September 2016 erhalten Promovierende ein Stipendium in Höhe von monatlich 1.350 Euro. Dazu kommen eine Forschungskostenpauschale von 100 Euro und gegebenenfalls ein Familienzuschlag von 155 Euro sowie Zuschläge für Kinderbetreuungskosten ab 155 Euro.

Wer wird gefördert?

Die Stiftungen legen großen Wert auf die Förderung überdurchschnittlich begabter Promovierender, die sich nicht nur durch fachliche Leistungsstärke, sondern zu gleichen Teilen auch durch soziales Engagement auszeichnen. Dafür erhalten Stipendiaten nicht nur eine finanzielle, sondern auch ideelle Unterstützung. Zudem stehen die einzelnen Werke meist im Zusammenhang mit Organisationen, die ein bestimmtes Weltbild vertreten, wie Parteien, Religionsgemeinschaften oder anderen ideellen Werten. Als Voraussetzung für ein Stipendium wird aus diesem Grund mindestens die Identifikation mit den Werten der Begabtenförderungswerke vorausgesetzt.

Die größte Stiftung der Begabtenförderwerke, die **Konrad-Adenauer-Stiftung** sucht beispielsweise:

„überdurchschnittlich leistungsstarke, gesellschaftspolitisch engagierte und vielseitig interessierte junge Nachwuchsforscherinnen und -forscher. Sie sollen bereit sein, sich auf dem Weg zum Abschluss ihres Promotionsvorhabens oder ihres künstlerischen Aufbaustudiums mit ihrer gefestigten Persönlichkeit und ihren Kompetenzen in das Netzwerk und die Arbeit unserer christlich-demokratisch geprägten Stiftung einzubringen. Sie identifizieren sich mit den von der Konrad-Adenauer-Stiftung vertretenen Werten, politischen Inhalten und Themen und sind dazu bereit, diese in der Gesellschaft zu vertreten. Ihr gesellschaftliches Verantwortungsbewusstsein äußert sich in regelmäßigem ehrenamtlichem Engagement z. B. im politischen, sozialen, kirchlichen oder kulturellen Bereich bzw. der Bereitschaft, solches im Rahmen einer Förderung wieder zu intensivieren." (- www.kas.de/)

Die **Friedrich-Ebert-Stiftung** wünscht sich:

„… junge, ambitionierte Talente, die sich für eine gerechte Gesellschaft im Sinne der sozialen Demokratie einsetzen. Bei uns haben auch Menschen aus benachteiligten Familien die Chance auf eine exzellente Ausbildung." (- www.fes.de)

Die „grüne" **Heinrich Böll-Stiftung** erwartet wiederum von ihren Stipendiaten:

„dass sie die Ziele der Stiftung unterstützen und sich für eine gerechte, demokratische und ökologische Welt aktiv einsetzen. Beispiele für gesellschaftspolitisches Engagement können sein: Mitarbeit in der Fachschaft, Schulsprecher/in, Leitung internationaler Jugendcamps, Mitarbeit in der Grünen Jugend, Engagement in Verbänden und NGOs, wie z. B. in einem Migrationsverein, beim BUND, bei Terre des Femmes, bei amnesty international u. v. m." (- www.boell.de/de/)

Die **Studienstiftung** legt Wert darauf, dass sich Stipendiaten neben ihrem innovativen wissenschaftlichen Forschungsbeitrag

„auch für andere einsetzen und gesellschaftliche Verantwortung übernehmen. Es gibt dabei keine vorgegebenen Kategorien, wir freuen uns über aktives Engagement, bei dem Sie Verantwortung übernehmen und sich für andere einsetzen in den Bereichen Sport, Politik, Umweltschutz, Kunst, in Schulen, an der Universität, im kirchlichen oder karitativen Bereich, im Rahmen von Sozialprojekten u. a. m. Dagegen genügt es nicht, Fachzeitschriften zu lesen oder regelmäßig die Oper zu besuchen oder Yoga zu betreiben." (- www.studienstiftung.de)

Neben vielen Gemeinsamkeiten wie der Fördersumme oder die Bedeutung eines gesellschaftlichen Engagements hat jedes Begabtenförderwerk jedoch unterschiedliche Bewerbungsverfahren und Bewerbungsfristen, weshalb es wichtig ist, sich auf den Webseiten der Werke vor jeder Bewerbung intensiv über die jeweiligen Anforderungen zu informieren. Entscheidend für eine Bewerbung ist, dass Sie die Bewerbungsunterlagen passgenau und begründet auf die Bedingungen und die Werte des Begabtenförderwerks Ihrer Wahl ausrichten. Einen vergleichenden Überblick über Gemeinsamkeiten und Unterschiede der dreizehn Begabtenförderungswerke finden Sie unter

– www.stipendiumplus.de.

Das Internetportal informiert unter anderem über Anforderungen und Leistungen der einzelnen Einrichtungen, über Vorgehensweisen bei der Bewerbung sowie über spezifische Angebote für einzelne Zielgruppen. Außerdem hat jedes Begabtenförderungswerk Vertrauensdozenten an den verschiedenen deutschen Universitäten. Trauen Sie sich, machen Sie diese an Ihrer Uni ausfindig und sprechen Sie sie an.

Name	Ausrichtung und Werte	Wer wird gefördert?	Voraussetzungen	Kontakt und weitere Informationen
Studienstiftung des deutschen Volkes	Politisch, konfessionell und weltanschaulich unabhängig Leistung, Initiative, Verantwortung	Deutsche und Internationale (an deutscher Hochschule zugelassen), Interview auf Englisch (auf Anfrage) möglich	Weit überdurchschnittlich abgeschlossenes Studium, intensive außerfachliche Interessen und gesellschaftliches Engagement	Studienstiftung des deutschen Volkes e.V. Tel: +49 (0) 228 82096-0 info@studienstiftung.de - www.studienstiftung.de
Parteinahe Stiftungen				
Konrad-Adenauer-Stiftung	Politische Stiftung der CDU Werte: Freiheit, Frieden und Gerechtigkeit Christlich-demokratisches Leitbild	Deutsche und Internationale (mit ausreichenden Deutschkenntnissen: Niveau C1 und längerfristigem Aufenthaltsrecht)	Überdurchschnittlicher Studienabschluss, nicht länger als 5 Jahre zurückliegend, ehrenamtliches Engagement, Nähe zum politischen Standort der Konrad-Adenauer-Stiftung	Konrad-Adenauer-Stiftung e.V., Begabtenförderung und Kultur Tel.02241-246-2328 stipendien@kas.de - www.kas.de
Friedrich-Ebert-Stiftung	Politische Stiftung der SPD Grundwerten der sozialen Demokratie verpflichtet	Deutsche und Internationale (ausreichende deutsche Sprachkenntnisse), sozial Benachteiligte, „Arbeiterkinder" und Promovierende mit Migrationshintergrund	Politisches und/oder soziales Engagement, Begabung (überdurchschnittliche Leistungen), Persönlichkeitsbild	Friedrich-Ebert-Stiftung, Tel: +49 (0) 228 883-0 stipendien@fes.de, - www.fes.de/studienfoerderung

Name	Ausrichtung und Werte	Wer wird gefördert?	Voraussetzungen	Kontakt und weitere Informationen
Friedrich-Naumann-Stiftung für die Freiheit	Politische Stiftung der FDP Chancengerechtigkeit	Deutsche und Internationale	Fachliche und persönliche Eignung, waches Interesse für Politik, liberales und gesellschaftspolitisches Engagement	Friedrich-Naumann-Stiftung für die Freiheit Tel.: +49 (3 31) 70 19 – 0, stipendien-bewerbung@freiheit.org - www.freiheit.org/
Hanns-Seidel-Stiftung	Politische Stiftung der CSU Christlich-soziales Werteverständnis	Deutsche und Bildungsinländer/Innen bis 32 Jahre	Überdurchschnittliche Leistungen, gesellschaftspolitisches Engagement, staatsbürgerliches Verantwortungsbewusstsein, politische Aufgeschlossenheit	Hanns-Seidel-Stiftung, Institut für Begabtenförderung Tel: 089/ 1258 -301 info@hss.de - www.hss.de/stipendium.html
Heinrich-Böll-Stiftung	Grüne politische Stiftung Nachhaltigkeit, Chancengerechtigkeit und Demokratie	Deutsche und Internationale (mit ausreichenden Deutschkenntnissen Niveau: B2) Promovierende mit Migrationshintergrund, Frauen, „Arbeiterkinder"	Hervorragende Leistungen, gesellschaftliches Engagement und politisches Interesse, Persönlichkeitsprofil, Unterstützung der Ziele der Stiftung	Heinrich-Böll-Stiftung, Studienwerk Tel: +49 (0) 30 28534-400, studienwerk@boell.de - www.boell.de/studienwerk
Rosa Luxemburg Stiftung	Politische Stiftung der Partei DIE LINKE Demokratischer Sozialismus, Ausgleich sozialer, geschlechts- oder ethnisch bedingter Benachteiligung	Deutsche und Internationale, bei vergleichbaren Leistungen Frauen, sozial Bedürftige, Menschen mit Behinderung bevorzugt	Hervorragender Studienabschluss, ausgeprägtes gesellschaftliches und soziales Engagement	Rosa Luxemburg Stiftung, Studienwerk, Tel: +49 (30) 44310-223 Fax: +49 (30) 44310-188, studienwerk@rosalux.de - www.rosalux.de

Name	Ausrichtung und Werte	Wer wird gefördert?	Voraussetzungen	Kontakt und weitere Informationen
Konfessionell geprägte Begabtenförderungswerke				
Avicenna Studienwerk	Muslimisches Begabtenförderungswerk Potenzial der Muslime in Deutschland fördern	Promotionszulassung an deutscher Hochschule, Bildungsinländer sowie EU-Staatsbürger mit Deutschkenntnissen	Überdurchschnittliche Leistung, soziales Engagement, muslimische Konfessionszugehörigkeit (auch Nichtmuslime mit Islambezug können sich bewerben)	Avicenna Studienwerk Tel: +49 (0) 541/ 440 113 -04 info@avicenna-studienwerk.de, - www.avicenna-studienwerk.de
Cusanuswerk e.V.	Christlich- Katholisches Förderwerk Begabung, Leistung und Engagement	Deutsche Staatsangehörigkeit, Staatsangehörigkeit eines EU-Mitgliedslandes und der Status eines Bildungsinländers im Sinne des BAföG § 8	Fachlich ausgewiesene, gesellschaftlich engagierte Promovierende, engagierte Zugehörigkeit zur katholischen Kirche	Cusanuswerk e.V. Tel:+49 (0) 228 / 9 83 84-0 info@cusanuswerk.de - www.cusanuswerk.de
Evangelisches Studienwerk e.V. Villigst	Begabtenförderungswerk der Evangelischen Kirche Christliche Verantwortung wahrnehmen	Auch Promovierende, die nicht die deutsche Staatsangehörigkeit besitzen aber in Deutschland promovieren, können gefördert werden	Überdurchschnittliche Studien- und Prüfungsleistungen, gesellschaftliches Engagement, Mitglied bei einer evangelischen Kirche (begründete Ausnahmen möglich)	Evangelisches Studienwerk e.V. Villigst Tel. +49 (0) 2304 755196, info@evstudienwerk.de - www.evstudienwerk.de

Name	Ausrichtung und Werte	Wer wird gefördert?	Voraussetzungen	Kontakt und weitere Informationen
Ernst Ludwig Ehrlich Studienwerk	Jüdische Begabtenförderung Jüdische Identität, Verantwortungsbewusstsein und Dialogfähigkeit	Deutsche Staatsangehörigkeit oder eines EU-Mitgliedsstaates bzw. Status eines Bildungsinländers im Sinne des BAföG § 8	Überdurchschnittliche Leistungen, soziales Engagement, Zugehörigkeit zur jüdischen Gemeinschaft oder enge Verbindung (z. B. Studium Jewish Studies),	Ernst Ludwig Ehrlich Studienwerk e.V. Johannes CS Frank Tel: +49 (0) 30 3199 8170 -11, frank@ELES-studienwerk.de - www.ELES-studienwerk.de
Von den Sozialpartnern getragene Stiftungen				
Stiftung der Deutschen Wirtschaft	Unternehmerisch orientiert Eigeninitiative, Unternehmergeist, Engagement und Gemeinsinn	Deutsche und Internationale (mit Deutschkenntnissen auf Mittelstufenniveau z. B. B2)	Überdurchschnittliche Fachleistungen, gesellschaftliches Engagement	Stiftung der Deutschen Wirtschaft e.V. Tel.: 030 / 20 33 – 15 40 studienfoerderwerk@sdw.org - www.sdw.org/
Hans-Böckler-Stiftung	Begabtenförderwerk des Deutschen Gewerkschaftsbundes Mitbestimmung und gesellschaftspolitisches Engagement	Promotionszulassung an deutscher Hochschule, dauerhafter Wohnsitz in Deutschland (bis 40 Jahre)	Studienleistungen lassen besondere Befähigung zum wissenschaftlichen Arbeiten erkennen, zügiges Studium, gesellschaftspolitische Bedeutung des Promotionsthemas	Hans-Böckler-Stiftung, Abteilung Studienförderung, Hans- Tel.: +49 (0) 211 7778-140, bewerbung@boeckler.de - www.boeckler.de

Tipp

Viele Promotionsinteressierte oder Interessierte an einem Stipendium scheuen sich vor der Bewerbung bei Begabtenförderungswerken, weil sie sich wegen der vermeintlich großen Konkurrenz geringe Chancen ausrechnen. Zudem schreckt der Begriff „Begabtenförderungswerk" ab, da man fälschlicherweise glaubt, dass sich dort nur Überflieger bewerben können. Die Begabtenförderwerke wählen jedoch nicht nur nach Noten aus, sondern bewerten auch andere Leistungsbeweise, Engagement und die Passung zu den jeweiligen Werten der Stiftung. Meist kommt es auf das Gesamtbild von gesellschaftspolitischem Engagement, Persönlichkeit und guten Leistungen an.

Leistung ist nicht auf gute Noten beschränkt. Auch andere Leistungsbeweise können Bereiche, in denen Sie vielleicht keine Top-Noten haben, ausgleichen.

Ohne soziales Engagement geht es nicht. Dabei zählen aber nicht nur spektakuläre Hilfsaktionen und Ehrenämter, auch bescheidenere Dinge wie ehrenamtliche Nachhilfe oder die Pflege kranker Angehöriger sind Beispiel für soziales Engagement. Hochschulpolitisches Engagement oder künstlerische oder musische Tätigkeiten, die eine Außenwirkung haben, gelten ebenfalls als Form von sozialem und gesellschaftlichem Engagement. Stellen Sie konkret dar, wie Sie Verantwortung für sich und die Gesellschaft übernehmen und trauen Sie sich, sich zu bewerben! Wer gut vorbereitet ist, sich gut über die Stiftungen und das Bewerbungsverfahren informiert, kann sehr gute Chancen haben.

9.2 Stipendien weiterer Institutionen

Neben den großen vom Bundesministerium oder anderen großen Einrichtungen geförderten Stiftungen und den Fakultäten und Instituten der Hochschulen bieten auch viele kleinere und unbekanntere Stiftungen fachübergreifende, fachspezifische, themenspezifische oder personenspezifische Promotionsstipendien an. Prinzipiell reichen die Fördermöglichkeiten vom einfachen Druckkostenzuschuss bis hin zum Vollstipendium, das eine finanzielle Absicherung von etwa 1.300 Euro im Monat bzw. dem Netto-Äquivalent einer halben Stelle als Wissenschaftlicher Mitarbeiter gewährleistet. Es lohnt sich, sich auf die Suche nach einem passenden Stipendium zu begeben, die Förderlandschaft ist ebenso groß wie unübersichtlich. Manche Stipendiengeber geben sogar an, keine passenden Kandidaten zu finden, weil sich die richtigen Personen nicht bewerben.

So liegt die Erfolgsquote bei einer Bewerbung um ein Stipendium, einer Studie des Allensbach-Instituts aus dem Jahre 2010 zufolge, im Schnitt bei 41 Prozent. Wenn man bedenkt, dass die Erfolgsaussichten bei einem der großen Begabtenförderwerke nur zwischen 10 und 20 Prozent liegen, ergibt das eine dementsprechend höhere Erfolgschance bei den kleinen Stiftungen und Stipendiengebern. Auf den folgenden Seiten sehen Sie einen kleinen (!) Überblick über die wichtigsten Stipendienmöglichkeiten und einige Recherchemöglichkeiten.

9.2.1 Fach- oder themengebundene Promotionsstipendien

Viele Promotionsstipendien werden auch fach- oder sogar themenspezifisch vergeben. Hier werden spezifische Themen ausgeschrieben, zu denen aktuell Forschungsbedarf besteht. So fördert etwa die Gerda-Weiler-Stiftung Promotionen und andere Forschungsprojekte im Bereich der feministischen Frauenforschung, die Letter-Stiftung fördert mit dem August-Hoff-Stipendium Forschungsprojekte zur Bildhauerei und Graphik zwischen 1780 und 1930. Man kann sich vorstellen, dass hier die Konkurrenz nicht übermäßig groß ist, die Herausforderung ist es eher, das passende Stipendium zu identifizieren.

Wenn Sie recherchieren und das Glück haben, ein themenspezifisches Stipendienangebot zu finden, das genau zu Ihrem Forschungsthema passt, stehen Ihre Chancen auf ein Promotionsstipendium besonders gut.

Name	Ausrichtung	Bewerbungsvoraussetzungen	Kontakt und weitere Informationen
Gerda Henkel Stiftung	Historische Geisteswissenschaften, insbesondere Archäologie, Geschichtswissenschaften, Historische Islamwissenschaften, Kunstgeschichte, Rechtsgeschichte, Ur- und Frühgeschichte, Wissenschaftsgeschichte	Gesamtnote des Hochschulabschlusses (Master, bei Staatsexamen: Sek. II) 1,5 oder besser, bei Studienabschluss bis 28 Jahre	- www.gerda-henkel-stiftung.de Tel.: 0211-936524-0 Anna Kuschmann, M.A. kuschmann@gerda-henkel-stiftung.de
FAZIT-STIFTUNG	Alle Fachbereiche, Förderschwerpunkt liegt allerdings im Fachbereich „Zeitungswesen/ Journalismus"	Bei Antritt der Promotion nicht älter als 28 Jahre, Dissertation innerhalb von 2 Jahren realisierbar	- www.fazit-stiftung.de Annette Martinez Tel.: 069-75 91 20 66 a.martinez@faz.de oder info@fazit.de
Deutsche Bundesstiftung Umwelt	Forschungsarbeit auf dem Gebiet Umweltschutz, Natur- und Ingenieurwissenschaften, auch Bewerbungen aus den Sozial-, Geistes-, Wirtschafts- und Rechtswissenschaften	Überdurchschnittlicher Hochschulabschluss, noch nicht mit Promotion begonnen, besonders erwünscht sind interdisziplinäre Arbeiten	- www.dbu.de/stipendien Tel.: 0541 – 9633 – 353, stipendienprogramm@dbu.de
Evonik Stipendium	Naturwissenschaftliche Arbeiten im Rahmen des jährlich festgelegten Förderschwerpunktes	Wissenschaftliche Forschung in einem chemisch orientierten Arbeitskreis an einer deutschen Universität oder außeruniversitären Forschungseinrichtung, hervorragende Studienleistungen	- www.evonik-stiftung.de info@evonik-stiftung.de
Böhringer Ingelheim Fonds	Biomedizinische Grundlagenforschung	Bei Antritt der Promotion nicht älter als 27 Jahre, Studienabschluss mit Auszeichnung, nicht länger als 6 Monate am Projekt gearbeitet	- www.bifonds.de/fellowships-grants

Name	Ausrichtung	Bewerbungsvoraussetzungen	Kontakt und weitere Informationen
Fonds der Chemischen Industrie (FCI)	Chemie und angrenzende Gebiete	Deutsche/EU-Staatsangehörigkeit, Hochschulstudium innerhalb von max. 10 Semestern in Chemie, durchgehend hervorragende Studienleistungen, Anfertigung der Doktorarbeit in einem hervorragenden, chemisch orientierten Arbeitskreis, Antrag max. 3 Monate nach Beginn der Doktorarbeit	- www.vci.de/fonds/stipendien Dr. Stefanie Kiefer kiefer@vci.de
Beilstein-Stipendienprogramm	Chemie und benachbarte Gebiete	Überdurchschnittlicher Hochschulabschluss in einem naturwissenschaftlichen Fach, nicht länger als 2 Jahre zurückliegend, Promotion noch nicht begonnen, Antragsteller nicht älter als 25 Jahre	- www.beilstein-institut.de/foerderung Tel.: 069 – 7167 320 stipendien@beilstein-institut.de
Carl-Duisburg Stipendium der Bayer-Stiftung	Human- und Veterinärmedizin, Soziale Aspekte der medizinischen Grundversorgung, Kardiologie, Onkologie, Inflammation, Gynäkologie und bildgebende Diagnostik	Konkretes Projektvorhaben und schriftliche Zusage der Einrichtung, an der das Projekt durchgeführt werden soll, gute bis sehr gute Noten, sehr gutes Physikum, soziales, politisches oder kulturelles Engagement	- www.bayer-stiftungen.de 0214-30-41111
Studienstiftung ius vivum	Rechtswissenschaften	interdisziplinärer Ansatz bei der Konzeption der Forschungsarbeit	- www.uni-kiel.de/ipvr/studienstiftung2 Prof. Dr. Haimo Schack Tel.: 0431-880-7358 hschack@law.uni-kiel.de

Name	Ausrichtung	Bewerbungsvoraussetzungen	Kontakt und weitere Informationen
Institut für Arbeitsmarkt- und Berufsforschung	Sozial- und Wirtschaftswissenschaften	Hervorragende fachliche Kompetenzen, Interesse an Fragen der Arbeitsmarkt- und Berufsforschung.	- www.iab.de/, Sandra Huber, sandra.huber@iab.de
Stiftung Bildung und Wissenschaft	Empirische und theoretische Erforschung des Arbeitsmarktes	30. Lebensjahr noch nicht vollendet, hervorragende fachliche Leistungen, soziales Engagement, Finanzierung vorheriges Studium durch BaföG oder Erwerbstätigkeit	- www.stiftung-bildung-und-wissenschaft.de, Astrid Bergmann, Tel.: 0201-8401 173, astrid.bergmann@stifterverband.de
Dr. Hilmer Stiftung	Pharmazie	Naturwissenschaftlicher, medizinischer oder pharmazeutischer Abschluss mit hervorragenden Leistungen, Altersgrenze von 30 Jahren bei Bewerbung noch nicht überschritten	- stiftungen.stifterverband.info, Doris Zirkler, Tel.: 0201-8401-161, doris.zirkler@stifterverband.de
Dr. Jost-Henkel-Stiftung (Henkel Deutschland)	Alle Fachrichtungen, Schwerpunkt Wirtschafts-, Sozial-, Natur- und Ingenieurwissenschaften	Überdurchschnittliche Studienleistungen, Promotion aus eigenen Kräften nicht finanzierbar, zügiger Abschluss, Promotion in Ablaufplanung erkennbar	- www.henkel.de/karriere
Wissenschaftsförderung der Sparkassen-Finanzgruppe	Anwendungsorientierten Forschung auf dem Gebiet des Geld-, Bank- und Börsenwesens		- www.s-wissenschaft.de

9.2.2 Stipendien für Auslandsaufenthalte

Vielleicht möchten Sie während Ihrer Promotion eine Zeitlang im Ausland forschen oder sogar komplett in einem anderen Land promovieren. Neben zahlreichen Stipendienmöglichkeiten in den jeweiligen Gastländern bieten auch deutsche Organisationen Stipendien für Auslandsaufenthalte an. Die wichtigste Organisation zur Finanzierung eines Forschungsaufenthaltes im Ausland ist der Deutsche Akademische Austauschdienst (DAAD).

– www.daad.de

Gefördert werden bis zu einjährige Forschungsvorhaben, die im Rahmen der Promotion erforderlich sind und die an einer Hochschule, einer außeruniversitären Forschungseinrichtung, einem industriellen Forschungslabor oder als Feldforschung erfolgen können. Die Höhe des Stipendiums richtet sich nach dem Zielland, außerdem gibt es eine monatliche Pauschale für Forschungs- und Kongresskosten sowie einen Zuschuss zu den Reisekosten. Voraussetzungen sind überdurchschnittliche Studienleistungen und Prüfungsergebnisse sowie einschlägige Sprachkenntnisse. Daneben gibt es Stipendiengeber, die Forschungsaufenthalte in bestimmte Zielländer finanzieren oder Promovierende bestimmter Fachrichtungen unterstützen.

Name	Ausrichtung	Bewerbungsvoraussetzungen	Kontakt und weitere Informationen
DAAD-Jahresstipendium für Doktorandinnen und Doktoranden (Förderdauer 7-12 Monate)	Forschung im Rahmen eines Promotionsvorhabens im Ausland	Überzeugende akademische Qualifikation (bisherige Studienleistungen, Abschlussarbeit, Veröffentlichungen, notwendige Sprachkenntnisse), außerfachliches Engagement	- www.daad.de
DAAD-Kurzstipendium für Doktorandinnen und Doktoranden (Förderdauer 1 bis 6 Monate)	Forschung im Rahmen eines Promotionsvorhabens im Ausland	Überzeugende akademische Qualifikation (bisherige Studienleistungen, Abschlussarbeit, Veröffentlichungen, notwendige Sprachkenntnisse), außerfachliches Engagement	- www.daad.de
Fullbright Stipendien	Stipendien, um den akademischen Austausch zwischen den Vereinigten Staaten von Amerika und Deutschland zu unterstützen	Hochqualifizierte deutsche Promovierende (keine Doppelstaatsangehörigkeit), die an einer deutschen Hochschule eingeschrieben sind	- www.fulbright.de/tousa/stipendien
Botschaft von Japan in Deutschland	Forschungsstipendium für alle Fachrichtungen für einen Forschungsaufenthalt in Japan	Vergabe nach Leistungskriterien	- www.de.emb-japan.go.jp/austausch/stipendien.html

Name	Ausrichtung	Bewerbungsvoraussetzungen	Kontakt und weitere Informationen
Dr. Alexander und Rita Besser-Stiftung	Unterstützung von Forschungsaufenthalten in Israel	Sehr gute akademische Leistungen, Bewerber nicht älter als 33 Jahre	- www.deutsches-stiftungszentrum.de/stiftungen/dr-alexander-und-rita-besser-stiftung Herr Karten Krüger karsten.krueger@stifterverband.de
Bucerius-Jura-Programm	Für Rechtswissenschaftler Realisierung von Forschungsvorhaben im Ausland	Hervorragende fachliche Leistungen, erste juristische Fachprüfung mit mindestens „vollbefriedigend" abgeschlossen, bis Ende 34. Lebensjahr	- www.studienstiftung.de/bucerius-jura.html

9.2.3 Stipendien für Frauen (mit und ohne Kind(ern))

Einige Stiftungen machen es sich zur Aufgabe, begabten Frauen mit und ohne Kindern den Berufsweg zur Wissenschaftlerin zu erleichtern.

Name	Ausrichtung	Bewerbungsvoraussetzungen	Kontakt und weitere Informationen
Christiane Nüsslein-Volhard Stiftung	Naturwissenschaft und Medizin, qualifizierte junge Doktorandinnen aller Nationalitäten mit Kindern, die in Fächern der experimentellen Naturwissenschaften oder medizinischen Grundlagenforschung in Deutschland forschen	Stipendium als ergänzende Leistung zum monatlichen Einkommen, Vorlage eines gültigen Arbeitsvertrages im Bereich Wissenschaft und Forschung, tägliche Anwesenheit im Forschungsinstitut, nicht älter als 28 Jahre	- www.cnv-stiftung.de/de Heike Heth Tel.: 07071-601 398, heike.heth@cnv-stiftung.de
Brigitte-Schlieben-Lange-Programm für Nachwuchs-Wissenschaftlerinnen mit Kind	Für exzellente Hochschulabsolventinnen und Wissenschaftlerinnen mit Kind in Baden-Württemberg, das Programm gliedert sich in drei Förderlinien	Immatrikulation an einer wissenschaftlichen oder künstlerischen Hochschule	- www.lakof-bw.de Tel.: 07331 / 22-485, info@lakof-bw.de
Bundesstiftung Mutter und Kind	Für schwangere Frauen in Notlagen	Antragsberechtigt sind ausschließlich schwangere Frauen, die ihren Wohnsitz oder gewöhnlichen Aufenthalt in Deutschland haben und sich in einer finanziellen Notlage befinden	Bundesministerium für Familie, Senioren, Frauen und Jugend -www.bundesstiftung-mutter-und-kind.de poststelle@bmfsfj.bund.de Tel.: 030 201 791 30

Name	Ausrichtung	Bewerbungsvoraussetzungen	Kontakt und weitere Informationen
Gerda-Weiler-Stiftung für feministische Frauenforschung	Anthropologie, Biologie, Geschichte, Kunst, Medizin, Musik, Philosophie, Religion, Sozialwissenschaften, Spiritualität, Sprach- und Literaturwissenschaften Interdisziplinär, praxisbezogen	Arbeiten sollen in deutscher und frauengerechter Sprache abgefasst werden, Gerda Weilers Thesen sollten der Antragstellerin nicht fremd sein	Gudrun Nositschka Tel. 02256/7286 gudno@web.de
Anita-Borg-Stipendium (von Google initiiert)	Für Frauen, die herausragende Leistungen in der Informatik oder anderen technischen Bereichen erzielen und aktive Vorbilder und Führungspersonen in diesen Bereichen werden	Herausragende akademische Leistungen, Führungsqualität, Begeisterung für Informatik	Fragen per Mail an: anitaborg-scholars-emea@google.com

Außerdem gibt es eine Vielzahl von Stiftungen und Promotionsprogrammen, die besondere Personengruppen fördern oder Sonderbedarfe decken.

9.2.4 Stipendiendatenbanken und Recherchemöglichkeiten

Es ist quasi unmöglich, einen vollständigen und aktuellen Überblick über alle Stipendienmöglichkeiten zu haben. Aus diesem Grund empfiehlt sich die Suche mithilfe von Stipendiendatenbanken. Besonders empfehlenswert sind dabei folgende:

Allgemeine Stipendiendatenbanken

- www.stipendienlotse.de/
  Der Stipendienlotse, eine umfangreiche, leicht zu bedienende Stipendiendatenbank des Bundesministeriums für Bildung und Forschung
- www.daad.de/deutschland/foerderung/stipendiendatenbank
  In der Stipendiendatenbank des DAAD finden Sie Informationen zu den Fördermöglichkeiten des DAAD für internationale Studierende, Graduierte, Promovierte und Hoch-

schullehrerinnen und -lehrer sowie zu Angeboten anderer ausgewählter Förderorganisationen.

- www.mystipendium.de
  Eine umfassende, benutzerfreundliche Stipendiendatenbank mit über 1500 Fördereinträgen. Das Portal umfasst eine große Bandbreite an Fördermöglichkeiten für die Promotion: von der Finanzierung der Lebenshaltungskosten über die finanzielle Unterstützung von Auslandsaufenthalten bis hin zu Beihilfen für wissenschaftliche Arbeiten.
- www.elfi.info
  Servicestelle für Elektronische ForschungsförderInformationen – ELFI
  Das Portal umfasst eine Datenbank, die Informationen zur Forschungsförderung sammelt und gezielt aufbereitet. Derzeit enthält die ELFI-Datenbank über 8.000 Programme und rund 3.700 nationale und internationale Förderer.

Spezielle Stipendiendatenbanken

- www.stipendiumplus.de
  Die Datenbank der Begabtenförderwerke
- www.frauenkarrierewege.de
  Stipendiendatenbank für Frauen

Stipendien-Datenbanken für internationale Mobilität

- www.euraxess.de
  EURAXESS Researchers in Motion
  Förderdatenbank für Wissenschaftlerinnen und Wissenschaftler in Deutschland und der EU (incoming, outgoing, returning)
- www.daad.de
  Stipendien-Datenbank des Deutschen Akademischen Austauschdienstes (DAAD)
  In der Datenbank des DAAD finden Sie Informationen zu den Fördermöglichkeiten des DAAD für internationale Studierende, Graduierte, Promovierte und Hochschullehrerinnen und -lehrer
- www.scholarshipportal.com
  Die Suchmaschine ermöglicht Promovierenden und solchen, die es werden wollen, die europaweite Suche nach Stipendien für Studien- und Forschungsaufenthalten, Auslandspraktika etc.

9.3 Bewerbung und Auswahlverfahren für ein Individualstipendium

Für die Stipendienbewerbung werden neben dem Motivationsschreiben, dem Exposé, den Zeugnissen und dem tabellarischen Lebenslauf oftmals auch ungewöhnlichere Bewerbungsunterlagen wie ein ausführlicher Lebenslauf oder – in Ausnahmefällen – ein handschriftlicher Lebenslauf gefordert. Zudem erwarten die meisten Stiftungen zwei Gutachten, davon eines von Ihrem (Erst-)Betreuer. Viele, wenn auch nicht alle Stipendiengeber, führen im Auswahlprozess Bewerbungsgespräche durch. Bewerbungsgespräche bei Stiftungen können allerdings aufgrund von verschiedenen Förderungskriterien höchst unterschiedlich ablaufen. Dazu gehört häufig auch eine Präsentation zu Ihrer Person und Ihrem Forschungsprojekt. Manche Stiftungen und stipendienvergebende Institutionen führen sogar regelrechte Assessment Center mit mehreren Interviews vor unterschiedlichen Gremien, Präsentationen und Gruppendiskussionen durch.

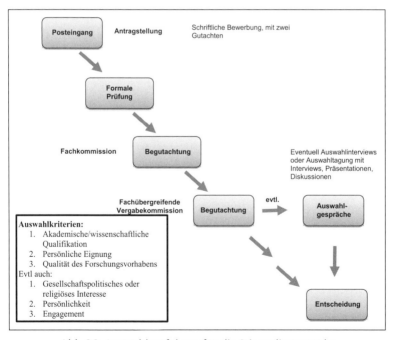

Abb. 36: Auswahlverfahren für die Stipendienvergabe

9.3.1 Das Motivationsschreiben

- *Welche förderwürdigen Ziele haben Sie sich gesetzt und können Sie diese auch erreichen?*
- *Passen Sie zu uns (der jeweiligen Stiftung)?*
- *Welche Vorteile bringt Ihnen und uns ein Stipendium für Sie?*

Diese drei prinzipiellen Punkte interessieren die Gutachter primär bei der Lektüre Ihrer Bewerbungsunterlagen. Die Antwort auf diese Fragen sollte in Form eines Motivationsschreibens den Auftakt jeder Ihrer Stipendienbewerbungen bilden, auch wenn nicht jede Stiftung ein Motivationsschreiben explizit fordert. Ein Motivationsschreiben kann verschiedenste Formate haben. Bei manchen Stiftungen gehört ein Motivationsschreiben mit dem Umfang von einer Seite in die Bewerbungsmappe. Andere wie etwa die Friedrich-Ebert oder die Heinrich-Böll-Stiftung binden das Motivationsschreiben direkt in ihren standardisierten Bewerbungsbogen ein. Dabei dienen Leitfragen als Rahmenvorgabe.

Das Motivationsschreiben hat wie in allen anderen Bewerbungsprozessen die Funktion eines persönlichen Anschreibens, mit dem Sie die wichtigsten Aussagen aus Ihren weiteren Bewerbungsunterlagen hervorheben und in einen Sinnzusammenhang mit dem gewünschten Bewerbungsresultat – hier dem Stipendium bringen. Dennoch unterscheidet sich Motivationsschreiben für die Stipendienbewerbung etwas von einem regulären Bewerbungsanschreiben für eine Arbeitsstelle. Es sollte in der Regel persönlicher gehalten sein und mehr auf Ihre von Stiftungen typischerweise geforderten Werte, ehrenamtlichen Tätigkeiten oder bestimmte Lebensumstände eingehen. Machen Sie in Ihrem Schreiben deutlich:

- Warum will ich ein Stipendium?
- Was erwarte ich mir von der Förderung?
- Warum bewerbe ich mich bei dieser Stiftung?

„Vor allem veranlasst mich das gemeinsame Projekt mit der Muster-Stiftung „Herausforderung Wirtschaft", das die konzeptuelle Entwicklung einer Unternehmensgründung zum Ziel hat, zu meiner Bewerbung bei der Stiftung der Deutschen Wirtschaft."

- Warum sollte ich gefördert werden? Was zeichnet mich aus?

Wie bei einem Bewerbungsanschreiben für eine Stelle beleuchten Sie hier die wichtigsten Punkte Ihrer Eignung. Gehen Sie dabei nicht nur auf fachliche Aspekte, sondern auch auf persönliche Eigenschaften, Errungenschaften und Hürden ein. Lassen Sie die Gutachter an Ereignissen teilhaben, die Sie geprägt haben. Statt Ihre Stärken und Leistungen nur zu nennen, belegen Sie sie anhand von Beispielen. Schreiben Sie nicht nur *„Ich bin gesellschaftlich engagiert".* Wenn nach einem solchen Satz kein Beispiel folgt, bleibt dieser inhaltsleer. Schreiben Sie lieber *„Ich engagiere mich in der Flüchtlingshilfe an meiner Uni und betreue ..."* Schlagen Sie von Ihrer derzeitigen Situation eine Brücke in die Zukunft und nennen und erläutern Sie Ihre Ziele. Wie wird das Stipendium Sie auf dem Weg zur Erreichung Ihrer Ziele unterstützen? Dabei können Sie auf den finanziellen Aspekt eingehen, doch sollte dieser nicht im Vordergrund stehen. Sie werden nicht als Stipendiat ausgewählt, nur weil Ihnen eine Finanzierung Ihrer Promotion fehlt.

„Die monatlichen Fixkosten, die in den kommenden drei Jahren während der Promotion anfallen, übersteigen jedoch meine finanziellen Möglichkeiten. Sowohl mein Bachelor- als auch mein Masterstudium habe ich nur mit Hilfe des kfW-Kredits bzw. des Bildungskredits stemmen können, da auch die finanziellen Mittel meiner Eltern nicht ausreichen, um mich weder bzgl. meines Studiums noch meines Promotionsvorhabens zu unterstützen. Auch die Tilgung beider Kredite werde ich über die nächsten 12 Jahre aus eigener Kraft stemmen müssen."

Vergessen Sie nicht, auch darauf einzugehen, was die Stiftung davon hat, Sie zu fördern. Als Stipendiat wird von Ihnen erwarten, für die Stiftung aktiv zu werden und das Programm mitzugestalten. Beschreiben Sie, inwiefern Sie mit Ihrem Engagement und Ihren Fähigkeiten zur Stiftung passen und was Sie beitragen können. Beschäftigen Sie sich mit den Werten der Stiftung und sehen Sie sich das Seminarangebot, Publikationen und laufende Projekte genau an.

„Wie meine ausführliche Motivation im Bewerbungsbogen zeigt, steht für mich dabei nicht nur die finanzielle Sicherung meiner wissenschaftlichen Arbeit im Vordergrund. Auch die Möglichkeiten der ideellen Förderung durch das Studienförderwerk XY sind für mich von herausragendem Interesse. Das umfangreiche Stipendiatenprogramm des Studienförderwerks hat bei mir großes Interesse geweckt. Die Seminare,

Workshops und Veranstaltungen – meist mit einem wirtschaftlich orientieren Schwerpunkt – begeistern mich sehr, da ich meine wirtschaftlichen Kenntnisse vertiefen möchte."

Mehr zum Thema Anschreiben siehe Kapitel 8: *Kontaktaufnahme und Bewerbung.*

9.3.2 Der Lebenslauf

Zu jeder Bewerbung – sei es für Stellen oder für Stiftungen – gehört ein tabellarischer Lebenslauf, der folgende Angaben enthält:

- Persönliche Daten (knapp gehalten)
- Die akademische Laufbahn bzw. akademische Ausbildung Angaben zu Abitur, Studien und Studienabschlüssen und – bei Stipendienbewerbungen – Angaben zur schon angefangenen bzw. angenommenen Promotion
- Wissenschaftliche Tätigkeiten z. B. Angaben zu Tätigkeiten als Wissenschaftliche Hilfskraft, sonstige wissenschaftliche Tätigkeiten
- Gegebenenfalls erste Publikationen, Konferenzbeiträge und Lehrtätigkeiten
- Gegebenenfalls Preise und Stipendien und Mitgliedschaften in wissenschaftlichen Organisationen
- Gegebenenfalls sonstige Praxiserfahrungen und Projekte
- Sonstige Kenntnisse
- Angaben zu Sprachen, EDV-Kenntnisse und besonderen Methodenkenntnissen
- (Nur) Bei Stipendienbewerbungen: Ehrenamtliche Tätigkeiten und evtl. Interessen
- Gegebenenfalls Referenzen

Mehr Informationen und ein Beispiel zur Erstellung eines (tabellarischen) wissenschaftlichen Lebenslaufs finden Sie in Kapitel 8: *Kontaktaufnahme und Bewerbung.*

Wichtig

Beachten Sie dabei die folgende, für Stipendienbewerbungen geltende Besonderheit: Anders als bei der Bewerbung auf wissenschaftliche Stellenangebote, sind für Stipendienbewerbungen persönliche Angaben wie der Verweis auf Ehrenämter, Interessen oder auch Hobbys häufig relevant und gewünscht.

Der ausführliche Lebenslauf

Einige Stiftungen fordern zusätzlich zum tabellarischen Lebenslauf auch einen ausformulierten Lebenslauf. Beim katholischen Begabtenförderwerk Cusanuswerk beispielsweise wird dies wie folgt verlangt:

„Ein ausformulierter, nicht-tabellarischer Lebenslauf (maschinenschriftlich) unter besonderer Berücksichtigung des bisherigen Studiengangs. Der Lebenslauf soll nicht mehr als vier Seiten umfassen. Da der Personalbogen bereits alle notwendigen statistischen Daten enthält, sollte der Lebenslauf ausschließlich über den geistigen Werdegang, die Studien- und Berufspläne sowie die fachlichen und außerfachlichen Interessen und ehrenamtlichen Tätigkeiten Auskunft geben. Wichtig sind auch Angaben über die aktive Zugehörigkeit zu studentischen, wissenschaftlichen oder anderen Vereinen, Gemeinschaften, Gruppen und Organisationen sowie Ihr Interesse an der Förderung durch das Cusanus werk und damit durch die katholische Kirche.“

Ein ausformulierter Lebenslauf wird – im Gegensatz zu dem in Bewerbungsprozessen normalerweise verlangten tabellarischen Lebenslauf oder CV – als Fließtext verfasst. Er soll quasi die Geschichte Ihres Lebens hinsichtlich der Werte der Stiftung beleuchten.

Im (selteneren) Extremfall wird der ausformulierte Lebenslauf sogar handschriftlich verlangt. Dies dient zum einen zur Vorselektion der Bewerber – nur wer das Stipendium wirklich will, macht sich die Mühe – zum anderen gibt es immer noch Institutionen, die (trotz eignungsdiagnostisch nachgewiesener Untauglichkeit) graphologische Gutachten erstellen.

Inhalt

Prinzipiell enthält ein ausformulierter Lebenslauf die gleichen Fakten wie ein tabellarischer Lebenslauf. Der Aufbau erfolgt jedoch chronologisch mit der Kindheit als Beginn. Sie beschreiben Ihren persönlichen und bildungsrelevanten Werdegang und erläutern dabei die Beweggründe für Ihre Entscheidungen. Aus welchen Gründen haben Sie Ihr Studienfach gewählt und was hat Sie bewogen, sich für Ihr Promotionsprojekt zu entscheiden?

„Schon früh haben mich religiöse und philosophische Fragen nach Sinn und Werten interessiert, was der ausschlaggebende Grund dafür war, warum ich nach meinem Abitur das Studienfach Philosophie wählte ...“

„Auf Grund meiner frühen journalistischen Erfahrung kam ich zur Sprachwissenschaft, da Kommunikation für mich zu den wichtigsten und wertvollsten Eigenschaften des Menschen gehört. Zu verstehen, wie Laute produziert, übermittelt und wahrgenommen werden, bildet daher den Hauptfokus meines Studiums und brachte mich schnell zur Phonetik und Phonologie.“

„Meine ethisch-politischen Interessen konnte ich sehr gut in der Liberalen Hochschulgruppe, der Studienkommission, dem Fachbereichsrat und der Ethikkommission einbringen und zu der weiteren positiven Gestaltung des Fachbereichs und der Universität beitragen, was mir sehr am Herzen lag.

Diese Umstände und ein starkes wissenschaftliches Interesse an moralphilosophischen Fragen bewogen mich direkt nach meinem Masterabschluss meinem Dissertationsprojekt „Ethik und Wertewandel in der Politik“ zu widmen, bei dem ich versuche, meine christlich-demokratischen Werte in eine links-libertäre deontologische Moraltheorie einfließen zu lassen.“

Bezug

Dabei ist es wichtig, eingehend auf die Ziele und Werte des jeweiligen Stipendiengebers einzugehen. Wenn Sie sich also bei einer Stiftung bewerben, für die gesellschaftliches Engagement im Vordergrund steht, sollten Sie unbedingt ausführlichere Passagen zu Ihrem bisherigen gesellschaftlichen Engagement und Ihren Gründen, sich zu engagieren, unterbringen. Gleiches gilt für religiöse, politische oder weltanschauliche Einstellungen.

„Zum Christsein gehört für mich auch die Übernahme von gesellschaftlicher Verantwortung. Deshalb engagiere ich mich gerne ehrenamtlich in verschiedenen Projekten der katholischen Hochschulgemeinde. Zweimal im Winter übernehme ich die Organisation der Bewirtung obdachloser Menschen und helfe bei der Durchführung. Armut und Obdachlosigkeit nehmen in unserer Gesellschaft leider auch unter jungen Menschen sichtbar zu.“

„Was die Werte der evangelischen Kirche angeht, so setze ich mich wie sie für Bildung ein. Ich weiß, dass neben anderem eine gute Bildung

die Teilhabe an unserer Gesellschaft und ein selbstbestimmtes Leben ermöglicht. Dabei schließe ich in meinem Verständnis Bildung für alle mit ein, also auch für vernachlässigte Bildungsgruppen jenseits der oftmals privilegierten Akademikergruppe und das ein Leben lang. Beispielsweise habe ich …"

„Bereits während meiner Schulzeit engagierte ich mich ehrenamtlich im Bereich der parlamentarischen Interessenvertretung. Als gewähltes Mitglied des Jugendparlamentes der Stadt Musterstadt setzte ich mich für die Rechte und Belange von Kindern und Jugendlichen in meiner Heimatstadt ein. Hier konnte ich mein Interesse an politischen Diskussionen und Entscheidungsfindungsprozessen mit meiner Freude am Teamwork verbinden."

Gehen Sie auch darauf ein, was Sie sich – neben der finanziellen Unterstützung – von Ihrem Stipendium erhoffen und beschreiben Sie, wie Sie sich dabei selbst einbringen möchten.

„Mit einem Stipendium der Konrad-Adenauer-Stiftung hätte ich die Chance, auf Seminaren mit anderen Doktoranden und Fachleuten fächerübergreifend über gesellschaftliche, religiöse und historische Fragen zu diskutieren. Ich möchte mein Wissen und meine Erfahrungen in die Gespräche einbringen und mir neue intellektuelle Impulse verschaffen. Eine meiner Doktorandenkolleginnen in der Amerikanistik ist Stipendiatin der Konrad-Adenauer-Stiftung. Ich habe aus Gesprächen mit ihr erfahren, dass sich auf den Seminaren oft viele interessante Kontakte und einige Freundschaften entwickelt haben. Ich würde mich freuen, Teil dieser Gemeinschaft werden zu dürfen …"

Struktur

Auch wenn der ausführliche Lebenslauf ausformuliert ist und daher nicht wie ein tabellarischer Lebenslauf klaren Strukturen folgt, sollte er dennoch logisch aufgebaut sein. Bewährt hat sich folgendes Vorgehen: Überlegen Sie sich vorab die Struktur und einen logischen Aufbau. Am besten notieren Sie sich Ihren Lebenslauf stichwortartig in chronologischer Form und ergänzen dies mit Begründungen für die verschiedenen Etappen. Beantworten Sie sich dabei selbst folgende Fragen:

• Was hat meine Kindheit und Jugend geprägt?
• Warum habe ich mich für mein Studienfach entschieden?
• Was hat zu meinem Promotionsprojekt geführt?
• Welche Werte und Einstellungen vertrete ich?

- Wie zeigt sich dies in meinem Engagement und meinem Lebensweg?
- Warum habe ich mich für diese Stiftung entschieden?
- Was erhoffe ich mir von dem Stipendium (finanziell und ideell)?
- Welchen Nutzen hat die Stiftung von mir?

Erst wenn diese Vorbereitungen abgeschlossen sind, sollten Sie mit dem eigentlichen Verfassen des ausführlichen Lebenslaufs beginnen.

9.3.3 Die Gutachten

Neben Ihren eigenen Angaben zu Ihrer Person und Ihrem Forschungsprojekt hat die Einschätzung Ihrer Gutachter für die Auswahlentscheidung eine sehr große Bedeutung. Gutachter sind normalerweise Ihr Erstbetreuer Ihrer Promotion und ein zweiter prüfungsberechtigter Hochschullehrer. Darum sind die Absprache mit Ihrem Betreuer und die kluge Auswahl eines Zweitgutachters sehr wichtig.

„Ein geeigneter Gutachter ist jemand, der den Kandidaten wirklich gut kennt, [...] und detailreich berichten kann, was ihn auszeichnet [...]. Man sollte niemanden überreden, der eigentlich keine Lust hat. Und es ist angebracht, genug Zeit einzuplanen: Erst drei Tage vor Abgabeschluss beim Gutachter aufzukreuzen und die Empfehlung einzufordern ist peinlich. Vor allem aber trägt ein liebloses, schnell hin geklatschtes Schreiben wenig zum Erfolg der Bewerbung bei.“

Hans-Peter Niedermeier, Auswahlkommissionsmitglied der Hanns-Seidel (Zeit Campus, 2014)

Mehr zum Thema Gutachten finden Sie in Kapitel 8: *Kontaktaufnahme und Bewerbung.*

9.3.4 Das Exposé

Das Herzstück jeder Bewerbung für ein Individualstipendium für die Promotion ist ein aussagekräftiges Exposé Ihres Forschungsprojekts. Nach der Lektüre dieses Exposés sollten die Gutachter zu dem Schluss kommen, dass sie dieses vielversprechende, wissenschaftlich relevante und anspruchsvolle aber dennoch in (meist) drei Jahren durchführbare Projekt finanziell fördern wollen. Für Ihre Stipendienbewerbung planen und beschreiben und begründen Sie Ihr Forschungsprojekt also so konkret wie möglich. Prinzipiell gelten für ein Exposé folgende Grundsätze:

- Sie benennen das **Thema**: *„Dieses Projekt wird erkunden …"*
- Betten dieses in den bisherigen **Forschungsstand** ein: *„Bisher weiß man Folgendes …"*
- Weisen die **Forschungslücke** auf: *„Was man jedoch noch nicht weiß, ist …"*
- Sie spezifizieren Ihre wissenschaftliche **Fragestellung** und Ihr **Ziel**: *„Ich habe vor, herauszufinden …"*
- Sie begründen die **Relevanz** des Projekts: *„Aus folgenden Gründen ist wichtig, dass man mehr weiß über …"*
- Sie erläutern die geplante Vorgehensweise und die zu verwendenden **Methoden**: *„Dabei gehe ich wie folgt vor …"*
- Und begründen dies: *„Diese Methode eignet sich hierfür besonders, weil …"*
- Sie zeigen die Grenzen auf: *„Einzelne Punkte können mit dieser Methode nicht erklärt werden. Dazu gehören …"*
- Und stellen einen genauen **Zeit-** und **Finanzplan** dafür auf.

Je nach Anforderung und „Fachtradition" wird das Exposé auf Deutsch oder Englisch (oder in Ausnahmefällen in einer anderen Fachsprache) verfasst.

Tipp

Wenn Sie – wie zu erwarten ist – noch nicht genau wissen (können), wie Ihr Ablaufplan aussehen wird, beschreiben Sie dennoch eine mögliche oder ideale Version davon. Dies gilt sowohl für die geplanten Methoden, die nicht in jedem Fachgebiet leicht zu beschreiben sind, als auch für den Zeitplan. Sie wissen noch nicht, was Sie im Juli übernächsten Jahres genau tun werden? Planen Sie dennoch den hypothetischen Zeitplan so, als ob Sie es wüssten. Ihr Stipendiengeber weiß natürlich genau wie Sie, dass sich gewisse Dinge noch ändern werden. Trotzdem sollte er anhand des hypothetischen Projektplans abschätzen können, ob Ihr Projekt durchdacht, in der gegebenen Zeit durchführbar und sinnvoll ist. Daran entscheidet es sich, ob Sie und Ihr Forschungsprojekt förderungswürdig sind oder nicht.

Mehr zur Erarbeitung Ihres Exposé finden Sie in Kapitel 6.1.2: *Vom Promotionsthema zum Exposé.*

9.4 Das Auswahlgespräch

Wenn Ihre schriftlichen Unterlagen überzeugt haben, laden gerade die großen Stiftungen wie die Begabtenförderwerke in der Regel zum weiteren Auswahlverfahren mit Interviews, Gruppendiskussionen oder Vorträgen ein. Die Auswahlinterviews werden entweder von einem oder mehreren Kommissionsmitgliedern geführt. Oft gibt es sowohl ein fachbezogenes Gespräch über Ihr Forschungsprojekt als auch ein persönliches, in dem über Ihre politischen, religiösen oder gesellschaftlichen Ansichten und Einstellungen diskutiert wird. Bei den meisten deutschen Stiftungen, vor allem aber bei den Begabtenförderwerken werden diese Gespräche meist in deutscher Sprache geführt. Für das fachbezogene Gespräch ist es entscheidend, dass Sie sich in Ihrem Fachbereich gut auskennen und Ihr Forschungsvorhaben gut und verständlich darstellen und begründen können (mehr dazu finden sie in Kapitel 8.4: *Fachvorträge).*

Wie diese Gespräche geführt werden, ist extrem unterschiedlich. Die Gutachter sind meist Professoren, die von verschiedenen Universitäten kommen und ein bis zweimal im Jahr Auswahlgespräche für die Stiftungen führen. Natürlich sind diese Professoren sehr heterogen und jeder fragt und urteilt so, wie er es für richtig hält. Zudem versucht man natürlich, für die fachbezogenen Gespräche soweit es möglich ist Fachexperten einzusetzen. Damit ist aber nicht garantiert, dass Ihr Gesprächspartner sich genau in Ihrem Spezialgebiet auskennt. Eventuell interviewt Sie ein Professor aus einem benachbarten Gebiet, das ganz anders „tickt". Stellen Sie sich auf jeden Fall darauf ein, dass Sie und Ihr Vorhaben dabei auf Herz und Nieren geprüft werden, schließlich geht es hier um viel Geld für dieses Projekt. Bereiten Sie sich auch auf kritische Fragen gut vor, arbeiten Sie gute Argumente für Ihr Forschungsvorhaben aus und stehen Sie selbstbewusst hinter Ihren Plänen. Sie sind der Anwalt Ihres Projekts, verteidigen und unterstützen Sie es! Je besser sich Ihr Gesprächspartner in Ihrem Thema auskennt, desto tiefer gehen vermutlich seine Fragen. Bereiten Sie sich also auf allgemeinverständliche Aussagen ebenso vor wie auf Detailfragen.

Sie können sich auch auf das persönliche Auswahlgespräch vorbereiten. Die Mindestanforderung ist natürlich, dass Sie nicht nur wissen, wer der Namensgeber einer Stiftung war, sondern auch wann und warum die Stiftung gegründet wurde und welche Ziele und Werte sie hat. Zudem stehen Ihre eigenen Werte, Überzeugungen und informierten Meinungen zur Diskussion. Wichtig dabei ist, dass Sie Werte, Überzeugungen und informierte Meinungen haben und diese begründen können. Stehen Sie zu Ihren Ansichten und scheuen Sie keine Diskussionen. Im Idealfall haben Sie mit Ihrem Gegenüber einen lebhaften Austausch von Argumenten und Spaß dabei.

Recherchieren Sie nicht nur zu den Inhalten der Stiftung, sondern machen Sie sich schon Wochen vor dem Auswahlgespräch durch die Lektüre von Fach- und Tagespresse über aktuelle Themen und Ereignisse schlau. Fangen Sie also unbedingt spätestens jetzt damit an, regelmäßig eine gute, überregionale Zeitung (wie z. B. die Frankfurter Allgemeine Zeitung, die Süddeutsche Zeitung, das Handelsblatt oder die Financial Times Deutschland) und möglichst eine einschlägige Fachzeitschrift zu lesen. Damit sind Sie gerüstet für eine Stellungnahme zu einem aktuellen politischen, wirtschaftlichen oder gesellschaftlichen Thema.

9.4.1 Erfahrungsberichte über Auswahlgespräche bei den Begabtenförderwerken

Erfahrungsbericht Auswahlverfahren Studienstiftung

„Laut den Aussagen des Vertrauensdozenten an meiner Uni geht es der Studienstiftung generell um folgende Kompetenzen: Intellektuelle Fähigkeiten, Leistungsbereitschaft und Motivation, Kommunikations- und Artikulationsfähigkeit, Soziale Kompetenz und Engagement und außerfachliches Interesse.

In der schriftlichen Bewerbung sollte bereits deutlich werden, dass all dies vorhanden ist. Die Geschäftsstelle macht eine Vorauswahl anhand dieser Kriterien. Danach findet ein Gespräch mit einem Professor/einer Professorin statt. Darin wird neben der fachlichen Eignung auch geprüft, inwieweit das außerfachliche Engagement besteht und Substanz hat.

Wie man die Eignung zur Promotion überprüft, darüber scheint jeder Prof seine eigenen Vorstellungen zu haben, d. h. jedeR macht das, wie er/sie will. Der eine fragt nach dem Lebenslauf, der andere hält eine Fachprüfung für geeignet oder beginnt eine Diskussion über aktuelle politische Themen.

Bei mir ging es hauptsächlich um mich, mein Exposé und mein Projekt, meine Vorstellungen danach und um andere Themen, auf die man sich nicht vorbereiten kann.

Die Fragen, an die ich mich erinnere waren:

- *Warum überhaupt eine Promotion nach dem Staatsexamen?*
- *Wie sind Sie auf dieses Thema gekommen?*
- *Nennen Sie in einem Satz Ihr Thema und die Fragestellung Ihres Promotionsvorhabens*
- *Warum ist das Projekt förderungswürdig?*
- *Warum wollen wir Sie als Person fördern?*
- *Wie kann Ihr Thema am Lehrstuhl eingebunden werden? (Geringe Anbindung bedeutet Abbruchgefahr)*
- *Warum gerade diese Stiftung?*
- *Wie gehen Ihr Thema und unsere ideelle Förderung gemeinsam?*

Bei der Diskussion um mein Exposé waren einige Fragen dabei, die man als provokativ verstehen könnte und wo unklar war, was die tatsächliche Meinung des Betreuers ist. Er hat zum Beispiel meine Methoden mehrmals hinterfragt oder wie ich fand auch kritisiert. Da ist es wohl wichtig, sich nicht von seiner Meinung abbringen zu lassen, sondern konsequent aufzutreten." Ein ehemaliger Doktorand der Rechtswissenschaften

Erfahrungsberichte Auswahlverfahren Konrad Adenauer Stiftung

„Gerade habe ich die positive Nachricht von der Konrad-Adenauer-Stiftung erhalten. Ich freue mich wirklich sehr, vor allem, weil ich die Situation nach dem Gespräch gar nicht einschätzen konnte. Es waren ca. 130 Graduierte eingeladen, die in 13 Prüfgruppen eingeteilt wurden. Innerhalb der Gruppen wurde jedem eine Nummer zugewiesen, um die zeitliche Planung flexibel gestalten zu können. Mein Gespräch war in drei Teile gegliedert: Fragen zum Projekt, Fragen zu dem ausführlichen Lebenslauf und Fragen zu dem 10-seitigen Fragebogen. Die Fragen zum Projekt waren sehr spezifisch und es hat sich ein sehr nettes Gespräch zu meinem Thema ergeben:

- *Wie ich auf das Thema gekommen bin?*
- *Eine Einschätzung zur Untersuchung des Gesamtwerkes.*

- *Wie ich mit anderen (fallgeschichtlichen) Texten umgehen werde?*
- *Wieso gerade Fallgeschichten?*
- *Verhältnis von Literatur und Wissen?*

Die biographischen Fragen setzten meines Erachtens dort an, wo man im ausführlichen Lebenslauf etwas angerissen hatte, aber nicht sehr ausführlich werden konnte: z. B. familiärer Hintergrund und Auslandsaufenthalt; außerdem wurde ich zu meiner Bachelor-Arbeit befragt.

Dann wurden Fragen zum politischen Engagement gestellt; aber auch über aktuelle politische Entwicklungen.

Abschließend ging es um die Frage nach anderen Förderern, ob ich schon Nachricht erhalten habe und wie ich entscheiden würde.

Ich habe die Fragen ehrlich und z. T. auch sehr spontan beantwortet.

Obwohl ich mich insgesamt wohl gefühlt habe, war die Auswahltagung wirklich anstrengend.“ Eine inzwischen Post-Doktorandin der Literaturwissenschaft

„Ich habe das Stipendium bekommen.

Trotzdem war die Auswahltagung wahnsinnig nervenaufreibend. Besonders anstrengend fand ich die Tatsache, bis zu letzter Minute nichts Genaues zu wissen. Die Veranstaltung ging mit einer Begrüßung los.

Es gab 15 Prüfgruppen, à 3 Prüfer (1 Prof, 2 Altstipendiaten)

Die Gespräche liefen scheinbar bei den verschiedenen Kandidaten sehr sehr unterschiedlich. Teilweise wurde wirklich Faktenwissen zur Politik abgefragt.

In meinem Fall ging es um Folgendes:

- *Ihr Betreuer hält laut seinem Gutachten offenbar sehr viel von Ihnen. Was könnten Sie sich denn vorstellen, was Ihr Professor an Ihnen schätzt?*
- *Es wurden konkrete Zitate aus meinem Exposé aufgegriffen und diskutiert*
- *Es gab Fachfragen zu meinem Exposé*
- *Wo sehen Sie die gesellschaftspolitische Relevanz Ihres Vorhabens?*

Prinzipiell haben die Prüfer bei mir oftmals provokante Fragen gestellt, bei denen mir unklar war, was sie eigentlich meinen:

- *Sie haben Ihren Lebenslauf sehr knapp dargestellt (auf 2 Seiten wie gefordert).*

- *Wie schaffen Sie es eigentlich, zu uns fremden, bösartigen Prüfern zu kommen und dabei weder nervös noch unsicher zu sein und auch noch zu lachen …?*

Die Stimmung im Raum war hervorragend, aber nach Gesprächsende konnte ich überhaupt nicht einschätzen, wie es gelaufen ist.

Den anderen ging es ganz genauso. Auf jeden Fall habe ich mich sehr wohl gefühlt." Eine inzwischen Post-Doktorandin der Sprachwissenschaft

"Wichtig ist auf jeden Fall, dass man seine Arbeit gut begründen kann:

- *Warum will man das machen*
- *Warum ist dieses Thema so wichtig*
- *Wie kann man das Thema der Gesellschaft verkaufen,*
- *Warum ist man selbst der absolut Richtige, um das Thema zu bearbeiten etc.*

Ich bin auch gefragt worden, ob ich nicht auch von anderer Stelle gefördert werden kann. Das ist sehr unangenehm, weil man fast nichts Richtiges sagen kann. Antwortet man mit „ja", braucht man ja kein Stipendium, sagt man „nein", dann ist das Thema eben auch nicht förderungswert. Auf diese Frage sollte man sich vorbereiten.

Außerhalb des Promotionsthemas können ganz unterschiedliche Fragen gestellt werden: In diesem Jahr zeichneten sich folgende Fragen ab:

- *Nennen Sie alle deutschen Kanzler bzw. Präsidenten*
- *Nennen Sie die Bundesminister (Ämter und Namen)*
- *Wie wird ein Gesetz verabschiedet?*
- *Meinungen zu der Flüchtlingskrise*
- *Woher hat die Stiftung das Geld (bei Begabtenförderwerken das BMBF)*
- *Wer ist der Chef vom BMBF (zurzeit (2017) Johanna Wanka) etc.*

Ganz wichtig ist, dass man politische Ämter und Namen vorher auswendig lernt, vielleicht auch die Ministerpräsidenten. Wir sind fast alle nach solchen Dingen gefragt worden. Ganz entscheidend kann auch sein, dass man sich vorher schon Gedanken zu aktuellen politischen Fragen macht, dann muss man sich da nicht erst etwas ausdenken." Ein Doktorand der Physik

Erfahrungsbericht Auswahlverfahren Friedrich Ebert Stiftung

"Das Auswahlverfahren ist mit ziemlich viel Aufwand verbunden, lohnt sich aber: Man füllt ein Antragsformular aus und legt Zeugnisse bei.

Die größte Mühe macht aber das Exposé: Auf ca. 10 Seiten musst du dein Dissertationsprojekt so vorstellen, dass es auch jemand versteht, der nicht vom Fach ist, ohne jedoch den wissenschaftlichen Anspruch zu verlieren.

Dann habe ich die Einladung zum Auswahlgespräch erhalten. Man spricht zunächst mit einem Vertrauensdozenten der Stiftung. Das Gespräch lief ganz locker: Er hat mir zunächst gesagt, dass er meine schriftliche Bewerbung für aussichtsreich hält, was mir erst mal die Angst genommen hat. Dann haben wir über das Dissertationsprojekt, mein gesellschaftspolitisches Engagement und aktuelle Geschehnisse gesprochen. Da musste man wirklich keine Angst haben.

Etwas kniffliger war hingegen das Gespräch mit dem Mitglied des Auswahlausschusses. Er hat mich zunächst gefragt, warum ich mich bei der FES bewerbe und warum ich mich nicht schon für die Studienförderung beworben habe.

Dann haben wir ein wenig über das Projekt und meine Zukunft gesprochen. Als es dann um das gesellschaftspolitische Engagement ging, hatte ich schon den Eindruck, dass politisches Engagement lieber gesehen wird als z. B. „nur" die Tätigkeit in sozialen Einrichtungen. Auf meine Nachfrage sagte er allerdings, dass lediglich ein Drittel aller Stipendiaten bei der SPD engagiert sind. Trotzdem glaube ich, dass man damit durchaus einen schlechteren Notendurchschnitt relativieren kann. Am Ende sagte er dann wider Erwarten, dass sein Gutachten positiv ausfallen wird und damit meine Chancen wohl auf mehr als 50 Prozent steigen.

Bessere Chancen hast Du, wenn Du politisch oder auf anderem Gebiet überdurchschnittlich engagiert bist, dein Engagement zu den Zielen der Stiftung passt, viel Persönlichkeit hast, schon in der Studienförderung warst und eine Frau bist (die FES fördert tatsächlich bevorzugt Frauen).

Die Entscheidung trifft ein unabhängiger Auswahlausschuss. Dabei kann ich mir nicht vorstellen, dass sich alle Mitglieder alle Bewerbungen anschauen müssen. Bei 800–900 Bewerbungen im Jahr sind das schließlich 300 pro Durchgang. Daher denke ich, dass das zweite Gespräch schon einen großen Ausschlag geben wird. Angeblich wird jeder Antrag ausführlich diskutiert und anschließend über ihn abgestimmt.

Das erste Gespräch ist normalerweise das sogenannte „Fachgespräch", da ging es bei mir hauptsächlich um mein Dissertations-Vorhaben, am Ende noch ein bisschen über meinen Werdegang. Dann haben wir noch ein bisschen über die Zukunft von Parteien diskutiert, bzw. wie man wieder mehr Menschen für eine Partei interessieren kann und zum Schluss haben wir über Literatur geredet (er wollte wissen, was für Bücher ich gerne lese) und wir haben uns dann gegenseitig Krimis empfohlen.

Das zweite Gespräch, mit jemand aus dem Auswahlausschuss ist dagegen das „Persönliche" – das war relativ kurz, es ging eigentlich nur um mein Engagement in den letzten Jahren. Aber auch hier: Die Gespräche sind sehr unterschiedlich und es kommt sehr darauf an, an wen Du gerätst. Grundsätzlich schadet es nicht, wenn man sich ein bisschen mit Friedrich Ebert auseinandersetzt und sich Gedanken darüber macht, was für einen persönlich der Satz „zur sozialen Demokratie verpflichtet" bedeutet. Es ist aber selbstredend, dass man die Werte und Ziele der Stiftung, bei der man sich beworben hat, kennt und für richtig hält. Mein Tipp: Frag Dich, was Du der Stiftung bringst" Eine ehemalige Doktorandin der Geschichtswissenschaft

Erfahrungsberichte Auswahlverfahren Cusanuswerk

„Beim Cusanuswerk hatte ich ein sehr freundliches Gespräch mit einem Pfarrer, das ungefähr zwei Stunden gedauert hatte. Er hatte erwartungsgemäß Fragen zu meiner religiösen Einstellung und meinen Erfahrungen:

- *Herausforderungen an die katholische Kirche heute?*
- *Wie man selbst den Glauben ins Leben trägt.*
- *Prägende Stationen im Lebensweg? (kirchlich und persönlich)*
- *Soziales, politisches, kirchliches Engagement? (früher und heute)*
- *Was daran ist Ihnen wichtig?*

Natürlich hatte ich auch alles über die Stiftung recherchiert und aktuelle Themen aus den Nachrichten präsent – was, mehr als gut war. Diesen Tipp hatte ich von einem Alt-Cusaner im Freundeskreis bekommen. Allerdings empfiehlt es sich, nicht zu sehr den Schwerpunkt auf den Vatikan zu setzen, wenn man da nicht 100 Prozent dahinter steht. Lieber ehrlich sein. Meine Meinung war auch oft kirchenkritisch und weil ich das argumentativ vertreten konnte, war das gut. Ich habe sogar gesagt, die Kirchenpolitik sei manchmal weltfremd. Ich war da sehr leidenschaftlich in meiner Argumentation … Ich glaube das war genau das, was sie sehen wollten." Eine Doktorandin der Geschichtswissenschaft

„Das Gespräch mit dem Referenten des Cusanuswerks war irgendwie ganz eigen."

Er war aber sehr freundlich und genauso aufgeregt wie ich, weil er das auch zum ersten Mal gemacht hat. Ich weiß nicht, wer von uns nervöser war.

Er hat sehr viele Fragen gestellt und von den zweieinhalb Stunden haben wir gerade mal zehn Minuten über meine Promotion geredet.

Er wollte wissen, was ich von Verhütung, Gentechnik, Pornografie im Internet, Priesterinnen, Entwicklungshilfe usw. denke.

Zum Glück hat er mir auch Fragen gestellt, auf die ich vorbereitet war:

- *Warum ich mich bei einer kirchlichen Förderung beworben habe*
- *Was denn mein Dissertationsprojekt zusammengefasst wäre*

Dann haben wir ein bisschen über mein Thema diskutiert und er hat mir erzählt, was ihm so dazu einfällt.

Je länger ich darüber nachdenke, desto mehr Sachen fallen mir ein, die ich nicht so gut gemacht habe und desto schlechter erscheint mir alles gelaufen zu sein – aber ich habe das Stipendium bekommen!" Eine Doktorandin der Literaturwissenschaft

„Beim Gespräch mit dem Cusanus werk, das ich mit einem Pfarrer geführt habe, wurde Folgendes gefragt:

- *Prägende Stationen, Personen, Erfahrungen für den Lebensweg*
- *Ehrenämter vor dem Studium, seit dem Studium, nach dem Studium*
- *Religiöse/kirchliche Themen die mich beschäftigen*
- *Herausforderungen für die Christen in der Welt von heute:*
  - *Erkennung und Eingestehen der Fehlbarkeit von Menschen, Kirche, Regierung und Institutionen sowie Überwindung von gekränktem/ falschem Stolz*
  - *Würdevoller und respektvoller Umgang mit Mitmenschen/ Menschlichkeit/Nächstenliebe unabhängig von Glaubensrichtungen, Alter, Herkunft, Geschlecht*
  - *Vermittlung (Mediation)/Friedensstiftung/Überwindung von Kriegen und Verfolgung von Menschen aufgrund unterschiedlicher Glaubensrichtungen*
  - *Überwindung der Kluft zwischen Arm und Reich (Hilfe zur Selbsthilfe in Entwicklungsländer)*
  - *Verdeutlichung der Wichtigkeit/Rolle von Glauben im Zeitalter der Säkularisierung, Globalisierung, Kurzlebigkeit, Leistungs-, Geld- und Machtgesellschaft "*

Ein Doktorand der Biologie

Erfahrungsbericht Auswahlverfahren Evangelisches Studienwerk Villigst

„Ich hatte dort ein sehr nettes und freundliches Gespräch, in welchem ich zuerst nach dem Titel meines Exposés befragt worden bin, danach durfte ich meine Messmethode erklären. Nach etwa 10 bis 15 Minuten kamen wir dann auf meine Hobbys zu sprechen und meine Teilnahme an „Jugend musiziert", das war alles ganz locker und angenehm. Ich bin kein einziges Mal nach meinem kirchlichen oder gesellschaftspolitischen Engagement gefragt worden und ich hatte nicht das Gefühl, dass sie da nur sehr Fromme aufnehmen wollen. Von anderen Stipendiaten weiß ich aber, dass das bei ihnen ganz anders war und sie nach ihrer religiösen Überzeugung und Ihren Meinungen gefragt wurden. Nach einer halben Stunde war das Gespräch bereits beendet und mir wurde gesagt, wie das Prozedere nun weiterginge, dass also am nächsten Tag entschieden würde, wer aufgenommen werden soll, dass diese Gutachten dann aber noch durch einige Gremien gehen müsse und man erst nach zwei bis drei Wochen mit einer Antwort rechnen könne.

Die Atmosphäre während des Gesprächs war sehr entspannt und freundlich, so wünscht man sich ein Auswahlgespräch! Also bloß keine Angst haben und sich nicht für gut genug halten. Man muss das einfach mal versuchen mit der Bewerbung, vielleicht klappt es ja. Da gehört eine gute Portion Glück dazu, aber warum soll man das nicht haben?" Ein ehemaliger Doktorand der Physik

Erfahrungsbericht Auswahlverfahren Stiftung der deutschen Wirtschaft

„Insgesamt hat das Bewerbungsverfahren bei der Stiftung der deutschen Wirtschaft ein halbes Jahr gedauert. Zunächst habe ich eine formale Bewerbung mit einem Motivationsschreiben, meinem Lebenslauf, Notenschnitt und einem Exposé meines Promotionsvorhabens eingereicht. Ein paar Monate später wurde ich zu einer Art Assessment-Center eingeladen. Eine der Aufgaben war es, einen Aufsatz zum Thema „Wirtschaft und Umwelt" zu verfassen. Danach haben wir zu viert ein vorgegebenes Thema in einer Gruppendiskussion erörtert. Die Entscheidung über die Aufnahme wurde dann nach einiger Zeit bekannt gegeben und ich hatte das Glück, ein Stipendium zu bekommen." Ein ehemaliger Doktorand der Wirtschaftswissenschaften

10 Karriere mit Doktortitel

Entwicklung
Forschungseinrichtung
Medien Kunst
Stiftungen
NGO Bildung Wissenschaftsmanagement
Industrie
Medizin Uni-Professur
Kultur Forschung
FH-Professur
Wirtschaft

10.1 Berufliche Perspektiven nach der Promotion

Um eine fundierte Entscheidung für oder gegen eine Promotion treffen zu können, ist es hilfreich, sich auch zu überlegen, welche beruflichen Perspektiven ein Doktortitel mit sich bringt. Obwohl es schwer ist, zu dieser Frage eine allgemeingültige Antwort zu geben, gibt es doch zahlreiche Untersuchungen zum beruflichen Erfolg von Promovierten sowohl innerhalb als auch außerhalb von wissenschaftlichen Karrierewegen. Durch diese Umfragen wissen wir, in welchen Berufsfeldern die Promovierten der letzten Jahre typischerweise untergekommen sind und wie sich ihre berufliche Karriere entwickelt hat. Darum beschäftigen wir uns zuerst mit der Frage:

10.1.1 Führt eine Promotion zu mehr Berufserfolg?

Um dies beurteilen zu können, ist es erst einmal wichtig zu definieren, wie für Sie „Berufserfolg" eigentlich definiert ist. Zeigt sich Berufserfolg durch ein hohes Gehalt? Oder einen größeren Verantwortungsspielraum? Geht es um ein angemessenes Renommee als Experte in einem Spezialgebiet? Misst der Erfolg sich für Sie an der Führungsverantwortung über eine Vielzahl von Mitarbeitern? Vielleicht bezeichnet Berufserfolg aber auch den Grad der Erfüllung, der Sinnhaftigkeit und der Freude, die Sie an Ihrem Beruf erleben. Diese Definition fällt für jeden anders aus. Bewerten Sie die Informationen in diesem Kapitel also gemäß Ihrem eigenen Definitionsrahmen.

Ein gängiger Definitionsversuch beschreibt Berufserfolg bzw. Karriere als Sammelbegriffe, die neben dem Einkommen und der höheren Hierarchiestufe der beruflichen Stellung auch die inhaltliche Angemessenheit der Tätigkeit sowie die berufliche Zufriedenheit miteinbeziehen. Bei einer Promotion kann man davon ausgehen, dass diese als zusätzliche Bildungsinvestition das Fachwissen und die außerfachliche Kompetenzen erhöht und damit auch die Chancen auf eine sowohl von den Inhalten als auch den Anforderungen dem hohen akademischen Abschluss angemessenen Tätigkeit steigert (Inhaltsadäquanz). Auch im Hinblick auf die Berufszufriedenheit kann man davon ausgehen, dass Promovierte höhere Erwartungen hinsichtlich ihrer Tätigkeit hegen und daher eher Stellen anstreben (und aufgrund ihrer Qualifikation auch bekommen), die eine höhere Berufszufriedenheit erwarten lassen. Zahlreiche Studien, die sich mit den Karrierewegen und Berufserfolgsfaktoren von Promovierten aller Fachrichtungen befassen, belegen diese Annahme.

10.1.1.1 Die Promotion als Karrierevoraussetzung

Wer eine wissenschaftliche Karriere in einer Universität, einer anderen Hochschule oder einem außeruniversitären Forschungsinstitut anstrebt, kommt um die Promotion nicht herum. Sie ist Mindestvoraussetzung für eine akademische Laufbahn. Aber auch in manchen Branchen und Wirtschaftszweigen ist eine Promotion fast schon Zugangsvoraussetzung für einen beruflichen Ein- und Aufstieg. Laut Erhebungen des Statistischen Bundesamtes war für jeden Fünften mit Doktortitel die Promotion Mindestvoraussetzung für die derzeitige Position. Vor allem im naturwissenschaftlichen Bereich wird eine Promotion häufig erwartet, vor allem, wenn man wissenschaftlich arbeiten möchte wie etwa im Bereich Forschung und Entwicklung. Hier gilt der Titel als Ausweis der Befähigung zu wissenschaftlicher Arbeit. Relevant ist dies vor allem für Chemiker aber in abgeschwächter Form auch für Physiker und Biologen, die typischerweise promovieren, bevor sie dann die Universität verlassen um in die Industrie zu wechseln. Auch Absolventen anderer Fachbereiche benötigen häufig eine Promotion, wenn sie etwa im Bereich Gesundheit, Bildung, Volkswirtschaft oder Politik und Verwaltung forschend tätig werden möchten. Für leitende Positionen im Kulturbereich wie etwa in Museen, Archiven, Verlagen, die häufig ebenfalls wissenschaftliche Kenntnisse voraussetzen, gilt in vielen Fällen eine einschlägige Promotion ebenfalls als notwendiger Befähigungsnachweis. Aber auch in bestimmten wissenschaftsunterstützenden Berufssparten wie vor allem beim Wissenschaftsmanagement ist ein Doktortitel häufig Mindestvoraussetzung, um später einmal Leitungspositionen zu erlangen. Der Titel ist dabei gar nicht mal so sehr als rein formale Qualifikation zu verstehen. Es geht auch darum, dass Stelleninhaber in solchen Positionen verstehen, wie wissenschaftliches Arbeiten funktioniert. In vielen anderen Bereichen ist man mit einer Promotion auf jeden Fall gut aufgestellt, auch wenn sie nicht als unbedingt notwendig angesehen wird.

10.1.1.2 Karriereaufstieg mit Promotion

Zwei große Promoviertenbefragungen für den Bundesbericht zur Förderung des Wissenschaftlichen Nachwuchses in Deutschland (BuWiN) aus den Jahren 2008 und 2013 zeigten deutlich, dass unter den Hochschulabsolventen Promovierte bezüglich ihrer Karrierestufe im Durchschnitt erfolgreicher als Nichtpromovierte sind. Zwei Drittel der befragten Promovierten sind in hochqualifizierten und gut bezahlten Berufen tätig. Zu ähnlichen Ergebnissen kam auch die Studie „Hochqualifizierte in Deutschland – Erhebung zu Karriereverläufen und internationaler Mobilität von Hochqualifizierten", die das Statistische Bundesamt Anfang 2012 durchgeführt hat. Für gut die Hälfte der befragten Promovierten war der Doktorgrad ein Karrierebeschleuniger. Etwa 50 Prozent der erwerbstätigen Promovierten gaben sogar an, bereits in der ersten beruflichen

Tätigkeit nach Abschluss der Promotion in Wissenschaft oder Wirtschaft eine Leitungsfunktion inne zu haben. Laut einer Karriereverlaufsstudie aus dem Jahr 2013 (Falk & Küpper), die promovierte und nicht-promovierte Akademiker gegenüberstellt, profitieren vor allem Ingenieure sowie Sprach- und Kulturwissenschaftler schon früh von einer Promotion und besetzen bereits fünf Jahre nach ihrem Master-Abschluss (d. h. fast direkt nach ihrer Promotion) häufiger Führungspositionen als Nicht-Promovierte. Promovierte Wirtschaftswissenschaftler haben zu diesem frühen Karrierezeitpunkt noch keine Vorteile gegenüber ihrer Konkurrenz, die direkt nach ihrem Master-Abschluss unternehmenspraktische Berufserfahrung sammeln konnte.

Man kann jedoch davon ausgehen, dass eine Promotion im längeren Karriereverlauf immer deutlichere Vorteile bringt. Darauf weisen die Ergebnisse einer explorative Umfrage bei Headhunter-Agenturen und Personalverantwortlichen führender Industrie- und Wirtschaftszweige hin, dass es in den Führungsebenen oftmals zu einer Häufung promovierter Führungskräfte, Managerinnen und Manager kommt. Offenbar gibt bei gleicher Qualifikation der Doktortitel durchaus den Ausschlag für die Personalauswahl. Der Grund hierfür liegt nach Aussage der Befragten darin, dass ein Doktortitel – zu Recht – mit einem hohen Maß an Zielstrebigkeit, Durchhaltevermögen und Selbstmotivation assoziiert wird. Außerdem geht der Titel mit einer höheren Reputation einher, sodass Promovierte von Kunden eher als Experten anerkannt und von Kollegen und Mitarbeitern in einer Führungsrolle akzeptiert werden. Hinzu kommt, dass die Anforderungen an konzeptionelles und strategisches Denken mit steigender Hierarchieebene höher sind. Diese Fähigkeit wird Promovierten oftmals eher zugeschrieben als Nicht-Promovierten. Die Chancen auf das Erreichen einer hochqualifizierten Position sind durch eine Promotion jedoch nicht garantiert und hängen nicht nur vom Abschluss ab. Auch der Beschäftigungssektor und natürlich das Fach spielen eine große Rolle. Neben der großen Gruppe der sehr erfolgreichen Promovierten gibt es auch eine relativ große Anzahl von Promovierten, die Tätigkeiten ausüben, für die ein Fachhoch-/Hochschulabschluss ausreichend gewesen wäre.

10.1.1.3 (Beinahe) Vollbeschäftigung mit Doktortitel

Kopflastig, überqualifiziert und deshalb arbeitslos nach der Promotion? Weit gefehlt: Wissenschaftsexperte Kalle Hauss vom Bonner Institut für Forschungsinformation und Qualitätssicherung bestätigt (2011) in einem Interview der Zeitschrift „Arbeitsmarkt": *„Den Dr. Arbeitslos gibt es nicht. Dr. Taxifahrer, Dr. Arbeitslos und Dr. Prekär sind statistisch betrachtet mythologische Figuren der Gegenwart, die im Zusammenhang mit dem Thema Berufschancen von Promovierten diskutiert werden und sich erstaunlich hartnäckig in der öffentlichen Debatte halten".* Eine Promotion gilt schon fast als Garantie gegen Arbeitslosigkeit. 2011 gab es nach den Daten des Statistischen Bundesamtes unter Promovierten nur eine verschwindend geringe Anzahl an Arbeitslosen, so dass man quasi von Vollbeschäftigung sprechen kann. Frühere Studien (z. B. Enders & Kottmann, 2009) bestätigen dies und sprechen von Zahlen zwischen 0 und 2 Prozent. Zum Vergleich: Die Arbeitslosenquote unter nicht-promovierten Akademikern liegt etwas höher bei etwa 2,5 Prozent (siehe hierzu auch Kapitel 10.1.5: *Kann mir der Doktortitel schaden?).* Nur in einigen Bereichen der Geisteswissenschaften liegt die Arbeitslosenquote von Promovierten geringfügig höher und übersteigt in einer Studie des Statistischen Bundesamtes sogar minimal die der nicht-promovierten Akademiker.

Eineinhalb Jahre nach der Promotion arbeiten mehr als 80 Prozent der Befragten in einer regulär abhängigen Beschäftigung.

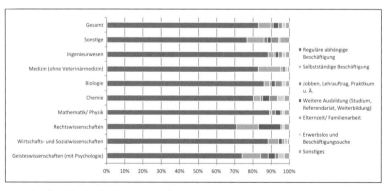

Quelle: KOAB-Absolventenstudien 2011 von Promovierten des Jahrgangs 2009
S. 289

Abb. 37: Erwerbssituation ca. 1,5 Jahre nach Promotion

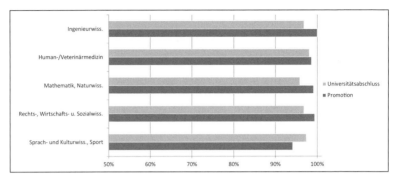

Quelle: Bundesbericht Wissenschaftlicher Nachwuchs 2013 aus den Daten von Mikrozensus 2009 S. 255

Abb. 38: Erwerbstätigenquote der 35- bis 45-Jährigen nach Bildungsabschluss

Ein kleinerer Teil hat sich (schon) selbstständig gemacht, dies betrifft vor allen Dingen Juristen und Mediziner. Einige Wenige gehen einer anders gearteten Beschäftigung nach, wie etwa einem Referendariat oder einer Weiterbildung oder befinden sich in Elternzeit.

10.1.1.4 Einkommen und Gehalt nach der Promotion

Lohnt sich eine Promotion auch finanziell? Wie schon ausführlich diskutiert, ist das zukünftig zu erwartende Gehalt nach der Promotion vermutlich nicht der ausschlaggebende Punkt bei der Entscheidung für die Promotion. Trotzdem ist es sicher nicht unerheblich zu wissen, ob sich die nicht unbeträchtlichen Kosten und Mühen der Promotionszeit auch später auf dem Gehaltszettel auszahlen können. Akademiker mit Doktortitel stehen im Allgemeinen weiter oben auf der Gehaltsliste.

Laut einer Analyse der Vergütungsberatung PersonalMarkt gibt es beim Einstiegsgehalt je nach Fachrichtung dabei jedoch große Unterschiede. Während sich eine Promotion vor allem bei Ingenieuren mit mehr als 15.000 Euro Unterschied zu nicht-promovierten, stark auf das künftige Einstiegsgehalt niederschlägt, zahlt sich eine Promotion für Sozialwissenschaftler zumindest anfangs finanziell kaum aus. Promovierte Naturwissenschaftler verdienen ebenso wie Wirtschaftswissenschaftler nach Abschluss der Promotion im Schnitt ca. 11.000 Euro mehr als ihre nicht-promovierten Kollegen.

Die bereits erwähnte Karriereverlaufsstudie aus dem Jahr 2013 (Falk, S.; Küpper, H.) kommt zu ähnlichen Ergebnissen. Dieser Umfrage zufolge sind die durchschnittlichen Einkommen von Akademikern mit Doktortitel fünf Jahre nach ihrem Studienabschluss (also i. d. R. kurz nach Promotionsabschluss) höher als die Verdienste von Akademikern, die nur einen Masterabschluss haben. Dies ist besonders bemerkenswert, weil Promovierte aufgrund der Promotionsphase in der Regel erst später in ihren derzeitigen Beruf eingestiegen sind, während die nicht-promovierte Absolventen fünf Jahre nach Studienabschluss über eine längere Berufserfahrung in ihrem gegenwärtigen Beruf und/oder Betrieb verfügen. Jedoch sind die Differenzen nur für die Privatwirtschaft statistisch signifikant. Der Unterschied zu Nicht-Promovierten vergrößert sich über die Jahre zunehmend und ist vor allem im späteren Berufsleben relevant. Allerdings spielt auch hier die Fachrichtung eine Rolle. Die höchsten Gehaltsvorteile ergeben sich bei promovierten Ingenieurinnen und Ingenieuren.

Andere Studien (vgl. z. B. Mertens; Röbken (2013) und Heineck; Matthes (2012)) bestätigen die Einkommensvorteile von Promovierten, benennen aber vor allem Rechtswissenschaftler mit Gehaltsvorteilen von bis einem knappen Drittel gegenüber Nichtpromovierten als Hauptgewinner einer Promotion. Geisteswissenschaftler verdienen generell im Vergleich zu Akademikern anderer Fachrichtungen unterdurchschnittlich. Langfristig übersteigt das Gehalt promovierter Geisteswissenschaftler jedoch zumindest geringfügig das ihrer nicht-promovierten Kollegen.

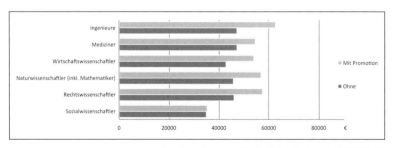

Quelle: „PersonalMarkt", in: Becker, J. (2015) S. 23

Abb. 39: Einstiegsgehalt Akademiker mit und ohne Promotion

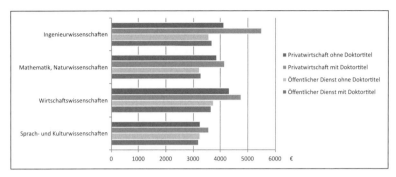

Quelle: Falk, S, Küpper, H. (2013) S.66

Abb. 40: Durchschnittliche Bruttomonatseinkommen fünf Jahre nach dem Studium

Für die Aussagekraft dieser Daten gilt jedoch eine Einschränkung: In den meisten dieser Studien wurde nur das Gehalt regulär erwerbstätiger Promovierter erfasst. Selbstständige blieben außen vor – gerade unter den Geisteswissenschaftlern gibt es davon aber überdurchschnittlich viele.

Darüber hinaus gibt es natürlich eine Vielzahl weiterer individueller Erfolgsfaktoren, die eher die Arbeits- und Lebensqualität betreffen.

10.1.2 Der „richtige" Job

Für die meisten Menschen lässt sich Berufserfolg nicht nur durch sogenannte „harte Fakten" wie schneller Karriereaufstieg, hohes Gehalt und frühe Führungsverantwortung bemessen. Mindestens ebenso wichtig ist für viele Berufstätige, dass sie einen Beruf ausüben, den sie als sinnhaft erleben, der sowohl inhaltlich als auch von den Anforderungen her ihrer Qualifikation entspricht und der einfach Spaß macht und sie mit Zufriedenheit erfüllt. Darum haben die Verantwortlichen der oben genannten Karriereverlaufsstudie (Falk und Küppers) auch untersucht, ob Promovierte eher Tätigkeiten ausüben, die in fachlichem Zusammenhang mit der eigenen Expertise stehen und ob sie eine höhere Berufszufriedenheit erreichen als nicht-promovierte Hochschulabsolventen.

10.1.2.1 Inhaltsadäquanz

Promovierte erarbeiten sich über viele Jahre hinweg eine ausgewiesene Expertise in ihrem Fachgebiet. Daher liegt die Vermutung nahe, dass sie nach der Promotion eine berufliche Tätigkeit finden, für die sich diese Expertise auch lohnt und in der sie dieses Fachwissen auch einsetzen können. Tatsächlich zeigen die Daten eindeutig, dass dies für alle betrachteten Fächergruppen auch der Fall ist. Promovierte schätzen die Inhaltsadäquanz ihrer aktuellen Stelle größtenteils deutlich höher ein als bei Nicht-Promovierte (vgl. Abb. 41). Vor allem Geisteswissenschaftler profitieren in diesem Bereich besonders von einer Promotion. Nicht-promovierte Geisteswissenschaftler arbeiten häufig außerhalb ihrer Branche. Dagegen beurteilen mehr als vier Fünftel der promovierten Sprach- und Kulturwissenschaftler ihre Tätigkeit als fachlich ihrer Qualifikation und Expertise angemessen, im Vergleich dazu traf dies nur auf knapp 60 Prozent aller nicht-promovierten Hochschulabsolventen zu. Aber auch bei den Naturwissenschaftlern zeigte sich eine große Diskrepanz bezüglich der Inhaltsadäquanz ihrer aktuellen Position zwischen promovierten und nicht-promovierten Akademikern. Dies könnte wie auch bei den Ingenieurwissenschaften auf den stärkeren Forschungsbezug der Tätigkeiten von Promovierten zurückzuführen sein, denn nur mit Doktortitel qualifiziert man sich für die höhere Forschung.

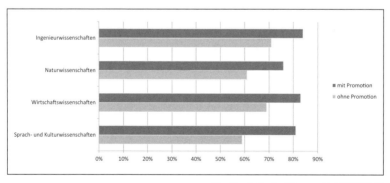

Quelle: Falk, S., Küpper, H. (2013) S. 73

Abb. 41: Inhaltsadäquanz der aktuellen Stelle

10.1.2.2 Berufszufriedenheit

Für viele Menschen ist es bei ihrem Beruf am wichtigsten, dass ihnen die Arbeit Spaß macht und sie einer interessanten und anregenden Tätigkeit nachgehen können. Darum beschäftigen sich die oben genannten Studien auch mit der Frage, ob Promovierte mit ihrer beruflichen Tätigkeit zufriedener sind als nicht-promovierte Akademiker. Erfreulicherweise zeigt sich, dass die Befragten in allen betrachteten Fächern ihre Berufszufriedenheit in ihrer jetzigen Position hoch einschätzen. Mit Ausnahme der Wirtschaftswissenschaften sind es wiederum die Promovierten, die eine höhere Berufszufriedenheit angeben als Nicht-Promovierte. Dies könnte auch daran liegen, dass promovierte Experten mehr Verantwortung und einen größeren Handlungsspielraum am Arbeitsplatz erleben. Eine Studie über Schweizer Hochschulabsolventen (Engelage & Hadjar, 2008) weist darauf hin, dass promovierte Hochschulabsolventen über ein höheres Maß an Einfluss- und Gestaltungsmöglichkeiten innerhalb ihrer Tätigkeit verfügen als nicht-promovierte.

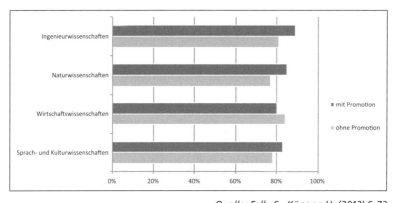

Quelle: Falk, S., Küpper, H. (2013) S. 73

Abb. 42: Berufszufriedenheit mit den Tätigkeitsinhalten der aktuellen Stelle

10.1.3 Berufsziele und Verbleib nach der Promotion

Ebenso wichtig wie die Überlegung, ob ein Doktortitel die Chance auf beruflichen Erfolg erhöht, ist sicher die Überlegung, wie es nach der Promotion weiter geht. Wollen Sie in der Wissenschaft bleiben und sich trotz unsicherer Pfade den Traum vom Forscherleben an Universität, Hochschule oder Forschungsinstitut erfüllen? Auf der anderen Seite locken Positionen in Wirtschaft, Gesellschaft oder Kultur mit guter Bezahlung und ansprechenden Karriereoptionen. Es ist für Promovenden und Promotionsinteressierte sinnvoll, sich früh mit Karrierewegen nach der Promotion auseinanderzusetzen, denn die Möglichkeiten sind vielfältig.

10.1.3.1 Berufsziele

Zu Beginn der Promotion streben noch vergleichsweise viele Doktoranden eine akademische Laufbahn an. Laut verschiedener Studien liegt das idealistische Berufsziel von der Hälfte (Stifterverband, 2015) bis zu mehr als zwei Dritteln (Fabian & Briedis, 2009) der befragten Promovierenden darin, in der akademischen Forschung und Lehre tätig zu werden beziehungsweise zu sein. Knapp 20 Prozent streben eine Professur an, weitere knapp 30 Prozent geben als Karriereziel eine andere Funktion in Forschung und Lehre an. Die andere Hälfte der Promovierenden findet forschungsbezogene und nicht forschungsbezogene Tätigkeiten in der Wirtschaft attraktiver. Jeder dritte Nachwuchswissenschaftler sieht seine berufliche Zukunft in der Wirtschaft mit Forschungs- und Entwicklungsbezug. Etwa ebenso viele streben eine Leitungsfunktion in Wirtschaft oder Industrie an. Im Fächervergleich ist der Wunsch nach einer Position mit Führungsverantwortung in Wirtschaft oder Industrie unter den Ingenieurwissenschaftlern mit Abstand am größten (ca. zwei Drittel), gefolgt von den Naturwissenschaftlern (jeder Zweite) und den Lebenswissenschaftlern (etwas mehr als ein Drittel). Von den Geistes- und Sozialwissenschaftler strebt eine höhere Anzahl der befragten Promovierenden eine Karriere in der Wissenschaft an, wobei neben dem Karriereziel Professur auch andere Leitungsfunktionen in Forschung und Lehre angestrebt werden.

Interessanterweise hat die Intensität und Art der Betreuung der Promotion einen deutlichen Einfluss auf die Berufsziele. Promovierende, die intensiver betreut werden und deren Betreuer mögliche Karriereziele aktiv mit ihnen diskutieren, schlagen eher eine wissenschaftliche Laufbahn ein, als andere, bei denen dies weniger der Fall war.

10.1.3.2 Welche Karriereverläufe haben Promovierte tatsächlich?

Tatsächlich verlassen etwa 80 Prozent der Promovierten die akademische Laufbahn nach der Promotion. (Fabian & Briedis, 2009). Dies ist durchaus sinnvoll, wenn man sich vor Augen hält, dass letztendlich für nur etwa zehn Prozent aller Promovierten eines Jahrgangs später auch eine unbefristete Beschäftigung (in der Regel die Professur) an einer deutschen Hochschule bereitstehen wird (siehe auch Abb. 46: Übergangspyramide zur Professur).

Wer bleibt in der Forschung?

Nicht jeder, der an einer Hochschule arbeitet, forscht jedoch selbst, während andererseits Forschung auch in außeruniversitären Forschungseinrichtungen sowie in mehr oder weniger hohem Maße in den Forschungs- und Entwicklungsabteilungen von Unternehmen stattfindet.

Laut einer Absolventenbefragung (Fabian et al., 2013) arbeitet von denjenigen, die eine Promotion abgeschlossen haben, zehn Jahre nach dem Studienabschluss etwa jeder Fünfte in For-

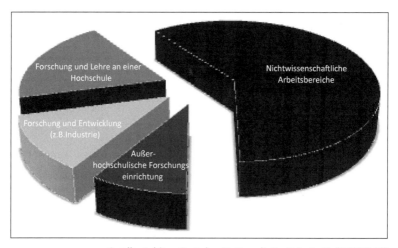

Quelle: Fabian, G., Rehn, T., Brandt, G., Briedis, K. (2013) S. 111

Abb. 43: Promovierte in wissenschaftlichen und nicht-wissenschaftlichen Arbeitsbereichen 10 Jahre nach Hochschulabschluss

schung und Lehre an einer Hochschule. Etwa jeder Zehnte ist an einer außerhochschulischen Forschungseinrichtung tätig. Die verbleibenden ca. 70 Prozent sind in anderen Bereichen tätig. Wiederum ein Sechstel von diesen forscht dennoch, jedoch in anderen Kontexten wie etwa im Bereich Forschung und Entwicklung in Unternehmen. Die Mehrzahl der Promovierten hat zehn Jahre nach Studienabschluss der Forschung den Rücken gekehrt und arbeitet in nicht wissenschaftlichen Berufen (siehe Abb. 43).

Wer in der klassischen Forschung in Hochschulen und Forschungsinstitutionen bleibt, unterscheidet sich jedoch stark nach Fachrichtungen. Geisteswissenschaftler mit Doktortitel bleiben vergleichsweise häufig in der universitären Forschung. Promovierte Ingenieure und Naturwissenschaftler zieht es zwar häufig in die Forschung – dies aber vor allem in den Forschung und Entwicklungsabteilung der Wirtschaft und Industrie. Zudem arbeiten sie vergleichsweise häufig in außeruniversitären Forschungseinrichtungen wie z. B. in Max-Planck-, Helmholtz- oder Fraunhofer-Instituten. Promovierte Juristen und Mediziner verlassen nach der Promotion sogar fast immer die klassischen Bildungs- und Forschungsstätten und wenden sich anderen Beschäftigungen zu (siehe Abb. 44).

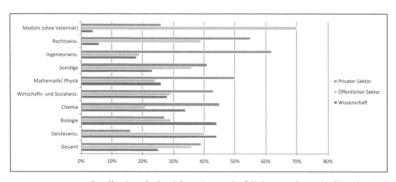

Quelle: Bundesbericht Wissenschaftlicher Nachwuchs (2013) S. 290

Abb. 44: Sektor des beruflichen Verbleibs 1,5 Jahre nach der Promotion

10.1.4 Berufsfelder mit und ohne Forschungsbezug

Nach der Promotion stehen Ihnen zahlreiche, ganz unterschiedliche Berufsfelder und Karrierewege zur Auswahl.

10.1.4.1 Der Weg zur Universitätsprofessur – die akademische Karriere

Der Weg zur (Universitäts-)Professur gilt als Königsweg in der Wissenschaft. Wer dieses Ziel erreicht hat, hat es – zumindest in den Augen der wissenschaftlichen Welt – geschafft. Eine akademische Laufbahn ist faszinierend und Umfragen belegen die hohe Zufriedenheit von Professoren und Professorinnen in ihrer Tätigkeit. Der Weg dorthin ist jedoch nicht gerade bequem. Sie werden vermutlich hart arbeiten, häufig umziehen, sich selbst um ihre Finanzierung kümmern und hohe Unsicherheit über ihre berufliche Zukunft aushalten müssen, um Ihr Ziel zu erreichen. Wenn sie jedoch Ihren Ruf bekommen haben, genießen Sie die beneidenswerte Freiheit, unabhängig und interessengeleitet forschen zu können. Hohe Leistungsmotivation, eine ausgeprägte Fähigkeit, selbstständig zu arbeiten, eine hohe Mobilität, Mut zum Risiko und die Bereitschaft, längere Zeit mit geringen und noch dazu unsicheren Finanzierungsmitteln auszukommen, sind entscheidende Voraussetzungen für die wissenschaftliche Karriere.

Laut eines Prüfungsberichts des Statistischen Bundesamtes (2015) kamen im Jahr 2014 4.019 potentielle Bewerber (Habilitierte, Juniorprofessoren und Nachwuchsgruppenleiter) auf 635 altersbedingt ausscheidende Professoren. Dies ergibt ein Verhältnis von 6,3. Stellt man zusammenfassend die auf unterschiedliche Weise qualifizierten Nachwuchswissenschaftler der Zahl der im jeweiligen Jahr aus Altersgründen ausgeschiedenen Professoren gegenüber – unter Vernachlässigung des Umstandes, dass nicht jede aus Altersgründen freiwerdende Professur auch automatisch neu besetzt wird – kamen 2013 auf eine Professur sechs qualifizierte Nachwuchswissenschaftler.

Dabei gibt es große Unterschiede zwischen den Fachbereichen. Kommt auf eine freiwerdende Professur in den Ingenieurwissenschaften nur etwa ein berufungsfähiger Nachwuchswissenschaftler, sind es in den Sprach- und Kulturwissenschaften fast zwölf. Die Mathematik- und Naturwissenschaften liegen zusammen mit den Rechts-, Wirtschafts- und Sozialwissenschaften im Mittelfeld mit einem Verhältnis von etwa sechs potentiellen Bewerbern auf eine Professur.

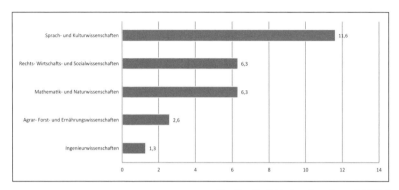

Quelle: Statistisches Bundesamt (2015)

Abb. 45: Stellensituation für Professoren: Verhältnis Anzahl potentielle Bewerber auf eine freie Professur[2]

Die Konkurrenzsituation für berufungsfähige Nachwuchswissenschaftler ist somit vor allem in den Geisteswissenschaften sehr groß. Auch in den anderen Fächern außer vielleicht den technisch orientierten Fächern ist der Weg zur Professur unsicher und steinig. Zu den oben genannten Angaben darf man zusätzlich nicht vergessen, dass auf jede freiwerdende Professur zusätzlich Bewerber aus dem Ausland, je nach Fach Bewerber aus der Industrie, auf andere Weise Qualifizierte und die in den Vorjahren nicht zum Zuge gekommenen Bewerber hinzu kommen können. Erfahrungsgemäß kann man sagen, dass auf jede ausgeschriebene Universitätsprofessur über 40 Bewerbungen von berufungsfähigen und einschlägig qualifizierten Wissenschaftlern eingehen. Natürlich bewirbt sich nicht jeder potentielle Kandidat auf jede mögliche Stelle. Einige Nachwuchswissenschaftler gehen ins Ausland, wechseln an ein außeruniversitäres Forschungsinstitut oder bewerben sich

---

[2] Frei werdende Professuren (bei Ausscheiden mit 65 Jahren) auf der einen Seite und Zahl der Juniorprofessuren und der Habilitierten (Stand 2014) auf der anderen Seite. Noch nicht berücksichtigt ist dabei die Zahl der Nachwuchsgruppenleiter und Wissenschaftler, die auf andere Weise die nötige Qualifikationen für eine Professur mitbringen.

an einer Hochschule anderer Art. Daneben ziehen Einige auch trotz fortgeschrittener akademischer Qualifikation eine Karriere in Wirtschaft und Gesellschaft vor. Dennoch sollte klar sein, dass nicht jeder, der das möchte und sich entsprechend qualifiziert, auch eine Universitätsprofessur bekommt. Wem dies nicht gelingt, muss die Universität fast immer nach einiger Zeit verlassen, da es dort (außer etwa einiger weniger Positionen als Akademischer Rat oder auch manchmal Lehrkraft für besondere Aufgaben) kaum unbefristete Stellen in Forschung und Lehre gibt.

Es ist unmöglich, zuverlässige Erfolgsprognosen abzugeben. Eine allgemeine Schätzung aus mehreren Studien gelangt jedoch zu der Aussage, dass knapp 40 Prozent aller für eine Berufung qualifizierten Nachwuchswissenschaftler letztendlich die angestrebte Universitätsprofessur erreichen. Nur jeder zehnte Promovierte tritt den Weg dorthin (erfolgreich) an (wie oben beschrieben suchen und finden die meisten ihr Glück nach der Promotion in anderen Tätigkeitsfeldern) und nur etwa 15 Prozent aller Master-Absolventen machen sich auf den wissenschaftlichen Weg in eine Promotion.

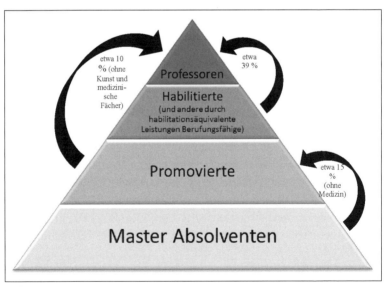

Quelle: Angelehnt an Hauss, K. et al. (2012) und BuWin (2013)

Abb. 46: Übergangspyramide zur Professur

Interessanterweise stellt eine aktuelle (2016) Absolventenstudie unter promovierten Stipendiaten der Studienstiftung des deutschen Volkes fest, dass neben einer herausragenden Promotionsnote zumindest für Studienstiftler ein frei gewähltes Dissertationsthema (v. a. in den Geisteswissenschaften) und eine vergleichsweise kurze Promotionsdauer die Chancen auf eine wissenschaftliche Karriere deutlich erhöhen.

10.1.4.2 Die Professur an den Hochschulen für angewandte Wissenschaften (Fachhochschulprofessuren)

Auf dem relativ unsteten Weg zur Professur übersehen viele Promovierte, dass von den bestehenden Professuren nur etwas mehr als die Hälfte an der Universität angesiedelt sind. Fast genauso viele Professoren lehren und forschen an Hochschulen für angewandte Wissenschaften (Fachhochschulen). Das Fächerangebot ist – ähnlich wie bei Universitäten – vielfältig jedoch eher anwendungsnah und in natur-, sozial-, wirtschaftswissenschaftliche, technische und künstlerische Fachbereiche eingeteilt. Geisteswissenschaftliche Fächer gibt es allerdings nur an den Universitäten.

Um eine Fachhochschulprofessur zu erlangen, muss man – anders als bei der Universitätsprofessur – nach der Promotion eine Zeit lang den direkten wissenschaftlichen Pfad verlassen und eine mindestens dreijährige Berufstätigkeit außerhalb der Hochschule nachweisen. Auch das Tätigkeitsfeld von Professoren an Fachhochschulen und Hochschulen für angewandte Wissenschaften ist praxisnaher als an Universitäten. Sie sind durch ein höheres Lehrdeputat stärker in die Lehre und Ausbildung der Studierenden eingebunden, was ihnen weniger Zeit für eigene Forschungstätigkeit lässt. Für Nachwuchswissenschaftler, die ihren Schwerpunkt in der Lehre und der Arbeit mit Studierenden sehen und diese praxisnah ausbilden möchten, ist die Karriere als Fachhochschulprofessor ideal. Wenn Sie sich für diesen Karriereweg interessieren, ist es wichtig, schon während der Promotion hochschuldidaktische Kenntnisse zu erwerben und Erfahrung in der Lehre zu sammeln.

10.1.4.3 Wissenschaft und Forschung in außeruniversitären Forschungseinrichtungen

Sie möchten nach der Promotion auf jeden Fall in der Forschung bleiben? Neben den Universitäten und Fachhochschulen gibt es eine Vielzahl an Forschungsstandorten: Außeruniversitäre Forschungseinrichtungen, Unternehmen sowie Bundes- und Länderinstitute. Insgesamt gibt es in Deutschland rund 1.000 öffentlich finanzierte Forschungseinrichtungen. Dazu kommen die Forschungs- und Entwicklungszentren, die von Unternehmen betrieben werden. Die großen Forschungseinrichtungen wie beispielsweise die Max-Planck-Gesellschaft (zur Förderung der Wissenschaften e. V.), die Fraunhofer-Gesellschaft (zur Förderung der angewandten Forschung e. V.), die (Hermann von) Helmholtz-Gemeinschaft (Deutscher Forschungszentren e. V.) oder die Leibniz-Gemeinschaft (Wissenschaftsgemeinschaft Gottfried Wilhelm Leibniz e. V.) sowie die Akademien der Wissenschaften, die größtenteils in der Union der deutschen Akademien der Wissenschaften organisiert sind, bieten exzellente Forschungsmöglichkeiten in einem besonders spezialisierten Forschungsumfeld. Vor allem promovierte Naturwissenschaftler und auch promovierte Absolventen der technischen Fachrichtungen arbeiten vergleichsweise häufig in außeruniversitären Forschungseinrichtungen. Da die Mehrzahl dieser Einrichtungen das naturwissenschaftliche oder technische Forschungsspektrum vertritt, ist dieser Befund wenig überraschend. Aber auch für Geistes- und Sozialwissenschaftler bieten die Forschungseinrichtungen ein interessantes Arbeitsfeld.

10.1.4.4 Forschung in Wirtschaft und Industrie

Forschung findet nicht nur an Universitäten und anderen Forschungsinstituten statt, sondern beispielsweise auch in Wirtschaft und Industrie. Insbesondere Naturwissenschaftler aber auch andere Akademiker zieht es dort vielfach in den Bereich Forschung und Entwicklung. Anders als an Hochschulen, sind die Verdienstmöglichkeiten in der Industrie für Mitarbeiter mit Doktortitel deutlich besser und auch die Stellen sind seltener befristet. In Unternehmen bietet beispielsweise die Arbeit als Entwicklungsingenieur oder Projektmanager eine interessante Perspektive nach der Promotion.

Einige, die ihre berufliche Zukunft in außeruniversitären Forschungsfeldern suchen, nutzen sogar von vorne herein die Möglichkeit, auch direkt in einem Unternehmen zu promovieren und sich dafür an einer Universität betreuen zu lassen (siehe Kapitel 3.2: *Die verschiedenen Promotionsformen*). Da eine Promotion Forschungserfahrung, -Interesse und die Fähigkeit, selbstständig wissenschaftlich zu arbeiten, beweist, wird sie bei Bewerbern, die eine Führungsposition in einer Forschungs- und Entwicklungsabteilung anstreben, in der Regel vorausgesetzt. Jene Naturwissenschaftler aber, die in einem Unternehmen oder einer Organisation eine eher betriebswirtschaftliche Tätigkeit (Vertrieb, Einkauf, Qualitätssicherung, Beratung etc.) anstreben oder eine verwaltende Position suchen, benötigen in der Regel keine Promotion.

Wenn Sie sich in einem Unternehmen für Forschungs- und Entwicklungsaufgaben bewerben, ist es wichtig, dass Sie sich vorab Gedanken über Ihre Berufsziele gemacht haben und begründen können, warum Sie das universitäre Forschungsumfeld verlassen und nun in der Industrie forschen möchten. Danach werden Sie mit Sicherheit gefragt.

10.1.4.5 Berufe im Wissenschaftsmanagement

Wo geforscht wird, fallen neben den eigentlichen Forschungstätigkeiten eine Reihe weiterer, wissenschaftsunterstützender Aufgaben an. Dafür sind in der letzten Zeit vermehrt Berufsfelder in Aufgabenbereichen zwischen Wissenschaft, Verwaltung und Management geschaffen worden. Wissenschaftsmanager oder Forschungsreferenten begleiten oder koordinieren die Forschung und sorgen dafür, dass die Wissenschaftler ihre Arbeit machen können, indem sie die Rahmenbedingungen dafür schaffen. Die Arbeitsbereiche dieser Wissenschaftsexperten umfassen an Universitäten beispielsweise das Akademische Auslandsamt, die wissenschaftliche Personalentwicklung, Nachwuchsförderung und Organisationsentwicklung, Positionen im Bereich Hochschuldidaktik, Qualitätsentwicklung oder Studienberatung, Tätigkeiten im Fachbereich in der Planung oder im Management von Lehre und Studium sowie die Koordination von strukturierten Promotionsprogrammen wie Graduiertenschulen oder Forschungsverbünden. Forschungsreferenten beispielsweise beraten Wissenschaftler, etwa bei Fragen zu Anträgen und Budgetierung. Andere wissenschaftliche Dienstleister unterstützen den wissenschaftlichen Nachwuchs bei seiner Karriereentwicklung und sorgen für gute Strukturen der Nachwuchsförderung in Hochschulen.

Positionen im Wissenschaftsmanagement erfordern eine hohe Qualifizierung mit sowohl einer ausgewiesenen Expertise für den Wissenschaftsbetrieb als auch spezifischen Kenntnissen und Erfahrungen in den Bereichen (Projekt-)Management und Verwaltung. Dazu kommen je nach Position Spezialkompetenzen wie (hochschul-) didaktische Kompetenzen, Beratungs- bis hin zu Coachingmethoden, juristische Expertise, Controlling und Finanzmanagement etc. Wichtig ist zudem der Wille, sich mit verschiedenen Disziplinen zu beschäftigen und sich immer wieder neu einzuarbeiten. Dafür arbeiten Wissenschaftsmanager forschungsnah, ohne die beruflichen Risiken einer Karriere als Wissenschaftler einzugehen. Hierbei ist jedoch auch die passende Motivation und Erwartung wichtig. Obwohl forschungsbezogen beinhalten diese Positionen kaum eigene Forschungs- und Publikationsmöglichkeiten. Aber für sie sind die Möglichkeiten oft vielfältiger und aussichtsreicher als für den wissenschaftlichen Nachwuchs.

10.1.4.6 Nicht forschungsbezogene Berufe in Wirtschaft und Gesellschaft

Wie wir gesehen haben, kehrt mehr als die Hälfte der Promovierten im Laufe der Jahre nach der Promotion der Forschung den Rücken und arbeitet in nicht wissenschaftlichen Berufen. Laut einer aktuellen Verbleibs-Studie der Studienstiftung (2016) wählen viele Promovierte Tätigkeiten im öffentlichen Dienst und der Verwaltung. Danach folgen Berufe in der Industrie, in Schulen und Bildungseinrichtungen sowie Tätigkeiten in der Beratung, Wirtschaftsprüfung und anwaltlichen Vertretung. Häufig genannt werden auch Berufswege in Kirchen, Verbände und Parteien ebenso wie Beschäftigungen in der Kultur, in Museen oder auf Bühnen. Weitere Promovierte kommen in den Branchen Dienstleistungen, Handel, Banken und Versicherungen unter, wählen Berufe in den Medien und der IT, der medizinischen Versorgung, in Stiftungen und Förderorganisationen, engagieren sich in internationalen Organisationen und EU-Institutionen oder ergreifen Berufe in der Land- und Forstwirtschaft und der Ernährung. In vielen dieser außeruniversitären und nicht forschungsbezogenen Bereichen ist eine Promotion von Vorteil. In einigen Fällen und auf manchen Positionen sogar Mindestanforderung: Wer heute als (Kunst-)Historiker in Archiven oder Gedenkstätten Karriere machen will, wird ohne Dissertation nicht weit kommen. Die Anforderungen sind in den letzten Jahren deutlich gestiegen, nicht zuletzt wegen des großen Angebots an entsprechend qualifizierten Bewerbern. Die wissenschaftliche Fachexpertise von Promovierten wird nicht nur in den Natur- und technischen Wissenschaften, sondern auch den Sozial- und Geisteswissenschaften für höhere Positionen immer gerne gesehen. Dies gilt für Unternehmen und Beratungsinstitutionen ebenso wie im Öffentlichen Dienst, im Bereich Bildung und in Kunst und Kultur. Beispiele dafür sind:

- Unternehmensberatungen, Steuerberatungen, Wirtschaftsprüfer
- Researchabteilungen von Banken und Investmentgesellschaften
- Lobbyisten- und PR-Positionen, Medienmanagement
- Lehrtätigkeiten in Hochschulen und der Weiterbildung
- Volkswirtschaftliche Abteilungen
- Ministerien, Behörden und Verbände
- Verlage und Agenturen
- Markt- und Konjunkturforschungsinstitute
- Museen, Archive und Gedenkstätten

Ihr Titel hat auch dort großen Stellenwert, wo Prestige und Ansehen sowie Seriosität und Vertrauen eine große Rolle spielen oder wo Sie als Mitarbeiter oder Dienstleister viel mit anderen Promovierten zu tun haben. Kundenorientierte Wirtschafts-, Rechts- und Beratungsunternehmen aber auch Kultur-und Bildungseinrichtungen wie Museen oder Volkshochschulen, die sich an ein gebildetes Publikum wenden, besetzen gehobene Positionen mit Außendarstellungskraft gerne mit einer Frau oder einem Herrn Doktor. Das Image eines solchen Titels ist ironischerweise häufig außerhalb der Universität wesentlich höher als im wissenschaftlichen Bereich selbst.

Beispiele dafür sind:

- Assistenten des Vorstandes oder der Geschäftsführung
- Stabstellen, exponierte Experten-Positionen oder Generalisten (Grundsatzfragen)
- Unternehmensberater und Inhouse-Consultant
- Wirtschaftsprüfer, Revisor und Internal Auditor
- Presse- und Öffentlichkeitsarbeit und Marketing
- Unternehmensentwicklung und Strategie
- Rechtsanwaltskanzleien und Steuerberater
- Banken und Versicherungen, Vertrieb „seriöser" Produkte
- Medizin-, Chemie-, Biologie-Branche
- Forschung und Entwicklung und Produktentwicklung
- Öffentlicher Dienst, Ministerien und Hochschulverwaltung

Wer sich für nicht forschungsbezogene Berufe in Wirtschaft und Gesellschaft interessiert, sollte immer auch darauf achten, neben der Arbeit an der Promotion, die sich ja teilweise über Jahre hinzieht, möglichst Praxiserfahrung zu sammeln und Kontakte zu knüpfen. Auch wenn Ihnen die Promotion viele Vorteile bringen kann, darf man nicht vergessen, dass die Absolventen, die direkt nach dem Master-Abschluss ins Berufsleben starten und nicht an einer Promotion arbeiten, den promovierten Absolventen eben einige Jahre Berufserfahrung außerhalb der universitären Forschung voraushaben.

10.1.4.7 Gründung und Selbstständigkeit

Vielleicht steckt in Ihrer Doktorarbeit das Potenzial für ein innovatives Produkt oder eine gefragte Dienstleistung? Einige Akademiker mit Doktortitel nutzen ihre Expertise und gründen ein Unternehmen oder bieten auf selbstständiger Basis eine Dienstleistung an.

Den Weg in die Selbstständigkeit wählen, als typischen Berufsweg, natürlich vor allem Human- und Tiermediziner sowie Promovierte in anderen Gesundheits- und Heilberufen. Aber auch Juristen, Ingenieure und manche Wirtschaftswissenschaftler wie etwa Steuerberater machen sich nach der Promotion häufig selbstständig.

Aber auch für Promovierte anderer Fachrichtungen kann eine Unternehmensgründung basierend etwa auf einem durch die Promotion erarbeiteten Patent oder einer speziellen Beratungsexpertise eine vielversprechende Karrierechance darstellen. Gerade wer schon profunde Berufserfahrungen gemacht hat, denkt so vielleicht über ein Leben als eigener Chef nach. Promovierte in wirtschaftsnahen Disziplinen mit Verbindungen zu wirtschaftsstarken Branchen, die beispielsweise als freie Unternehmensberater tätig sind, können auf recht ansehnliche Honorarsätze kommen.

Bei Selbstständigen und Firmengründern macht sich der Titel gut auf der Visitenkarte, dient dem Renommee und hilft manchmal im Konkurrenzkampf gegen Wettbewerber. Wichtig für den Erfolg als Selbstständiger und Gründer ist neben der speziellen Expertise vor allem Unternehmergeist, ein gekonntes Netzwerken und persönliches Verhandlungsgeschick.

10.2 Kann mir die Promotion auch schaden?

Bin ich mit einem Doktortitel womöglich für viele Stellen überqualifiziert? Verbaue ich mir womöglich Jobchancen durch die Promotion? Das Schreckensbild des arbeitslosen Taxifahrers mit Doktortitel geistert durch die Gedanken vieler Promotionsinteressierter – und häufig auch durch die Köpfe so mancher Eltern, die nicht verstehen, warum ihr (erwachsenes!) Kind nach dem langen Studium noch länger an der Uni bleiben will, statt endlich eine sichere Arbeitsstelle anzutreten.

Prinzipiell kann es Ihnen natürlich passieren, dass Sie für manche Einstiegspositionen als überqualifiziert gelten und abgelehnt werden. Ebenso wie es Ihnen (mit oder) ohne eine Promotion passieren kann, dass Sie für eine andere Position als nicht qualifiziert genug angesehen werden. Eine Karrieregarantie ist Ihr Doktortitel nicht, damit haben Sie sich schon in den ersten Kapiteln dieses Buchs auseinandergesetzt. Ein Karrierehindernis ist er aber in den seltensten Fällen. Wie die oben beschriebenen Ausführungen zeigen, wirkt sich eine Promotion mittel- und langfristig im Durchschnitt für Akademiker aller Fachbereiche nicht nur beim Gehalt, sondern auch bei der Inhaltsadäquanz der beruflichen Positionen aus. Die Berufszufriedenheit von Personen mit Doktortitel ist meist höher als bei jenen ohne und die Arbeitslosigkeitsquote von derzeit (im Jahr 2016) ca. einem Prozent verschwindend gering.

Trotzdem gelingt der „Rutsch in den Beruf" für Promovierte mancher Fächer meist etwas schneller und einfacher als bei anderen Fachrichtungen. Naturwissenschaftler wie Chemiker, Physiker oder häufig auch Biologen sehen sich kaum dem Vorwurf der Überqualifizierung ausgesetzt. Bei ihnen ist der Titel vor allem für forschungsbezogene Tätigkeiten in der Industrie fast schon ein Muss für den Berufseinstieg. Ähnlich gut sind die Chancen für Promovierte in Fächern mit einer engen Anbindung an die Wirtschaft und bei Promotionen mit einem hohen Anwendungsbezug. Schreibt ein Ingenieur seine Dissertation bei einem Automobilhersteller oder entwickelt eine Psychologin in ihrer Dissertation ein neuartiges Verfahren zur Personalauswahl, werden beide in den entsprechenden Branchen oder Tätigkeitsfeldern vermutlich leichter unterkommen als ein Spezialist für altägyptische Ausdrucksformen der Komödie.

Geisteswissenschaftler haben es generell etwas schwerer auf dem Arbeitsmarkt. Laut des vom Bildungsministerium veröffentlichten Bundesbericht Wissenschaftlicher Nachwuchs (2013) sind etwa 3 Prozent der promovierten Geisteswissenschaftler 18 Monate nach der Promotion noch erwerbslos. Die Zahl ist etwas höher als in anderen Fachrichtungen – aber immer noch sehr niedrig. Vor allem promovierte Geisteswissenschaftler aber teilweise auch Sozialwissenschaftler haben – ähnlich wie ihre nicht-promovierten Kollegen – in der Regel kein so eindeutig bestimmtes oder naheliegendes berufliches Tätigkeitsfeld, sondern können viele Wege einschlagen. Oft müssen sie, wenn sie nicht in der Wissenschaft bleiben wollen, diese Wege durch einen Orientierungsprozess erst finden. Dabei können sie durchaus einmal dem Vorwurf ausgesetzt sein, überqualifiziert zu sein. Dieser Vorbehalt der Arbeitgeber bezieht sich jedoch häufig weniger auf die fachliche Qualifikation, sondern darauf, dass Promovierte älter sind und in Bezug auf die Tätigkeit und das Gehalt als anspruchsvoller gelten. Ein zweites typisches Bedenkenfeld ist die (scheinbar) fehlende Arbeitserfahrung von Promovierten. Manche Arbeitgeber bevorzugen für Einstiegspositionen eher praktisch ausgebildete Bewerber statt wissenschaftlicher Spezialisten. Dies können Sie entkräften, indem Sie sich während Ihrer Promotion schon über mögliche Berufsfelder kundig machen und ein entsprechendes Netzwerk aufbauen. Die meisten Universitäten unterstützen Sie dabei. Davon abgesehen bauen Sie während Ihrer Promotion durchaus praktische Berufserfahrung und Kompetenzen wie Projektmanagement, häufig Lehrerfahrung, Betreuung von Studierenden, Organisation von Tagungen etc. auf, die Sie auch in nicht akademischen Berufsfeldern nutzen können. Dies gilt es den jeweiligen Arbeitgebern darzulegen. Auch erhöht es Ihre Chancen, wenn Sie zügig promovieren. Wie gesagt, Ihre Berufschancen sinken durch die Promotion normalerweise nicht – ganz im Gegenteil. Dennoch brauchen Sie eventuell ein wenig Geduld für den Berufseinstieg. Wenn Sie wirklich an einer Promotion interessiert sind, weil Sie Spaß und Interesse an der Forschung in Ihrem Themengebiet haben, sollte dies Sie nicht schrecken.

Strategien für einen guten Karriereübergang nach der Promotion

Wie auf den vorherigen Seiten ausführlich diskutiert, gelingt nach der Promotion der Übergang in eine erfolgreiche weitere Berufstätigkeit in der Mehrzahl der Fälle sehr gut.

Dennoch können Sie einiges tun, um schon frühzeitig die Weichen zu stellen, um Ihre Wunschkarriere vorzubereiten:

Informieren Sie sich

Blicken Sie schon während der Promotion auch über den Tellerrand und erkunden Sie, welche beruflichen Möglichkeiten sich in Ihrem Forschungsfeld in Wissenschaft und Wirtschaft auftun. Viele Universitäten unterstützen Sie dabei. Sprechen Sie mit Ihrem Betreuer, Ihren Kollegen und anderen Wissenschaftlern aus Ihrem Fachbereich und nutzen Sie die Support- und Beratungseinrichtungen Ihrer Hochschule.

Qualifizieren Sie sich

Recherchieren Sie, welche Voraussetzungen Sie für eine wissenschaftliche Karriere in Ihrem Forschungsfeld erfüllen sollten und erweitern Sie Ihre Qualifikationen und nutzen Sie Gelegenheiten zur Lehre, zum Publizieren, zur Teilnahme oder (Mit-)Vorbereitung von Tagungen, zum Erwerb hochschuldidaktischer Zertifikate, etc.

Nutzen Sie während der Promotion die Gelegenheit, überfachliche Schlüsselkompetenzen zu erwerben, die Ihnen nicht nur für eine wissenschaftliche Karriere nutzen, sondern es Ihnen auch erleichtern, aus dem rein wissenschaftlichen Beruf auszusteigen, z. B. in die Richtung: Führung, Management, Beratung, Diversity, Training, betriebswirtschaftliche Grundlagen, etc. Besuchen Sie dafür auch Veranstaltungen, die von den Graduiertenprogrammen Ihrer Universität für Promovierende angeboten werden, z. b. Infoveranstaltungen, Karrieretage, Workshops zur Kompetenzentwicklung und Karriereplanung, Veranstaltungen von Förderorganisationen wie etwa der Deutschen Forschungsgemeinschaft (DFG) oder den Begabtenförderwerken. Analysieren Sie Stellenanzeigen, die Ihren Berufswünschen und Qualifikationen angemessen sind und ermitteln Sie, welche Kompetenzen für diese Stellen verlangt werden. Hilfreich dabei sind beispielsweise die Arbeitsmarktinformationen des Wissenschaftsladen Bonn:

– www.wila-arbeitsmarkt.de/

Vernetzen Sie sich

Knüpfen Sie Kontakte zu anderen Promovierenden, Post-Docs und Professoren und nutzen Sie diese zum Austausch. Kontakte sind für Ihre spätere Karriere wichtiger, als Sie denken.

Gehen Sie auf Fachtagungen, treten Sie Fachgesellschaften bei und informieren Sie sich über Berufsnetzwerke in Ihrem Forschungs-, bzw. Arbeitsbereich.

Registrieren Sie sich auf Plattformen für Forscher wie z. B. ResearchGate (- www.researchgate.net) oder Academia (- www. academia.edu) und teilen Sie Ihre wissenschaftlichen Artikel mit anderen, damit Sie mit Ihren Forschungserträgen sichtbar sind. Für eine Karriere in Wirtschaft, Gesellschaft oder Kultur kann es nützlich sein, sich auch auf beruflichen Plattformen oder Businessnetzwerken wie etwa Xing (- www.xing.com) oder LinkedIn (- www.linkedin.com) zu registrieren. Pflegen Sie Ihr Profil und nutzen Sie die Plattformen zum Austausch, auch mit potentiellen Arbeitgebern.

(Gegebenenfalls) die Themenwahl

Schon die Wahl Ihres Promotionsthemas kann sich auf Ihre spätere Berufstätigkeit auswirken. Je nachdem ob Sie eine Karriere in der Wissenschaft oder in der Praxis anstreben, können Sie sich bei der Festlegung Ihres Themas überlegen, ob die betreffende Themenstellung Ihr späteres Vorhaben unterstützt. Für eine wissenschaftliche Karriere ist es wichtig, dass Ihr Thema eine hohe wissenschaftliche Relevanz aufweist. Wissen Sie jetzt schon, dass Sie zukünftig eher praxisnah arbeiten wollen, kann ein anwendungsorientiertes, praxisnahes Thema Sie zu einem gesuchten Experten des betreffenden Berufsfelds machen.

Dennoch empfehle ich Ihnen, im Zweifelsfall, dies nicht zur höchsten Priorität in Ihrer Themenwahl zu machen. Auch mit einem praxisfernen dafür aber Sie begeisternden Promotionsthema stehen ihre Chancen auf eine erfolgreiche und erfüllende Berufstätigkeit gut.

Fazit

Eine Promotion ist keine Garantie für eine erfolgreiche und erfüllende Berufstätigkeit oder Karriere – aber eine sehr gute Voraussetzung dafür. Mehr als die Hälfte der Promovierten forscht nicht mehr, sondern hat sich für nichtwissenschaftliche Berufsfelder entschieden. Allerdings gibt es in den beruflichen Aussichten außerhalb der wissenschaftlichen Bereiche große Unterschiede bei den Fachrichtungen. Der Einstieg in den Beruf nach der Promotion bereitet nur selten Schwierigkeiten, und fast alle Promovierten sind nach kurzer Zeit regulär abhängig beschäftigt oder selbstständig erwerbstätig. Promovierte haben – vor allem nach einigen Jahren– im Durchschnitt ein deutlich höheres Einkommen als Hochschulabsolventen ohne Promotion. Außerdem arbeiten sie häufiger in inhalts- und qualifikationsadäquaten Position und erleben eine höhere Berufszufriedenheit.

11 Tipps und Tools

11.1 Prinzipielles zur Entscheidungsfindung

Um die Entscheidung für oder wider eine Promotion sinnvoll treffen zu können, haben Sie mit Sicherheit viele Überlegungen angestellt, Informationen zusammengetragen und Meinungen eingeholt. Nicht zuletzt dieses Buch soll Sie dabei unterstützen, sich die richtigen Fragen zu stellen und relevante Informationen über die passende Promotionsform zu bekommen und den Nutzen einer Promotion für Ihre berufliche Zukunft besser einschätzen zu können.

Letztendlich ist es aber an Ihnen, sich dann auch wirklich zu entscheiden.

Deswegen soll mein letzter Tipp für Sie lauten: Entscheiden Sie sich nicht leichtfertig und uninformiert – aber entscheiden Sie sich! Und das ist nicht so einfach …

Abb. 47: Entscheidungsfindung

Gerade wenn Sie ein gewissenhafter, sorgfältiger, leistungsorientierter Mensch sind (gut für eine Promotion!), versuchen Sie vielleicht so lange zu recherchieren, bis Sie absolut sicher sind – vermutlich wird das aber niemals der Fall sein. Höchstwahrscheinlich würden Sie sowohl mit als auch ohne Promotion ein relativ glückliches, erfolgreiches und zufriedenes Leben führen. Rational können Sie mit Erfolgswahrscheinlichkeiten rechnen, niemals aber mit Sicherheiten.

Falls Sie eher intuitiv in sich hineinhorchen, ob es Sie zu einer Promotion hinzieht, (was Sie natürlich auf jeden Fall auch tun sollten), wird die Antwort darauf vermutlich jedoch ebenfalls kaum zeitlich und stimmungsunabhängig eindeutig ausfallen. Morgens, voller Tatendrang, sind Sie sich sicher, dass Sie diesen Weg gehen wollen – abends, wenn Sie müde sind, kommen die Zweifel. Auch hier gibt es vermutlich kein hundertprozentiges Ja oder Nein. Das macht nichts, die hundertprozentig richtige Entscheidung gibt es nicht. Getroffen werden sollten Entscheidungen trotzdem. Entscheiden Sie sich nicht – dann entscheidet das Leben oder der Zufall oder wie auch immer Sie dies nennen wollen. Das kann für Sie im Großen und Ganzen funktionieren – viele Menschen lassen sich so durchs Leben treiben – aber wollen Sie Ihre Zukunft nicht lieber selbst in die Hand nehmen? Die folgenden Tipps unterstützen Sie vielleicht darin, den Knoten durchzuschneiden und sich zu entscheiden.

Vorab: Was macht Entscheidungen so schwierig? Entscheidungen können schwierig sein, weil Sie

- **widersprüchliche Ziele haben**: Einerseits würden Sie sich vielleicht gerne wissenschaftlich mit einer bestimmten Fragestellung befassen und dafür noch die nächsten Jahre trotz unsicherer Verdienstaussichten an Ihrer Uni bleiben, andererseits lockt eventuell ein sicherer und interessanter Job mit guten Verdienst- und Aufstiegsmöglichkeiten.
- **einer Flut von Informationen ausgesetzt sind**: Wenn Sie zum Beispiel versuchen, drei Alternativen (zum Beispiel drei verschiedene Karriereoptionen) hinsichtlich ihrer 15 wichtigsten Entscheidungskriterien, Vor- und Nachteile miteinander vergleichen, um die beste herauszufiltern: Können Sie die zu berücksichtigenden 45 Informationen gleichzeitig im Gedächtnis behalten?

- **über künftige Dinge unsicher sind**: Viele Entscheidungen sind davon abhängig, ob und mit welcher Wahrscheinlichkeit bestimmte Ereignisse eintreten. So kann eine zügige Promotion davon abhängen, ob bestimmte Experimente in der geplanten Zeitdauer die gewünschten Erfolge bringen. Was aber, wenn Sie Ihr komplettes Forschungsdesign umstellen und neu planen müssen?
- **schlecht mit Wahrscheinlichkeiten umgehen können**: Um Unsicherheiten zu analysieren und zu modellieren, müssen wir mit Wahrscheinlichkeiten rechnen. Dies fällt uns Menschen von Natur aus schwer.

Mit verschiedenen analytischen und intuitiven Strategien können Sie die oben genannten Faktoren minimieren und die Entscheidung dadurch erleichtern – eliminieren können Sie die Störfaktoren dennoch nicht. Bevor wir uns den produktiven Strategien zuwenden, schauen wir uns an, wie Sie Entscheidungen höchst erfolgreich verhindern können:

Kurzanleitung zum Unglücklichsein

Was auch immer Sie tun, bedenken Sie:

- Es muss eine hundertprozentig richtige Entscheidung sein. Bevor Sie sich nicht ganz – wirklich ganz sicher sind, dürfen Sie sich keinesfalls entscheiden!
- Die Entscheidung gilt unabänderlich für das ganze Leben. Einmal entschieden bedeutet – nie wieder zurück! Eine Promotion muss zwingend zur Professur führen – oder Sie haben versagt!
- Fehler bei der Entscheidung wären verheerend! Sie kommen da nie wieder raus!
- Eine hundertprozentig schlüssige Erklärung ist vonnöten! Sie sind der Welt Rechenschaft schuldig, warum Sie sich so entschieden haben.
- Es existiert kein sowohl-als-auch bzw. weder-noch. Entweder Theorie oder Praxis, entweder Wissenschaft oder Anwendung, entweder Elfenbeinturm oder „die Welt".

Sie merken, worauf ich hinaus will – Entscheidungen erfordern eine gewisse Unsicherheitstoleranz und werden – nachdem Sie die Informationen gesammelt und bedacht haben, die Sie in angemessener Zeit bekommen konnten – danach aber am besten mit Pragmatismus und einer gewissen Leichtigkeit getroffen. Sie werden niemals alle verfügbaren Informationen auswerten, gewichten und einbeziehen können. Sie werden nie alle Unsicherheiten beseitigen und Sie werden auch nicht Ihr komplettes Seelenleben ergründen und stabilisieren können.

Geben Sie sich Mühe bei der Recherche und stellen Sie sich ein paar wichtige Fragen, wer Sie sind, was Sie können und wo Sie hin wollen. Gönnen Sie sich dafür eine festgesetzte Zeit. Und danach nehmen Sie Ihren Mut zusammen und treffen die Entscheidung.

Erweist diese Entscheidung sich als schwierig, enttäuschend oder nicht ideal? Pech – dann gibt es eben eine Zielkorrektur. Auch eine nicht beendete Promotion bringt Ihnen Erfahrungen und Kompetenzen. Macht die Entscheidung Sie zufrieden und vielleicht sogar glücklich? Perfekt!

Tools zur Entscheidungsfindung

Nutzen Sie Bauch und Kopf

Zahlreiche Studien haben sich mit der Frage beschäftigt, wie Entscheidungen optimal getroffen werden können. Eines der wichtigsten Fazits lautet: Wer sich nur auf sein Gefühl verlässt oder wer ausschließlich rational handelt, der trifft in der Regel eine weniger gute Entscheidung als bei Berücksichtigung von Verstand und Gefühl – in genau dieser Reihenfolge. Intuition kann erst dann sinnvoll funktionieren, wenn genügend Informationen für die Auswertung des Unterbewusstseins vorhanden sind. Das bedeutet: Erst die Recherche, dann die Bauchentscheidung.

Reduzieren Sie die Komplexität

Bei vielen Entscheidungen fällt es schwer, sowohl die Entscheidungskriterien als auch die zu erwartenden Konsequenzen so vollständig abzubilden, dass Sie das Gefühl bekommen, eine gute Entscheidung treffen zu können. Viele schieben die Entscheidung immer weiter auf, weil sie hoffen, sich besser entscheiden zu können, wenn sie immer noch mehr Informationen sammeln konnten.

Setzen Sie sich einen festen Zeitpunkt, zu dem Sie die Entscheidung treffen wollen (und tun dies dann auch!) und definieren Sie einige wenige Kriterien, die Sie für die Bewertung der Entscheidung wichtig erachten und die Sie innerhalb dieser Zeit beschaffen und bewerten können. Es lässt sich einfach nicht alles im Vorfeld einer Entscheidung klären. Akzeptieren Sie einen gewissen Grad an verbleibender Unsicherheit.

Werden Sie sich bewusst, was SIE möchten

Häufig verhalten wir uns in einer Art und Weise, weil es so von uns erwartet wird. Eltern, Partner und Freunde haben oft ziemlich genaue Vorstellungen, was sie von Ihnen erwarten. Eltern wünschen sich häufig Sicherheit und gute Verdienstmöglichkeiten für ihre Kinder, manchmal aber auch die Fortführung der Familientradition. Partner müssen ihre eigenen Karriereoptionen, eventuelle Familienentscheidungen und deren Kompatibilität mit Ihren Plänen bedenken. Freunde freuen sich, wenn Sie ähnliche Wege gehen wie sie selbst. Dies beeinflusst natürlich Ihre Entscheidungen. Wer sich jedoch immer für den Weg entscheidet, den andere für richtig ansehen, vergisst seine eigenen Bedürfnisse und Werte. Es geht nicht darum, so zu leben als wären wir alleine auf der Welt. Rücksichtnahme und gegenseitige Wertschätzung sind wichtige Werte im familiären und gesellschaftlichen Miteinander. Werden Sie sich jedoch bewusst darüber, ob Sie etwas tun (oder entscheiden), weil es andere so von Ihnen erwarten oder ob dies Ihr eigener Wunsch und Antrieb ist. Sie sind Unternehmer Ihres Lebens und entscheiden darüber.

Fordern Sie Ihren Verstand

Wie gesagt, gute Entscheidungen werden sowohl mit dem Kopf als auch dem Bauch getroffen. Um mit Verstand eine Entscheidung zu treffen, eignet sich als einfachste Methode die Erstellung einer Pro- und Contra-Liste, mit der Sie die Alternativen auf Basis von bestimmten Kriterien bewerten. Dies können zum Beispiel spannendere Forschungs- oder Berufsgebiete, die Arbeits- oder Forschungsbedingungen, die Vorgesetzen/Betreuer und Kollegen, die Finanzierung oder das Einkommen, Ihre bisherigen Erfahrungen, die persönliche Umgebung oder der Wohnort sein. Schreiben Sie die aus Ihrer Sicht in Frage kommenden Handlungsalternativen untereinander auf und rechts daneben in Spalten die Bewertungskriterien. Gehen Sie alle Alternativen durch und verteilen bezogen auf die jeweiligen Kriterien zum Beispiel Punkte – von einem (wenig attraktiv) bis zu fünf Punkten (sehr gute Bewertung). Sie können die Kriterien auch noch gewichten und nach Erwartungswahrscheinlichkeit bewerten. Weitere analytische Entscheidungsfindungsmethoden wie zum Beispiel die Nutzwertanalyse, die ABC-Analyse und viele mehr finden Sie im Internet oder in Fachbüchern zum Thema Entscheidungsfindung und Projektmanagement (- das-unternehmerhandbuch.de).

All dies ist erst einmal nur Futter für den Verstand. Ihr „Bauch" bzw. Ihre Intuition sagt Ihnen vielleicht am Schluss dieser Übung etwas anderes. Damit er bzw. sie dies aber kann, brauchen Sie einen „gefütterten Verstand".

Nutzen Sie nun Ihre Intuition

Gehen Sie die verschiedenen Alternativen durch und achten Sie darauf, welche Gefühle diese in Ihnen auslösen. Achten Sie auf alles und nehmen Sie Ihren Körper genau wahr.

Hilfreich könnte dabei folgendes, ganz einfaches Gedankenexperiment sein:

Übung:

Blick in die Zukunft

Stellen Sie sich Folgendes vor: Es sind zehn Jahre vergangen, Sie – nun entsprechend älter – sitzen auf einem bequemen Stuhl und denken über Ihre jetzige (also die zukünftige) Lebenssituation nach: Was haben Sie heute und die letzten Tage beruflich gemacht? Was, wie und mit wem arbeiten (oder forschen) Sie? Was für eine Art Arbeit ist es? Arbeiten Sie allein oder im Team? Was tun Sie, wenn Sie nachhause kommen? Wie leben Sie? Wo, mit wem und in welchen Verhältnissen leben Sie? Haben Sie Hobbys? Nehmen Sie sich die Zeit und stellen Sie sich Ihre Situation in zehn Jahren so plastisch wie es geht vor. Benutzen Sie Ihre Phantasie. Was ist Ihnen wichtig, was darf in Ihrem Leben nicht fehlen? Welche Schritte sollten Sie gehen, um dort hin zu kommen? Wenn Sie gerne intuitiv mit Ihrem Körper arbeiten, können Sie auch Folgendes versuchen:

Übung:

Handlungslandkarten

Schreiben Sie Ihre Handlungsoptionen auf einzelne Zettel oder Karten und legen diese auf dem Boden mit der Schrift nach oben aus. Stellen Sie sich auf die Karten, nehmen mit diesen „Kontakt" auf und achten einmal darauf, wie Sie sich fühlen, was Sie bei sich oder um Sie herum wahrnehmen. Auf welcher der Karten haben Sie sich am besten gefühlt?

Ein etwas komplexeres aber äußerst hilfreiches Modell zu den innerpsychischen Vorgängen bei der Entscheidungsfindung ist das sogenannte „Innere Team" nach Friedemann Schulz von Thun.

Das Innere Team oder „zwei Seelen ach in meiner Brust …"

In seiner Beratungspraxis machte der bekannte Hamburger Psychologe Friedemann Schulz von Thun immer wieder die Beobachtung, dass die menschliche Psyche selten „mit einer Stimme spricht" sondern meist eine rege innere Dynamik aufweist, die eine erstaunliche Analogie zu realen Gruppen und Teams aufweist. *„Einerseits möchte man ja …, außerdem sollte man unbedingt… andererseits aber …."*. Wenn Sie in sich hinein horchen, geht es Ihnen in Entscheidungssituationen mit hoher Wahrscheinlichkeit ebenso.

Der Mensch, so seine Schlussfolgerung, besitzt nicht eine starre Persönlichkeit, sondern viele verschiedene Persönlichkeitsanteile, die sich in ihren unterschiedlichen Normen und Werthaltungen nicht selten gegenseitig im Wege stehen. Deshalb tut der Mensch, was er „eigentlich" nicht will, sagt etwas, was er später bitterlich bereut oder verliert aus scheinbar nichtigem Anlass die Nerven, obwohl er ansonsten „die Ruhe in Person" ist.

Diese verschiedenen Persönlichkeitsanteile bezeichnet Schulz von Thun als „Inneres Team", das in einem ständigen inneren Dialog miteinander steht. Diese inneren Stimmen sitzen quasi als Vertreter bestimmter Rollen, Erfahrungen und Anschauungen um einen runden Tisch, unterhalten sich über ihre Wünsche und Ängste und versuchen, ihre Ziele durchzusetzen. Einige sind laut und dominant, andere leise und zögerlich. Einige Anteile kooperieren, während andere in Konkurrenz zueinander stehen. Und bisweilen scheint es ihnen unmöglich, zu einer tragfähigen gemeinsamen Entscheidung zu kommen.

Nutzen kann man das Innere Team als ein wunderbares Modell, psychologische Vorstellungen sowohl zu verstehen, wie auch kompetenz- und lösungsorientiert anzuwenden. Werden Sie sich Ihrer inneren Stimmen bewusst und lassen Sie sie unter Ihrer Beobachtung miteinander diskutieren.

Dazu gilt es in einem ersten Schritt, alle Gedanken, Aussagen und spontanen Äußerungen zu Ihrem Entscheidungsproblem zu Papier zu bringen. Anschließend überlegen Sie sich, welche Persönlichkeitsanteile hinter diesen Gedanken und Äußerungen stecken. Geben Sie diesen Persönlichkeitsanteilen Ihres Inneren Teams möglichst anschauliche Namen.

Typische Vertreter können beispielsweise sein:

- Der innere Antreiber: „Vorwärts, weiter, Leistung bringen!"
- Der Analytiker: „Bleib bei den Fakten und wäge die Vor- und Nachteile ab."
- Der Selbstzweifler: „Ist das nicht eine Nummer zu groß?"
- Der Vorsichtige: „Lass es lieber so, wie es ist."
- Der kreative Kopf: „Da eröffnet sich ja ein Unmenge an neuen Möglichkeiten."
- Der Abenteurer: „Toll, ich bin gespannt, was da alles auf mich zukommt."
- Der Bequeme: „Das ist doch alles viel zu kompliziert …"

Spielen Sie mit diesen inneren Stimmen, geben Sie ihnen Gelegenheit zu Wort zu kommen.

Sie können auch Spielfiguren verwenden, die für Ihre inneren Anteile stehen. Machen Sie sich einen Spaß daraus, die Figuren anzuordnen und miteinander sprechen oder auch streiten zu lassen. Auf diese Weise lernen Sie sich selbst besser kennen und bekommen mehr Klarheit über Ihre Ziele und Motive. Alle Stimmen sind es wert, gehört zu werden – auch die ängstlichen, zaghaften oder bequemen. Nehmen Sie alle Anteile ernst, danach entscheiden aber Sie, welche Stimmen Sie stärken wollen und wie Sie vielleicht Zweifel oder Ängste entkräften können. Manche Ängste oder Zweifel erweisen sich zum Beispiel als alte Unsicherheiten, die aus der Vergangenheit stammen aber in Ihrer jetzigen Situation nicht mehr nötig oder zeitgemäß sind. Dieser Dialog mit den einzelnen Persönlichkeitsanteilen wird nun solange geführt, bis für das Problem eine Lösung gefunden ist, die für alle Persönlichkeitsanteile akzeptabel ist und sie als „Inneres Team" gut harmonieren lässt. Falls Sie Interesse an diesen und ähnlichen Selbstcoachingübungen gefunden haben, finden Sie unter folgenden Webseiten noch viele weitere Möglichkeiten.

- das-unternehmerhandbuch.de
- www.coaching-tools.de

Es kann sich auch durchaus lohnen, ein professionelles Coaching in Anspruch zu nehmen. Zu Themen rund um die Promotion bieten einige Universitäten Beratungs- und Coachingangebote an. Erkundigen Sie sich bei Ihrer Wunschuniversität danach. Außerdem gibt es Wissenschafts-Coaches, die auf Themen rund um die Promotion und die wissenschaftliche Karriere spezialisiert sind.

Coachingnetz Wissenschaft e.V.

- www.coachingnetz-wissenschaft.de/

Wissenschaftscoaching.de

- www.wissenschaftscoaching.de/

Und letztendlich:

Kommen Sie raus aus der Komfortzone

Egal um welche Informationsverarbeitung es geht – unser Gehirn ist grundsätzlich bemüht, möglichst effizient und Energie sparend zu arbeiten. Es prüft, welche Informationen oder Alternativen ihm vertrauter vorkommen und schüttet bei bekannten und daher „sicheren" Szenarien das Hormon Dopamin aus – wir beurteilen diese Informationen positiv. Das hat zur Folge, dass wir lieb gewonnene Gewohnheiten so sehr schätzen und ein Gefühl von Anstrengung oder Unwohlsein verspüren, wenn wir die vertrauten Lebenspfade verlassen und einen Schritt außerhalb der Komfortzone wagen. Die meisten Entscheidungen sind jedoch mit Risiken und unbekanntem Terrain verbunden. Dies trifft mit Sicherheit auch bei einer Entscheidung für eine Promotion zu.

Wenn Sie in Ihre eigene Vergangenheit blicken: Wie viele Entscheidungen haben Sie schon bereut? Fast immer bereuen wir Entscheidungen, die wir nicht getroffen und Chancen, die wir verpasst haben, stärker als aktiv getroffene Entscheidungen.

Zudem legen die meisten Menschen Ihren Fokus auf Verlustvermeidung im Gegensatz zu Gewinnerzielung. In einer als Börsenspiel angelegten psychologischen Studie tendierte die

Mehrheit der Versuchspersonen trotz gleichen Gewinn- oder Verlustrisikos eher dazu, zu versuchen, mögliche Verluste zu vermeiden statt ebenso mögliche Gewinne zu erzielen. Wer mehr Angst hat, **etwas zu verlieren als etwas zu gewinnen**, wird jedoch selten proaktiv agieren, sondern sich vor allem darauf konzentrieren, Bestehendes zu bewahren und seinen Fokus darauf legen, sich gegen alle möglichen Gefahren zu schützen. Einem solchen Menschen können Sie hervorragend Versicherungen verkaufen – er wird allerdings selten als Wissenschaftler oder Innovator die Welt verändern. Trauen Sie sich aus Ihrer Komfortzone heraus, denn nur so erweitern Sie im wahrsten Sinne des Wortes Ihren Horizont und entwickeln sich weiter.

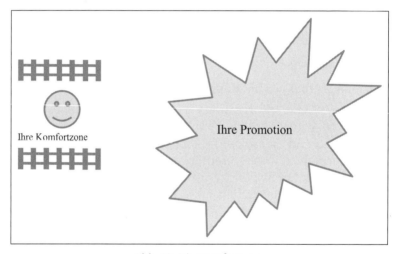

Abb. 48: Die Komfortzone

Erfahrungsbericht – „War es die richtige Entscheidung?"
Ich denke ja. Aber das ist etwas, was sich immer mal wieder ändert. Kurz vor dem Ende der Promotion und dem damit einhergehenden Anfang der Suche nach einem Job dachte ich oft, dass es ggf. mit dem praxisorientierten Master einfacher gewesen wäre. Hier spielten auch Gedanken in Bezug auf das wissenschaftliche Prekariat eine Rolle. Viele Freunde bauten Häuser, hatten gutbezahlte Jobs etc. Dagegen

war und bin ich ein sehr spezialisierter, nomadischer Akademiker. Dennoch, ich möchte es nicht missen. Die Promotion war eines der schwierigsten bzw. eher anstrengendsten Dinge, die ich bis dato gemacht habe. Man unterschätzt wie gesagt vor der Promotion die damit verbundenen, oftmals sehr persönlichen, Bewährungsproben, die man in dieser Zeit bestehen muss. Dies bezieht sich natürlich einerseits auf fachliche Herausforderungen und den immensen Lernprozess, den man auf sein Fach bezogen individuell durchmachen muss. Andererseits verlangt eine Promotion einem auch viele psychische und soziale Dinge ab. Man ist noch mehr als Student für seine Arbeit verantwortlich. Gerade in der Ethnologie, mit meiner 18-monatigen Forschung in Sambia, muss man sein komplettes soziales Netzwerk zu einem gewissen Maße über den Haufen werfen und neu aufbauen. All dies hat aber auch seine guten/schönen Seiten. Man baut sich andere Netzwerke auf und in meiner Erfahrung bin ich noch während keiner anderen Lebensphase so sehr als Persönlichkeit gereift wie während meiner Promotion. Das finde ich eines der schönsten Dinge daran und gerade aus dem Rückblick sage ich daher: Ja, es hat sich gelohnt. Man lernt individuell – und damit ganz anders als als Schüler oder Student – an einem Projekt fachlich und persönlich zu wachsen.

Naturgemäß ist es gerade in einem Fach wie der Ethnologie schwierig, diese Kenntnisse während der Jobsuche anzubringen. Man muss aufbauend auf seinen vorherigen Erfahrungen lernen, die in meinen Augen besonders wichtigen „Soft Skills" zu kommunizieren. Wie zu Beginn dieser Übersicht angedeutet, habe ich in der Zwischenzeit einen Job außerhalb der Wissenschaft gefunden. Ich arbeite seit einigen Wochen für eine Nichtregierungsorganisation, die sich v.a. in der zivilen Konfliktbearbeitung betätigt. Hier ist es ein weiteres „Aha-Element" gewesen, zu lernen, wie sehr die Kenntnisse und Methoden, die ich mir während meiner Promotion angeeignet habe, geschätzt und auch gesucht werden. Für mich ist eine Doktorarbeit also mitnichten etwas rein Theoretisches/Fachliches im „Elfenbeinturm" sondern man lernt sich selbst als Person sehr gut kennen, was einem in fast jedem Job eine solide Grundlage geben wird – gerade in Kombination mit der damit einhergehenden fachlichen Spezialisierung." Dr. Tim Bunke, ehemaliger Doktorand an der Uni Konstanz, inzwischen Friedensfachkraft beim Weltfriedensdienst

11.2 Literaturtipps für die Promotion

Promotionsratgeber gibt es viele. Daher möchte ich Ihnen eine kleine Auswahl an Ratgebern und Leitfäden vorstellen, die Ihnen bei allen Schritten auf dem Weg zur Promotion – von der Themensuche bis zur Publikation – Hilfestellung bieten.

Stock, S., Schneider, P., Peper, E., Molitor, E.: *Erfolgreich promovieren*. Springer, Berlin, 2009

Ein Promotionsratgeber für Promovierende aller Disziplinen. Er ermöglicht den Lesern, die Arbeit an der Promotion effektiver zu gestalten, indem er den gesamten Promotionsprozess begleitet: Von der Entscheidung zur Promotion über Rahmenbedingungen und Durchführung des Promotionsvorhabens bis hin zur Fertigstellung der Dissertation, Prüfung und Veröffentlichung.

Knigge-Illner, H.: *Der Weg zum Doktortitel*. Campus Verlag, 2009

Dieser Ratgeber gibt Promovierenden die notwendigen Strategien an die Hand, um die Promotionsphase zu meistern. Das Buch hilft, eine erfolgsorientierte Arbeitsmotivation aufzubauen, und unterstützt mit Fallbeispielen, konkreten Tools und Übungen handlungsorientiert bei der Bewältigung der Promotion.

Dekkers, L. (Hrsg.): *Das Einmaleins der Promotion: Die Promotionsfibel 2016*, 3. Auflage, academics.

Ein Kurzratgeber für angehende Promovierende. „Die Promotionsfibel" richtet sich an alle Promotionsinteressierten, die sich gut vorbereitet in das Wagnis Promotion stürzen wollen.

Wergen, J.: *Promotionsplanung und Exposee: Die ersten Schritte auf dem Weg zur Dissertation*. Verlag Barbara Budrich, 2014

Am Beginn einer Promotion stehen vor allem: Fragen. Wie starte ich am besten? Ist eine Promotion das Richtige für mich? Wie schreibe ich ein gutes Exposé? Dieses Buch bietet einen Überblick über die wichtigen ersten Schritte auf dem Weg zum Doktortitel und gibt eine Entscheidungshilfe für alle, die über eine Promotion nachdenken.

GEW-Handbuch: *Promovieren mit Perspektive. Ein Ratgeber von und für DoktorandInnen*. Hrsg. von Claudia Koepernik, Johannes Moes et al., Bielefeld 2006

Das GEW Handbuch enthält nicht nur viele nützliche Tipps, sondern auch gesellschaftliche Einschätzungen und Lösungsvorschläge.

Matthiesen, J., Binder, M.: *How to survive your doctorate. What others don't tell you.* Maidenhead: Open University Press, 2009 Hervorragendes und humorvolles "Survival-Kit" für Geistes- und Sozialwissenschaftler aus England.

11.3 Tipps und Tools für Ihre Doktorarbeit

- coachingzonen-wissenschaft.de/zeitmanagement-in-der-promotion
  Coachingzonen Wissenschaft: Zeitmanagement in der Promotion: Finde Dein Tool
- doktorandenforum.de
  Hilfreiche Tipps rund um die Promotion von und für Promovierende
- www.academics.de
  Promovieren in Deutschland
- www.bildung-news.com/promotion/
  Tipps zu verschiedenen Themen rund um die Promotion
- thesiswhisperer.com
  The Thesis Whisperer – Just like the horse whisperer – but with more pages (engl.)
- getalifephd.blogspot.de/2011/09/seven-steps-to-plan-your-week.html
  Tipps zur Zeit- und Projektplanung für die Promotion (engl.)
- www.gradhacker.org
  Tipps rund um die Promotion von und für Promovierende (engl.)

11.4 Doktorandennetzwerke

Eine Promotion kann vor allem in der Schreibphase zuweilen eine einsame Angelegenheit sein, umso wichtiger ist gerade in solchen Phasen der Austausch mit Gleichgesinnten. Wissenschaftliche Netzwerke innerhalb oder auch außerhalb Ihres Fachbereichs sind unverzichtbar für Ihre Promotion und auch für Ihre weitere Karriere. Diejenigen, die an Netzwerken partizipieren, vermitteln Synergieeffekte zum Nutzen aller Beteiligten innerhalb und außerhalb der Universität.

Wenn Sie an einer Universität promovieren, die Doktorandenkonvente eingerichtet hat (z. B. alle Universitäten in Baden-Württemberg) möchte ich Ihnen die aktive Mitarbeit in Ihrem Konvent ans Herz legen. Hier können Sie sich nicht nur vernetzen und austauschen, sondern sich auch für Ihre Belange und die der anderen Promovierenden engagieren. Doktorandenkonvente sind universitätsinterne Vertretungsgremien aller Promovierenden. Erkundigen Sie sich an Ihrer Wunschuniversität danach.

Manche Universitäten (z. B. die Uni Konstanz oder die HU Berlin) bieten für Promovierende, die fachbereichsübergreifend neue Kontakte knüpfen und aktiv ihren Bekannten- und Freundeskreis erweitern möchten, eigene Netzwerke an. Nutzen Sie dieses Angebot. Es gibt jedoch auch große, überregionale Doktorandennetzwerke, neben Austauschplattformen auch weitere unterstützende Angebote bieten:

Thesis Netzwerk

– www.thesis.de

THESIS ist ein interdisziplinäres Netzwerk für Promovierende und Promovierte, in dessen Rahmen sich regionale Gruppen regelmäßig zu Stammtischen oder Veranstaltungen treffen. Es gibt verschiedene Projektgruppen zu Hochschulpolitik, Internationales, Promotion mit FH-Abschluss und Transdisziplinäre Wissenschaften.

Promovierenden-Initiative

– www.promovierenden-initiative.de

StipendiatInnen aus der Graduiertenförderung verschiedener Begabtenförderungswerke haben sich 1999 zur „Promovierenden-Initiative" zusammengeschlossen. Das Ziel der PI besteht darin, sich gegenseitig über allgemeine Entwicklungen im Bereich der Hochschulpolitik, zu der Situation der Promovierenden und in den verschiedenen Stiftungen zu informieren und einen Meinungsbildungsprozess zu initiieren.

DoktorandInnengruppe der Gewerkschaften

– www.gew.de/ausschuesse-arbeitsgruppen/weitere-gruppen/
  projektgruppe-dokorandinnen

Mitglieder der GEW mit Doktortitel oder Doktorandenstatus
haben 2002 ein Netzwerk für Doktorandenanwärter, DoktorandInnen und Promovierte aus unterschiedlichen Fachrichtungen gegründet. Die GEW-Projektgruppe DoktorandInnen
vertritt die Interessen aller Promovierenden und möchte sich
aktiv am Umstrukturierungsprozess der Promotionsverfahren
in Deutschland beteiligen. Ein weiteres Ziel ist die Förderung
der Qualitätsstandardentwicklung und die bessere Strukturierung der Promotionsprogramme. Außerdem fördert die
GEW den Fortschritt der Promotionsbedingungen, indem sie
verschiedene Seminare und Workshops organisiert und eine
Informationsbroschüre herausgibt.

Eurodoc

– eurodoc.net

Eurodoc ist ein europaweiter Zusammenschluss von Doktorandinnen, Doktoranden und jungen Wissenschaftlerinnen
und Wissenschaftlern. Ziele sind die politische Vertretung
dieser Gruppe auf der europäischen Ebene, Qualitätssicherung
für die Promotionsphase, Bereitstellung von Informationen zu
den Anliegen junger WissenschaftlerInnen sowie die Vernetzung ihrer nationalen Zusammenschlüsse.

11.5 Soziale Netzwerke im Internet

Immer mehr Wissenschaftler entdecken soziale Netzwerke
und Blogs für sich. Vor allem junge Forscher nutzen die neuen
Formen der Wissenschaftskommunikation zum Selbstmarketing – auch über die Grenzen der Wissenschaft hinaus.

Doktorandenforum

Austausch, hilfreiche Tipps rund um die Promotion und Unterstützungsangebote finden Sie beim Doktorandenforum,
einem Diskussionsforum für Doktoranden aller Fächer, mit
über 1.200 registrierten Mitgliedern.

– doktorandenforum.de

scholarz.blog

scholarz.blog ist eine Kommunikationsplattform von jungen Nachwuchswissenschaftlerinnen und -wissenschaftlern. Von Promovierenden für Promovierende, Post-Docs und solche, die es werden wollen. Zentrale Themen sind Hintergründe, Erlebnisse und Erkenntnisse rund um unsere Dissertationen und Forschungsarbeiten, das akademische, Campus- und außercurriculare Leben als forschende, schreibende und lehrende Promovierende.

– scholarzblog.wordpress.com

SciLife

SciLife ist eine neue virtuelle Präsentations- und Kommunikationsplattform speziell für wissenschaftliche Inhalte. Seit Juli 2008 frei zugänglich, dient sie dem Zweck, WissenschaftlerInnen besser untereinander zu vernetzen und die Suche nach Geräten und ForscherInnen zu vereinfachen.

– www.scilife.net

ResearchGate

Auf dem sozialen Netzwerk ResearchGate können sich Wissenschaftler rund um den Globus über ihre Forschung austauschen. ResearchGate verbindet die typischen Eigenschaften virtueller Netzwerke mit Elementen aus der offline Wissenschaftswelt. Jeder Nutzer hat eine Profilseite, kann anderen Mitgliedern folgen oder deren Publikationen herunterladen. In Foren können Fragen gestellt, Arbeitsergebnisse diskutiert oder Veröffentlichungen besprochen werden.

– www.researchgate.net

11.6 Darüber sollten Sie sprechen: Die Promotionsvereinbarung und mehr

Sie haben sich nun wirklich für Ihre Promotion entschieden? Herzlichen Glückwunsch! Bevor Sie sich jetzt hochmotiviert in die Arbeit stürzen, ist es wichtig, dass Sie zu Beginn – und auch später immer mal wieder – mit Ihrem Betreuer über die Rahmenbedingungen der Promotion und – fast noch wichtiger – über die wechselseitigen Erwartungen sprechen. In all den

Jahren, in denen ich Promovierende berate und coache, hat es sich immer wieder gezeigt, dass ein großer Teil der Probleme, die sich in der Promotion ergeben, durch frühzeitige gute Absprachen zwischen Promovierenden und Betreuern gar nicht erst aufgetreten wären oder sich zumindest viel leichter hätten lösen lassen.

Unausgesprochene, nicht abgeglichene Erwartungen gepaart mit mangelnder Kommunikation zwischen Promotionsbetreuenden und Promovierenden kann zu Missverständnissen, Unsicherheiten und Konflikten führen, die schlimmstenfalls den Promotionsabbruch zur Folge haben, zumindest aber die Promotionsdauer verlängern könnte. Vielleicht denken die Betreuer nicht dran, Fragen vorab zu klären, die sie als bekannt voraussetzen während die Promovierenden die möglicherweise kritischen Punkte noch nicht kennen. So merken manche Promovierenden erst nach einiger Zeit, dass es Klärungsbedarf gibt, sind dann aber zu unsicher, ihre Betreuer auf etwaige Probleme anzusprechen während viele Betreuer überhaupt nicht auf die Idee kommen, nachzufragen, da ja alles zu laufen scheint.

An vielen Universitäten ist es inzwischen vorgesehen oder sogar verbindlich, eine Promotionsvereinbarung (auch Betreuungsvereinbarung genannt) abzuschließen, die dazu dient, die Rahmenbedingungen der Betreuung fachlich und zeitlich transparent zu gestalten und Erwartungen beider Seiten zu formulieren. Promotionsvereinbarungen können unterschiedlich gestaltet sein, je nachdem wie viele Details in ihnen geregelt werden. Sie enthalten zumindest das Thema der Dissertationsarbeit, die Art der Promotion, Angaben über die Zeitpläne für regelmäßige Betreuungsgespräche und Sachstandsberichte, die beiderseitige Verpflichtung, auf die Grundsätze guter wissenschaftlicher Praxis zu achten und die Regelungen bei Konfliktfällen. Zusätzlich können Promotionsvereinbarungen weitere Details zu Rechten und Pflichten von Promovierenden und Betreuenden festlegen und zum Beispiel auf Arbeitsbedingungen sowie evtl. Maßnahmen der Familienförderung und Weiterbildungsmöglichkeiten eingehen.

Der Abschluss einer solchen Vereinbarung ist auf jeden Fall schon mal ein sehr guter Schritt, um die Rahmenbedingungen zu klären und eine gute Gelegenheit, sich intensiv mit Ihrem Betreuer auszutauschen. Manchmal wird eine solche Vereinbarung aber auch nur als Formalität behandelt oder enthält nicht genügend Einzelheiten. Daher möchte ich Ihnen zur Vorbereitung Ihres Gesprächs mit Ihrem Betreuer einen Fragenkatalog an die Hand geben, der sich unter anderem an den Empfehlungen des Qualitätszirkels Promotion, eines Netzwerkes von 11 Graduiertenschulen, Qualitätssicherungs- und Nachwuchsförderungsinstitutionen aus zehn Universitäten, orientiert.

Fragen zum Betreuungsrahmen

Eine gute Betreuung und regelmäßige konstruktive Rückmeldungen zum Forschungsprozess und den schriftlichen Ausarbeitungen sind wichtig. Wie eng, wie regelmäßig und wie intensiv dies geschieht, ist jedoch in den verschiedenen Promotionsformen und Fachbereichen und außerdem von Person zu Person sehr unterschiedlich (siehe Kapitel 3.2: *Die verschiedenen Promotionsformen*). Manche Betreuer legen ihren Betreuungsstil und ihre Erwartungen im Vereinbarungsgespräch zur Promotionsbetreuung offen dar, tun sie das nicht, sollten Sie unbedingt nachfragen.

Fragen an Ihren Betreuer zur Promotionsvereinbarung

- Welche Kommunikationsformen und -Instrumente setzen Sie bei der Betreuung ein?
- Wie häufig sollte ein inhaltlicher Austausch stattfinden?
- Wird es regelmäßige Gespräche, z. B. „Halbjahresgespräche" geben?

Wie handhaben Sie die Terminfindung für die Betreuung?

- Gibt es die Möglichkeit, auch kurzfristig Termine zur Besprechung zu bekommen?
- In welcher Form soll ich Sie kontaktieren? Mündlich oder per E-Mail?
- Falls ich längere Zeit nicht mit Ihnen in Kontakt treten würde: Würden Sie von sich aus ein Treffen zum Stand der Arbeit vorschlagen?

Inhalte und Feedback

- Wie sollte ich mich auf ein Betreuungsgespräch vorbereiten?
- Wie sollten die Gespräche nachbereitet werden?

- In welcher Form geben Sie Feedback zur Dissertation?
- Gibt es die Gelegenheit, auf schriftliche Entwürfe ein Feedback zu bekommen – wird ein Text gelesen – wie lange dauert das – wie lang darf der Text sein?
- Wie stark sehen Sie Ihre Steuerungsfunktion als Betreuer?
- Wie stark greifen Sie gegebenenfalls in die Inhalte und Struktur der Dissertation ein?

Weitere Ansprechpartner

- Wer ist offizielle Zweitbetreuung? Wann/Wie wird diese gefunden?
- Was sollte aus Ihrer Sicht bei der Wahl der Zweitbetreuung beachtet werden?
- Welche Personen würden in Frage kommen?
- Wer kommt noch als Ansprechpartner in Frage?
- Gibt es fortgeschrittene Doktoranden oder Post-Docs, an die ich mich wenden kann?
- Gibt es weitere inhaltliche Unterstützung oder Kooperationen (Universität/Fakultät/Institute)?
- Gibt es weitere Vernetzungsempfehlungen zu anderen Wissenschaftlern?

Promotionsbegleitende Maßnahmen

- Was gehört Ihrer Meinung nach zusätzlich zum Schreiben der Dissertation in die Promotionsphase, was sollte ich zusätzlich leisten (als Promovierender, nicht als Mitarbeiter)?
- Wie sehen Sie dabei Ihre Rolle?
- Welchen Stellenwert haben für Sie Publikationen, Konferenzbesuche und -Beiträge etc.? Wie unterstützen Sie diese?

Weiterqualifizierung und Karriereentwicklung

- Welche Weiterbildungs-, bzw. Veranstaltungsangebote gibt es und welche sollten wahrgenommen werden?
- Bietet die Fakultät/das Institut, der Lehrstuhl oder das Graduiertenprogramm der Universität Veranstaltungen an und welche sind aus Sicht der Promotionsbetreuung besonders sinnvoll für die angestrebte Karriere und sollten besucht werden?
- Welche Tagungen sollte ich besuchen? Auf welchen Tagungen sollte/muss ich vortragen und welche wären für mich als Teilnehmer interessant?

- Gibt es die Möglichkeit des Erwerbs eines hochschuldidaktischen Zertifikates oder anderer karriererelevanter Zertifikate oder Qualifizierungsmaßnahmen? Wird die Teilnahme daran unterstützt?

Umgang mit Schwierigkeiten oder Konflikten

- Wie soll ich bei eventuellen Schwierigkeiten mit der Dissertation oder anderer Aufgaben vorgehen?
- Wen kann ich bei eventuellen Konflikten kontaktieren?
- Gibt es Beratungsinstitutionen und/oder Ombudspersonen, an die man sich wenden kann?

Zusätzlich ist natürlich abzuklären, was im Rahmen Ihrer Promotionsform relevant ist.

Für wissenschaftliche Mitarbeiter

- Wie sehen meine dissertationsfremden Aufgaben und Pflichten aus?
- Wie ist die Zeiteinteilung zwischen der Arbeit an meiner Dissertation und eventuellen dissertationsfremden Aufgaben und Pflichten vorgesehen?

Für Promovierende in strukturierten Promotionsprogrammen

- Welche Anforderungen seitens des strukturierten Promotionsprogramms kommen auf mich zu?
- Wie ist die Zeiteinteilung zwischen der Arbeit an meiner Dissertation und den Angeboten und Anforderungen seitens des strukturierten Promotionsprogramms vorgesehen?

Für Stipendiaten

- Welche Aufgaben (z. B. Lehre) erwarten Sie neben der Dissertation bzw. halten Sie für sinnvoll?
- Welche dienstlichen Regelungen (z. B. Urlaubsanträge) treffen auf mich zu?

Forschungsumfeld und Forschungsbedingungen

Idealerweise haben Sie schon vor Ihrer Entscheidung für die Promotion alle relevanten Informationen zu dem gegebenen Forschungsumfeld und den Forschungsbedingungen eingeholt und als Grundlage für Ihren Entschluss genutzt, denn diese Bedingungen können über Erfolg oder Frustration in Ihrer Promotion entscheiden. Falls jedoch noch Informationen fehlen, können Ihnen folgende Fragen helfen:

- Wie ist das Thema der Doktorarbeit in die Projekte des Institutes oder der Arbeitsgruppe eingebunden? (Ein Blick vorab in die Veröffentlichungsliste des Institutes ist dabei hilfreich.)
- Besteht ein reger wissenschaftlicher Austausch zwischen den Mitarbeitern des Lehrstuhls, der Arbeitsgruppe oder des Instituts, wird im Team gearbeitet?
- Gibt es ein Budget für die Teilnahme an Tagungen, Kongressen und Workshops oder Fortbildungen?
- Sind ausreichend Sachmittel für die Forschungstätigkeit auf meinem Projekt vorhanden?

Literaturverzeichnis

Alexander von Humboldt Stiftung (Hg.) (2009): Publikationsverhalten in unterschiedlichen wissenschaftlichen Disziplinen. Beiträge zur Beurteilung von Forschungsleistungen.

Arnold, S., Thielking-Wagner, G. (2016): Ratgeber: Erfolgreich Promovieren – Tipps zum erfolgreichen Verfassen der Dissertation. - studi-lektor.de/tipps/promotion.html. Abgerufen am 01.12.2016.

Becker, J. (2015): Das Einmaleins der Promotion – Die Promotionsfibel. academics, Hamburg.

Berning, E., Falk, S. (2006): Promovieren an den Universitäten in Bayern. Praxis Modelle Perspektiven Bayerisches Staatsinstitut für Hochschulforschung und Hochschulplanung: Monographien: Neue Folge, Band 72. München.

Briedis, K., Jaksztat, S., Preßler, N., Schürmann, R., Schwarzer, A. (2014): Berufswunsch Wissenschaft? Laufbahnentscheidungen für oder gegen eine wissenschaftliche Karriere. Deutsches Zentrum für Hochschul- und Wissenschaftsforschung GmbH (Hrsg.), Hannover.

Bundesbericht Wissenschaftlicher Nachwuchs (2013 & 2017): Statistische Daten und Forschungsbefunde zu Promovierenden und Promovierten in Deutschland. Bielefeld.

Burk, C. L., Grund, C., Martin, J., Wiese, B. S. (2016): Karrieren von Ingenieur- und Naturwissenschaftlern in Wissenschaft und Privatwirtschaft. In: Beiträge zur Hochschulforschung, 38 (1-2), S. 118–141.

Heublein U., Kercher, J. (2015): Wissenschaft weltoffen. Deutscher Akademischer Austauschdienst (Hrsg.), Bielefeld.

Bundesministerium für Bildung und Forschung (Hrsg.) (2010): Kinder – Wunsch und Wirklichkeit in der Wissenschaft. Forschungsergebnisse und Konsequenzen. Bonn/Berlin.

Cusanuswerk (Hrsg.) (o. J.): Jahresbericht 2013. Bonn.

Domke, A., Lietz, A., Siegel, M. (2015): Promovierendenpanel. Ergebnisse der Befragung von Promovierenden der Studienstiftung des deutschen Volkes, iFQ-Berichte No. 65, Berlin. (unveröffentlicht)

Enders, J., Kottmann, A. (2009): Neue Ausbildungsformen – andere Werdegänge? Ausbildungs- und Berufsverläufe von Absolventinnen und Absolventen der Graduiertenkollegs der DFG. Deutsche Forschungsgemeinschaft (Hrsg.), Weinheim.

Engelage, S., Hadjar, A. (2008): Promotion und Karriere – Lohnt es sich zu promovieren? Eine Analyse der Schweizerischen Absolventenstudie. Schweizerische Z. Soziol.34 (1), S. 71–93.

Fabian, G., Briedis, K. (2009): Aufgestiegen und erfolgreich. Ergebnisse der dritten HIS-Absolventenbefragung des Jahrgangs 1997 zehn Jahre nach dem Examen. HIS-Hochschul-Informations-System GmbH (Hrsg.), Hannover.

Fabian, G., Rehn, T., Brandt, G., Briedis, K. (2013): Karriere mit Hochschulabschluss? HIS-Hochschul-Informations-System GmbH (Hrsg.), Hannover.

Fabian, G. (2013): Kurz- und mittelfristige Erträge aus einer Promotion: Sonderauswertung des HIS-HF Absolventenpanels. In: Konsortium Bundesbericht Wissenschaftlicher Nachwuchs (Hg.), Bundesbericht Wissenschaftlicher Nachwuchs (BuWiN). Bertelsmann, Bielefeld, S. 282–287.

Falk, S., Küpper, H. (2013): Verbessert der Doktortitel die Karrierechancen von Hochschulabsolventen? In: Beiträge zur Hochschulforschung, 35 (1), S. 58–77.

Flöther, C.: Karrierewege Promovierter innerhalb und außerhalb der Wissenschaft – Ergebnisse der KOAB-Absolventenstudien. In: Konsortium Bundesbericht Wissenschaftlicher Nachwuchs (Hg.): Bundesbericht Wissenschaftlicher Nachwuchs 2013. Statistische Daten und Forschungsbefunde zu Promovierenden und Promovierten in Deutschland. Bielefeld: wbv.

Graf, A. (2015): Die Wissenschaftselite Deutschlands. Sozialprofil und Werdegänge zwischen 1945 und 2013. Campus Verlag, Frankfurt.

Gollwitzer, P. M. (1999): Implementation intentions: Strong effects of simple plans. American Psychologist, 54(7), 493–503.

Günther, O. (2009): Warum promovieren wir? In Forschung und Lehre. 16 (2009) 7, S. 484 – 485.

Hauss, K., Kaulisch, M. (2011): Auswahlverfahren an Graduiertenschulen. Eine explorative Studie, in: Wergen, Jutta (Hg.): Forschung und Förderung. Promovierende im Blick der Hochschulen. Berlin u. a.: Lit-Verlag.

Heineck, G., Matthes, B. (2012): Zahlt sich der Doktortitel aus? Eine Analyse zu monetären und nicht-monetären Renditen der Promotion. In: Huber, N., Schelling, A., Hornbostel, S. (Hg.), Der Doktortitel zwischen Status und Qualifikation, IFQ-Working Paper No. 12, Berlin.

Hendriks, B., Kunze, U., Tesch, J. (2014): Promovierendenpanel. Ergebnisse der Befragung von Promovierenden der Studienstiftung des deutschen Volkes, ifQ-Berichte No. 51, Berlin. (unveröffentlicht)

Hornbostel, S., Teasch, J. (2014): Die Forschungspromotion. Entwicklungstrends in Deutschland. In: Forschung und Lehre, 21. Jg., Nr. 8.

Ianiro-Dahm, P., Chwallek, K. (2016): Bericht zur Zweiten Sozialerhebung der Studienstiftung des deutschen Volkes. Onlinebefragung der Stipendiatinnen und Stipendiaten durchgeführt im April 2014. Studienstiftung des deutschen Volkes (Hrsg.), Bonn.

Jaksztat, S., Preßler, N., Briedis, K. (2012): Promotionen im Fokus. Promotions- und Arbeitsbedingungen Promovierender im Vergleich. HIS-Hochschul-Informations-System GmbH (Hrsg.), Hannover.

Juncke, D., Henkel, M. (2013): Mehrkindfamilien in Deutschland. Bundesministerium für Familie, Senioren, Frauen und Jugend (Hrsg.), Berlin.

Kleinmann, M. (2008): Newsletter 2/2008 des LMU Center for Leadership and People Management.

KOAB-Absolventenstudien 2011 von Promovierten des Jahrgangs 2009; INCHER-Kassel

Krenner, D., Horneffer, B. (2013): Hochqualifizierte in Deutschland. Erhebung zu Karriereverläufen und internationaler Mobilität von Hochqualifizierten 2011. Statistisches Bundesamt (Hrsg.), Wiesbaden.

Lenger, A. (2009): Die Promotion. Ein Reproduktionsmechanismus sozialer Ungleichheit, Konstanz.

Lind, I., Samjeske, K., Banavas, T., Oemmelen, G. (2010): Balancierung von Wissenschaft und Elternschaft. BAWIE, Bonn.

Mertens, A., Röbken, H. (2013): Does a doctoral degree pay off? An empirical analysis of rates of return of German doctorate holders. In: Higher Education, 66 (2), S. 217–231.

Middendorff, E. (2008): Studieren mit Kind. Ergebnisse der 18. Sozialerhebung des Deutschen Studentenwerks durchgeführt durch das HIS Hochschulinformations-System. Bundesministerium für Bildung und Forschung (Hrsg.), Bonn/Berlin. S. 174.

Möller, C. (2015): Herkunft zählt (fast) immer. Soziale Ungleichheiten unter Universitätsprofessorinnen und -professoren. Beltz Juventa, Bad Langensalza. Prüfungsstatistik des Statistischen Bundesamts, Fachserie 11 Reihe 4.2., 2010.

Reinders, H. (2008): Duden – Erfolgreiche Bewerbungen in der Wissenschaft. Mannheim: Duden.

Statistisches Bundesamt FS 11, R 4.4, GWK-Monitoring-Bericht 2015.

Statistisches Bundesamt (2011): Hochqualifizierte in Deutschland. Wiesbaden.

Statistisches Bundesamt (2011b): Fachserie 11, Reihe 4.2. Wiesbaden.

Sternberg, R. J. (1997): Successful intelligence: How practical and creative intelligence determine success in life. New York: Simon & Schuster.

Sternberg, R. J.

Studienstiftung des deutschen Volkes (Hrsg.) (2016): Jahresbericht 2015. Bonn.

Swales, J. (1990): Genre Analysis, Cambridge: Cambridge University Press, S. 141.

Universität Konstanz (2016): Promovierendenbefragung. http://www.uni-konstanz.de/qualitaetsmanagement/befragungen. Abgerufen am 01.10.2016.

Wawra, D. (2004): Männer und Frauen im Job-Interview: Eine evolutionspsychologische Studie zu ihrem Sprachgebrauch im Englischen, Münster: LIT-Verlag.

Wolfinger, N., Goulden, M. (2013): Do Babies Matter? Gender and Family in the Ivory Tower. Rutgers University Press, New Brunswick / NJ.

Wolters, M.; Schmiedel, S. (2012): Promovierende in Deutschland 2010. Statistisches Bundesamt (Hrsg.), Wiesbaden.

Zeit Campus (2014) http://www.zeit.de/campus/2014/05/stipendium-tipps-bewerbung/seite-2. Abgerufen am 01.09.2016.

Stichwortverzeichnis